学 校 课 程 深 度 变 革 丛 书　　杨 四 耕 主 编

杨龙　等◎著

以素养为核心的
学科课程图谱

华东师范大学出版社

图书在版编目(CIP)数据

以素养为核心的学科课程图谱/杨龙等著.—上海:华东师范大学出版社,2019
(学校课程深度变革丛书)
ISBN 978-7-5675-9041-0

Ⅰ.①以… Ⅱ.①杨… Ⅲ.①课程—教学研究
Ⅳ.①G423

中国版本图书馆 CIP 数据核字(2019)第 064603 号

学校课程深度变革丛书

以素养为核心的学科课程图谱

丛书主编　杨四耕
著　　者　杨　龙　等
策划编辑　刘　佳
项目编辑　林青荻
特约审读　陈成江
责任校对　孙彤彤
装帧设计　卢晓红　刘怡霖

出版发行　华东师范大学出版社
社　　址　上海市中山北路 3663 号　邮编 200062
网　　址　www.ecnupress.com.cn
电　　话　021-60821666　行政传真 021-62572105
客服电话　021-62865537　门市(邮购)电话 021-62869887
地　　址　上海市中山北路 3663 号华东师范大学校内先锋路口
网　　店　http://hdsdcbs.tmall.com

印刷者　上海华顿书刊印刷有限公司
开　　本　787×1092　16 开
印　　张　20
字　　数　300 千字
版　　次　2019 年 4 月第 1 版
印　　次　2020 年 8 月第 4 次
书　　号　ISBN 978-7-5675-9041-0/G·11982
定　　价　58.00 元

出版人　王　焰

丛书总序

迈向 3.0 的学校课程变革

学校课程变革有三个层次：一是 1.0 层次。这个层次的课程变革，以课程门类的增减为标志，学校会开发一门一门的校本课程，并不断增减，这是"点状"水平的课程变革。二是 2.0 层次。处在这个层次，学校会围绕某一特定的办学特色或项目特色，开发相应的特色课程群。在一定意义上，这个层次的课程变革是围绕办学特色的"线性"课程设计与开发水平。三是 3.0 层次。此层次，学校课程发展呈"巢状"，以多维联动、有逻辑的课程体系为标志，将课程、教学、评价、管理以及师生发展融为一体，这是文化建构与创生层次的课程变革。

当前，碎片化、大杂烩的学校课程变革普遍存在。具体表现如下：

一是不贴地。没有学校课程情境的分析，空降式课程开发，不基于学校实际，没有在地文化意识，不关注孩子们的学习需求，为了课程而课程。

二是无目标。不少学校的改革是为了课程而课程，课程建设不是基于育人目标的实现，脑中没有育人意识，眼中没有育人目标，育人目标与课程目标不能很好地实现对接。

三是无逻辑。没有学校课程的顶层设计或整体规划，学校课程建设只是一门、一门的校本课程的累加，处于"事件"状态，没有形成"整体"气候，没有"体系"意识。没有基于学校的办学理念提出自己的课程理念，办学理念与课程理念一致性比较弱，更别谈基于理念的课程设计、实施与评价的"连结"或"贯通"了。

四是大杂烩。学校虽然开发了很多课程，但对课程没有进行合理的分类，课程之间的关联性与结构性比较弱；杂乱无序的"课程碎片"以及随意拼凑的"课程拼盘"，难以发挥课程的整体育人效果。

五是不活跃。课程实施方式单一，以课堂教学为主渠道，以学科学习为主范域，以知识拓展为主追求,辅之以兴趣小组、社团活动,对户外学习、服务学习、综合学习、动手操作等方式用得很少。

六是无评价。没有课程认证与评估,课程开发随意性比较大;课程设计没有具体评价考虑,课程实施效果没有评价支撑,其结果不得而知。

七是弱管理。基于现实因素,中小学对教学管理是抓得很紧的,但因课程开发对学校来说只不过是"锦上添花",所以大多数学校的课程管理都比较弱,基本不受重视。从现实情况看,中小学教师普遍没有课程意识,课程开发能力比较弱,更不懂得如何管理课程,课程资源意识也比较淡。

八是低关联。学校课程的各要素之间关联度低,如学校课程建设没有触及课堂教学改革,课程建设与教学有效性的提升没有关系;中小学真正参与课程建设的积极性普遍不高,认为"课程开发浪费时间","对提高教学质量没有用",课程开发在很大程度上还只是行政推动或为了所谓的"办学特色"而已。

林林总总,中小学课程改革的细节问题很多,很值得我们关注。教育部《关于全面深化课程改革,落实立德树人根本任务的意见》指出:中小学课程改革从总体上看,整体规划、协同推进不够,与立德树人的要求还存在一定差距。主要表现为课程目标有机衔接不够,课程教材的系统性、适宜性不强;与课程改革相适应的评价制度不配套,课程资源开发利用不足,支撑保障课程改革的机制不健全等。因此,更深层次地说,迈向3.0的学校课程变革是"立德树人"的深切呼唤。

根据笔者多年的观察与研究,对中小学而言,3.0的学校课程有以下基本特征:一是倾听感,聚焦"原点",关注学生的学习需求;二是逻辑感,严密的而非大杂烩或拼盘的;三是统整感,更多地以嵌入的方式实施而非简单地做加减法;四是见识感,以丰富学生的学习经历而不以知识拓展或加深为取向;五是质地感,课程建设触及课堂教学变革,教学有效性的提升倚赖课程的丰富与精致。

在迈向3.0的学校课程变革旅途中,中小学可以推进以下六个"关键动作",扎实、深入推进学校课程变革,形成学校课程变革架构,创生学校文化特色。

第一个关键动作:把儿童放在课程的中央,关注儿童的学习需求与兴奋点。

3.0课程是以学习为中心的课程。捕捉孩子们的兴奋点,点燃孩子们的学习热情,满足孩子们的学习需求是学校课程变革的首要议题。

学习需求是学习的动力,是影响学习品质的重要因素。在一所学校中,从学习需求的主体看,我们应关注这样三类学习需求:一是所有孩子的共同学习需求,二是一部分孩子的团体学习需求,三是一个特定孩子的个别化学习需求。学校如何采取合理的方式,识别、发现、回应、满足、引导学生的学习需求,促进学生发展,是学校课程发展的关键。从学生学习需求的动态发展变化过程去分析、研究学生的学习需求,在学生学习需求的满足与不满足的动态平衡中去研究学校课程架构才有实际意义。在"回归"意义上,学校课程建设把学习需求放在中央,是以学生发展为本的教育理念的具体反映。

学习需求分析是一个系统化的调查研究过程。我们要通过调查全面了解学生的实际情况。调查的对象可以是群体,如一个班级或教师任教的几个班级、一个年段甚至更广;也可以是个体,如某个特别的学生或两个对比的学生。具体调查方法有问卷调查、访谈座谈、测试调查、案例分析、典型跟踪等。不管哪种方法,主要目的是收集相关数据,整理、分析、判断、发现学生现状中存在的问题,并找出问题产生的原因,以便在课程设计中对症下药,确定解决该问题的必要途径。

当然,我们也要注意区分哪些需求是必须满足的,哪些需求不是非满足不可的,哪些需求是需要引导和调整的。杜威说:教育即经验的改造。面对孩子们,我们要思考的是:是不是所有的经验都可以进入课程?怎样的经验具有满足孩子们学习需求的属性呢?实践证明,经验必须满足以下两个条件才能进入课程:第一,经验必须关注儿童生长,必须把儿童放在课程的中央,真正促进儿童的成长与发展;第二,经验必须具有连续性。经验仅仅新鲜、有趣是不够的,散乱的、割裂的和"离心"的经验,是没有意义的,不能作为课程的有机构成。经过设计的"经验"可以从小到大、从自我生活到公共领域。经过精心"改造"过的经验,可以很好地体现"逻辑结构"与"心理结构"的有机统一。换言之,我们的课程设计应该贴近儿童的学习需求,聚焦孩子们的生长点。

第二个关键动作:建构自己独特的"课程图谱"或"课程坐标"。

丰富的课程比单一的课程更有利于孩子们的人性丰满,这是一个课程常识。如果把课程视为书本,孩子们可能会成为书呆子;如果把课程视为整个世界,孩子们可能会拥有驾驭世界的力量。

课程是一个可延伸的触角。让课程更好地链接生活、链接活动、链接管理以及一切可能的要素，让学校课程纵横交错，能够真正"落地"，这是迈向3.0课程变革的关键手法。

为此，每一所学校都应致力于建构自己独特的"课程图谱"或"课程坐标"。在横向上，将学校课程按照一定的逻辑进行合理的分类；在纵向上，将学校课程按照年级分为不同层级，形成一个适应不同年龄阶段孩子的课程阶梯。具体地说，在横向上，重构学校课程分类，让孩子们分门别类地把握完整的世界之奥秘；在纵向上，强调按先后顺序，由简至繁、从已知到未知、从具体到抽象，保持课程的整体连贯。这样，我们就可以形成天然的、严密的学校课程"肌理"，让课程有逻辑地"落地"，有利于克服课程碎片化、大杂烩问题。

总之，如何按照一定的逻辑，理顺学校课程纵向与横向关系是学校课程变革需要审慎思考的问题。让课程真实地存在于特定学制之中、特定年级之中、特定班级之中，让每一位教师可以看到自己在学校课程图谱中的位置，每一个家长可以更清晰地知道自己的孩子在学校将学习什么，未来将发生什么，学校将把孩子们引向何方……一句话，课程是动态的课程，而不是静止的名称。

第三个关键动作：具身学习成为课程最核心的实践样式。

真正的学习应是具身的。换言之，只有个体亲身的经历和体验才称得上是学习。课程从本质上说是一种经验。说白了，课程就是让孩子们体验各种经历，并由此将知识以及其他的各种可能转化为自身的经验，实现自身的"细微变化"。

3.0的学校课程表现出这样两个特点：一是突出孩子们在课程设计、实施与评价中的主体地位，让他们在课程中释放激情；二是从孩子们的角度出发设计课程，以孩子们喜欢的方式实施、评价以及管理课程。这样，课程不是外在于孩子们的，孩子们本身就是课程的设计者、实施者和评价者。

培根说，知识就是力量。这话只说对了一半，确切地说，具身的知识比离身的知识更有力量，能够勾连起想象力的知识比无想象力的知识更有力量，有繁殖力的知识比无繁殖力的知识更有力量，成体系的知识比碎片化的知识更有力量，被运用的知识比没有得到运用的知识更有力量。课程是有设计、有组织的经验系统。在这里,见识比知识更重要,智识比见识更有价值。

在课程实施过程中,让孩子们采用多样的、活跃的学习方式,如行走学习、指尖学习、群聊学习、圆桌学习、众筹学习、搜索学习、聚焦学习、触点学习……但凡是孩子们生活世界里精彩纷呈、活跃异常的做事方式,就是课程实施的可能方式,而不仅仅是所谓的概念化了的"自主、合作、探究"。杜威说:"一切学习来自经验。"实践、沉浸、对话、互动、参与、体验是课程最活跃、最富灵性的身影,也是课程实施的最重要的方法。重视孩子们直接经验的获得,通过一系列的实践活动,扩充和丰富孩子们的经验,是 3.0 课程的重要表征。

第四个关键动作:课程不再是"孤军作战",关联与整合成为课程实施的常态。

关联与整合是 3.0 学校课程变革的关键特征之一。关联与整合强调要以各学科的独立性为前提对课程内容进行多维、多向的组织。这就意味着,我们要打破学科的固有界限,找出课程要素之间的内在联系,关注知识的应用而不仅仅是知识形式,强调内容的广度而不仅仅是深度。在整合的基础上,加强各个学科之间、课程内容和个人学习需求之间、课程内容和校外经验之间的广泛联系。

一般地说,课程整合有两种常见方式:一是射线式整合,即以学科知识为圆点,根据知识的内在逻辑联系而进行多维拓展与延伸;二是聚焦式整合,即以特定资源为主题,根据学习者的兴趣或经验,以加强孩子们与社会生活的多学科、多活动的关联与整合。从表现形式来看,既有"学科内统整",又有"学科间统整";既有"跨学科统整",又有"学科与活动统整"以及"校内与校外统整"等。

课程是浓缩的世界图景。3.0 的课程是富有统整感的课程,是多维连结与互动的课程。不论是学科课程的特色化拓展,还是主题课程的多学科聚焦,都应尽可能回到完整的世界图景上来,努力将关联性与整合性演绎得淋漓尽致,让孩子们领略世界的完整结构。

第五个关键动作:学校弥漫着浓郁的课程氛围,自觉的课程文化是变革的结晶。

课程保障条件的落实、课程氛围的营造以及学校文化的自觉生成,是 3.0 课程变革的重要组成部分。中小学如何落实课程保障条件、让学校课程氛围浓郁起来? 有两点建议值得一提：

一是主题仪式化。孩子们对于节日的喜爱源自天性，几乎没有孩子不喜欢"过节"。每个学期开始前，学校可以集体策划、共同商讨本学期的主题节日。如学校可以推出热火朝天的"劳动节"，引导着孩子们动手动脑，学会观察，搞小研究，孩子们以"种植"为主题，选择不同的植物作为研究对象；可以设计绚烂多彩的"涂鸦节"，针对不同年级开展不同的涂鸦活动，以生动有趣的形式来展现审美情趣，表达情感，激发孩子们的创意，让他们增进环保意识；可以创造生机盎然的"花卉节"，带着孩子们走进大自然，感受花卉的美丽绚烂，搜索和花相关的各种诗篇、成语、民间故事，增长见识的同时提升审美情趣；可以拥有别开生面的"晒宝节"，孩子们在全家的支持下开始搜索各种宝贝，如独立寻找自己的钢琴考级证书，在家人的帮助下寻找爸爸、妈妈小时候的照片，奶奶钟爱的缝纫机，爷爷的上海牌手表等。当然，我们还可以生成趣味无穷的"游戏节"、传递温情的"爱心节"、开阔眼界的"旅游节"……对于孩子们来说，校园节日是难能可贵的课程。

一句话，学校精心准备、周密策划，充分发挥全体教师的智慧与才干，开发具有时尚、艺术、娱乐等元素的、孩子们喜欢的校园节日，将德育活动通过一个个校园节日展现出来，让丰富多彩的节日活动吸引孩子们，让浓郁的课程文化给孩子们的校园生活留下美好的回忆。

二是空间学习化。迈向 3.0 的课程善于发现空间的"意义结构"，它常常以活跃的空间文化布局诠释"空间即课程"的深刻内涵。现在，我们有很多学校已经意识到了"空间课程领导力"的价值。以下一些做法都是值得我们赞赏的：1. 办学理念视觉化、具象化，充分展示一所学校的文化气质；2. 办学特色课程化、场馆化，让办学特色成为课程美学；3. 教室空间资源化、宜学化，让每一间教室都释放出生命情愫；4. 图书廊馆特色化、人性化，让沉睡的图书馆得以唤醒；5. 食堂空间温馨化、交往化，让喧闹的餐厅不仅仅可以就餐；6. 楼道空间活泼化、美学化，让孩子们转角遇见另一种美……如何最大限度地让校园空间成为课程的有机组成部分，如何最大限度地让每一个物理空间释放教育能量，如何突破教室和校园围墙限制，让社区、大自然和各种场馆成为课程深度推进的生命空间，是 3.0 课程的美好期待。

这意味着,我们应当超越对空间的一般认知,重塑空间价值观念,提升空间课程领导力。通过设计、再造、巧用空间的"点、线、面、体",促进学校课程深度变革。我们应从实践美学的视角,重新发现学校空间的课程内涵,清晰定位学校的办学愿景、办学理念、内涵特色和育人目标,把无形的教育理念转变为有形的课程空间,通过深入分析学校的内涵发展、办学特色、课程理念,以及学生的多元学习需求,研究不同课程教学活动对空间的功能诉求,从物理设施、学习资源、技术环境、情感支撑和文化营造等维度上,对空间功能进行整体再构和巧妙运营,将课程理念转变为看得见的空间课程,让空间最大程度地满足不同学生的多元化发展需要。

总之,课程是一种文化范式。推动基于课程向度的仪式创意与空间设计,关注学习方式的多变性和场景性、学习时间的灵活性和可支配性、学习空间的多元性与舒适性、学习资源的丰富性和易得性,让所有的时空都释放出教育价值,让所有的时空都成为课程场景,让孩子们学习作品的形成、展示、发布、分享成为校园里最美丽的景观,让时空展示出生命成长的气息和活性,这是3.0课程的美好图景之一。

第六个关键动作:聚焦儿童的成长与发展,让课程表现出鲜明的回归属性。

3.0课程变革具有鲜明的回归属性:无穷点的多维连结聚焦到人的完整发展与灵性生长,回归到"教育即解放"这一"原点"上。

众所周知,课程与儿童的关系是一个既古老又年轻的话题。说它古老,是因为自从有了学校教育,有关课程与儿童的讨论便应运而生,历史上每一次课程改革都必然伴随着儿童观的思考;说它年轻,是因为随着时代的发展,这个问题会表现出新的形态与新的内涵。可以说,"让课程回归儿童"是3.0课程的必然选择。

当前,我们有很多学校在处理课程与儿童的关系问题上显示了高超的艺术与纯熟的智慧:课程目标设计过程凸显内在生长的视角,课程内容设计方面突出课程内容的生命活性,课程结构把握强调纵横交错的系统思维,课程实施探索强调具身学习的人本立场,课程评价与管理彰显儿童的主体地位。

课程即独特的生命体验。一百个孩子,一百个世界。每一个孩子对世界的认识都不一样,课程就是要认可每一个孩子的生命体验,并尊重他们的选择和体验。课程也是可选的发展标志。每一个孩子都有自己的发展高度,每一段路都是一个人生标杆,每一段经历都是一个人生标杆。课程就是要依据孩子的不同实际,开发适合他自己的独特的"生命图景",让课程真正回归儿童。

说到这里,不由地想起美国课程学者小威廉姆 E·多尔提出的以 Rich(丰富性)、Recursive(回归性)、Relational(关联性)和 Rigorous(严密性)的"4R"课程设计理念,让学校课程变革更符合生命成长的诗性节律。我的推想是,迈向 3.0 的学校课程变革是不是在践行"4R"的课程追求呢?是不是在推进基于文化自觉的课程变革呢?答案是肯定的!

杨四耕

2016 年 11 月 15 日于上海市教育科学研究院

目　录

　　创设丰富的语言运用情境、开发有效教学途径、探索喜闻乐见的学习方式,是我们语文系列课程开发的基点。它围绕语文学科核心素养,与国家课程互相渗透,互为补充,多向融合,形成了带有学校个性的语文课程图谱。丰富的语文课程,不仅使学生可以掌握必要的人文知识,培养较强的阅读与表达能力,养成语文学习的正确方法和习惯,同时也培养学生独立思考能力、丰富的想象力,激发强烈的创新欲望。

第二章　数学学科课程图谱　/ 023

　　数学核心素养包括真、善、美三个维度。数学教育就是要培养学生理解理性数学文明的文化价值,体会数学真理的严谨性、精确性;培养学生具备用数学思想方法分析和解决实际问题的基本能力;培养学生能够欣赏数学智慧之美,喜欢数学,热爱数学。数学作为培养公民素质的基础课程,可以构建学生的可持续发展,进而促进学生的终身发展。数学教育在发展和完善人的教育活动中、在形成人们认识世界的态度和思想方法方面、在推动社会进步和发展的进程中起着重要的作用。

第三章　英语学科课程图谱　/ 051

以培养学生英语学科核心素养为目标，我校开发了由优美的英文诗歌和歌曲、激情的朗诵和演讲、多彩的戏剧表演、浪漫的节日文化、多样的西方礼仪文化、小语种等构成的、深受学生喜爱的外语课程体系，让学生充分体会英语学科工具性和人文性完美结合，充分体现英语学科的育人价值。

第四章　物理学科课程图谱　/ 077

物理学是研究自然界中万物运动之理的学科，它融合了数学、哲学、美学、逻辑学等一系列的学科。物理学科课程围绕学科核心素养进行纵线设置，课程开发时注重有基础地拓展、有依据地实践、有追溯地发展。在基础课程以外，物理学科课程可以更有效地激励学生追求科学的热情，在学习知识的同时有思考有创新。

第五章　化学学科课程图谱　/ 093

学生对变幻的化学现象充满了好奇。化学课程让学生带着这些好奇,学会通过设计实验、亲身体验来掌握实验技能,观察与发现;学生对化学的好奇来源于对生活中的一些现象的好奇,化学课程教会学生利用所学的知识去揭开神秘的物质世界,可以从微观上解释,也可以从宏观上描述和探究;化学课程引导学生运用学科知识分析解决实际问题,使学科知识在实践中得到延伸与提升。

第六章　生命科学学科课程图谱　/ 113

生命科学课程是一种提升生命质量、获得生命价值的教育活动。生命课程的建设,依据校本特色以及学情,遵循学生的身心发展需求,引领他们认知生命科学,亲近自然,养成热爱自然的情感与不断探究科学的兴趣,初步形成科学思维方式,养成规范的科学动手操作能力与良好的生活行为习惯,初步形成应用科学知识解决日常生活问题的能力。

第七章　艺术学科课程图谱　/ 127

艺术感知能力、艺术审美情趣、艺术创意表达,作为艺术学科的核心素养,是艺术课程的轴心。艺术教育主要包括音乐和美术两门学科。自主音乐需要、音乐实践能力、音乐情感体验、音乐文化理解,是音乐学科的培养方向;图像识读、美术表现、审美判断、创意实践、文化理解,是美术学科的教学基准。艺术核心素养需要通过艺术课程进行实施落实,每一门艺术课程都有知识与技能的掌握和运用,同时伴随着情感态度价值观的提升和发展。

第八章　体育学科课程图谱　/ 155

体育学科核心素养作为体育学科培养的重要目标,是以全面发展作为重要指向,以培养终身体育锻炼作为最终目标,以知识、能力、态度作为基础指标,以运动技能、运动兴趣、运动习惯为发展目标。不仅注重学生的运动能力的培养,还注重学生的运动习惯的培养,更注重学生的运动兴趣的培养,使学生在体育教学中培养终身进行体育运动的意识和爱好,从而促进学生的德、智、体、美、劳全面发展。

第九章　思想品德学科课程图谱　／ 173

　　思想品德学科是一门具有思想性、社会性、实践性、综合性突出的学科。思想品德课应充分发挥独特的育人优势,使学生不仅学到知识,更是由此实现核心能力的提高和核心素养的形成。思想品德课担负引导学生在课堂学习和社会实践活动中获得思想政治基础理论知识的责任,让学生学会理论联系实际的学习方法和辩证思维方法,培养学生观察、分析和处理实际问题的能力,正确做出价值判断和选择的能力,主动参与社会生活的实践能力,培育健全人格,弘扬民族精神,初步树立中国特色社会主义的理想信念,逐步形成正确的世界观、人生观和价值观。

第十章　历史学科课程图谱　／ 193

　　作为人文学科中重要的一门学科,唯物史观、时空观念、史料实证、历史解释、家国情怀是历史学科的五大核心素养。历史课程从历史唯物主义出发,明确历史教育的核心指导思想,在学习生活中,利用校园、社会、网络等多方面资源,创设历史学习情境,开展专题探究,引导学生客观地理解历史,通过构建历史思维能力,融入家国情怀,拓宽国际视野,探索实现多元化评价体系。

第十一章　地理学科课程图谱 / 219

地理课程研究地理事物的空间分布和空间结构,阐明地理事物的空间差异和空间联系,并致力于揭示地理事物的空间运动、空间演变的规律。学校地理课程不仅要赋予学生区域知识和地图技能,更要致力于训练和培养学生地理空间思维能力,帮助学生建立人地关系意识,逐步树立人地协调、和谐共生的观念,进而培养学生具有全球视野和爱国情感的现代公民价值观。

第十二章　信息学科课程图谱 / 237

有人说:"给我一台联网的电脑,我能撬动整个地球!"互联网就在那里,它渗透进每个人的生活,影响着世界、改变着世界。作为互联网技术的基础课程——信息技术,将致力于培养学生的信息素养,帮助学生掌握计算机和网络的基本知识,并让每一个学生拥有独立自主的学习能力与创新能力。今天,迅速地筛选和获取信息、准确地鉴别信息、创造性地加工和处理信息,将是所有学生应具备的、如同"读、写、算"一样重要的,终身受用的基础能力之一。

第十三章　科学学科课程图谱　/ 259

　　初中科学课程,其核心价值是培养学生的科学素养,使学生获得基本科学知识,形成科学基本能力和具有科学基本价值去向。围绕科学教学核心素养在课程中的体现,我们从情景探究、实验操作、生活揭秘、科学人生四个方面出发,针对不同年级的科学教学,设计了不同的相关课程内容。通过优化课堂环节,提供释放学生潜能的机会和平台,帮助学生从整体上认识自然和科学,深化对科学的理解,促进科学素养的发展,为认识和适应未来不断变化的世界做好准备。

第十四章　劳技学科课程图谱　/ 275

　　劳动技术的学习是跨学科的学习,并且是一门侧重技术的综合课程。它强调数学、物理、化学、生物、地理、艺术等学科基本知识的综合运用,虽然在目前的初中阶段,可能涉及的内容还不够多、不够深,但它注重各学科知识的联系和综合运用,也是对新知识与能力的综合学习,在很大程度上开阔了学生的视野,并能使学生以此获取新的技术能力。在劳技课程中,学习知识、掌握技能,兼而有之。只有增强技术意识、提高技术素养,才能适应社会和技术发展的需要。

前　言

学科核心素养与学科课程图谱

日本学者佐藤学在《静悄悄的革命》中说：所谓课程，一言以蔽之，就是学习的经验。因此，课程就是学习的经历与轨迹。我很赞同这样的观点：校长的课程领导力是校长领导团队根据课程方案和学校的办学目标，创造性地设计、编制、开发、实施课程，从而全面提升教育质量，办出学校特色品牌的能力。我校正是按照这样的理念来推进我们的实践。我以为，课程领导是课程实践的一种方式，是指引课程改革、开发、实验和评价等活动的行动总称，它的目的是影响课程改革与开发的过程和结果，实现课程改革的目标。

自 2007 年以来，我校在深化课程改革的道路上一步一个脚印，不断前行。我们从当初的"基础型课程校本化"点状 1.0 版开始实践，细化课程标准、优化教学设计、强化校本作业评价。之后逐步探索推出了"基础型课程校本化实施、拓展型课程多元化开发、探究型课程自主化实践"的线状 2.0 版课程改革。几年来，我们通过对校本课程系统地开发，不断满足学生多元发展的需要，学校"三类课程"得到均衡发展。到 2013年，我们又把学校课程进一步细化，并在原来"三类课程"、"三化"的基础上又推出了"德育课程主题化、社团课程特色化、综合实践课程基地化"的巢状 3.0 版的校本课程升级版。

依据教育部《关于全面深化课程改革，落实立德树人根本任务的意见》、《上海市普通中小学课程方案》等文件精神，基于对学校课程发展所面临挑战的清醒认识，鉴于学校教育的新形势、新要求，我们认为，学校有必要进行全面的课程架构与梳理。在上海市教育科学研究院杨四耕老师的指导下，我们于 2016 年开始研制我校的课程规划，本着"十年磨一剑"的精神，我们于 2017 年推出新的课程规划，确立了学校的课程理念：让孩子们拥有一百个世界。这意味着：

——课程即浓缩的世界图景。课程在本质是预期的学习结果和经验,是社会文化的再生产和社会改造的过程。让孩子们拥有一百个世界,就是要丰富学生的学习经历,让孩子们领略浓缩的"世界风景"。

——课程即独特的生命体验。一百个孩子,一百个世界,每一个孩子对世界的认识都不一样,课程就是要认可每一个孩子的生命体验,并尊重他们的选择和体验。

——课程即预设的学习经历。课程是有设计、有组织的经验系统。在这里,见识比知识更重要,智识比见识更有价值。

——课程即可选的发展标志。每一个孩子都有自己的发展高度,每一段路、每一段经历都是一个人生标杆。课程就是要依据孩子的不同实际,开发适合他自己的独特的"世界图景"。

学校构建全景式课程框架,为每一个学生成才提供丰富多样的学习图景,实现全人聚焦、全程关注、全员参与、全息设计以及全能培育的课程目标。

我们把学校的育人目标概括为"六气",即有志气:不懈进取,志向远大;透大气:爱国诚信,理性大气;露朝气:活力迸发,阳光健康;现勇气:大胆活跃,善于表现;展才气:厚积薄发,才智出众;显灵气:兴趣广泛,思维活跃。如此,我们再分解到各年级,形成我校的课程目标。我们依据加德纳的"多元智能理论",从学习领域出发分为"六全"课程,即全语言课程、全科学课程、全思维课程、全艺术课程、全身心课程、全人生课程,使基础型课程、拓展型课程和探究型课程三类课程相通相融,社会实践、研学游学、生涯指导活动互济互补。在课程或科目方面,按年级分层次进阶式开设,在课程设置方面,结合具体内容进行实践研究的探索。

立德树人是新时代课程改革的根本任务。中国学生发展核心素养报告中,把核心素养的内涵界定为:学生应具备的适应终身发展和社会发展需要的必备品格和关键能力。研究学生发展核心素养是落实立德树人根本任务的一项重要举措。通过核心素养这一桥梁,我们可以转化为课程教学实践可用的、易于理解的具体要求,明确学生应具备的必备品格和关键能力,从中观层面深入回答"立什么德、树什么人"的根本问题,引领学校课程变革实践。

如何把核心素养落实到具体的学科课程教学中?一方面,核心素养指导、引领学科课程教学,彰显学科课程的育人价值,使之自觉为学生的终身可持续发展服务;另一方面,核心素养的达成,也依赖各个学科独特育人功能的发挥、学科本质魅力的发掘。余文森教授说:"学科核心素养=学科+核心素养。它是核心素养在特定学科(或学习领域)的具体化,是学生学习一门学科(或特定学习领域)之后形成的,具有学科特点的成就(包括必备品格和关键能力)是学科育人的价值所在。"(参考余文森著《核心素养导向的课堂教学》,上海教育出版社2017年版)关于学科的独特育人价值,培根曾有过经典阐述:"读史使人明智;读诗使人灵秀;数学使人周密;科学使人深刻;伦理使人庄重;逻辑修辞使人善辩。凡有所学,皆成性格。"著名教育学家叶澜教授也有过精辟论述:"每个学科对学生的发展价值,除了一个领域的知识以外,从更深的层次看,至少还可以为学生认识、阐述、感受、体悟这个丰富多彩的世界提供不同的路径和独特的视角,提供一种唯有在这个学科的学习中才能获得的经历和体验。"

因此,基于学科核心素养的课程教学,其关注的焦点,从"三维目标"所包含的知识、能力、情感、态度、价值观转向了经历、素养。这与我校的课程理念"让孩子们拥有一百个世界"以及"六气"育人目标不谋而合。基于核心素养的课程教学过程,其根本的意义就在于教学活动不再是单纯的知识传输——能力培养——情感、态度与价值观升华的过程,而变成了师生互动、教学相长的过程。在这个过程中,教师的教不再局限于给予学生完整的知识体系,而时刻体现为对于学生核心素养的关切与培育;学生的学也不再局限于理解和再现教师教授的知识,而是体现为通过参与课程教学活动呈现素养提升。

学科核心素养是学科特性与教育内涵的有机融合。从三维目标走向核心素养,是学科教育在高度、深度和内涵上的提升,是学科教育对人的真正回归。学科核心素养的提出意味着学科教育模式和学习方式的根本变革。发展学生的核心素养,尤其是学科核心素养,是我校新一轮课程改革的一项战略性目标。

我特别欣赏我们的老师,他们不畏困难,努力学习,在初中新的各学科课程标准没有出台前,我们在学习学科课程标准的基础上,边学习、边思考、边总结,各位教研组长和学科骨干教师一起,编撰了初中学科核心素养在各学科教学中的要求、各学科的课程图谱。许多骨干教师把自己编写的"校本课程纲要"贡献出来,作为落实各学科核心素养的案例。

在本书中,各学科骨干教师在学习"学生发展核心素养"的基础上,结合他们对初中各个学科核心素养的学习与思考,结合校情、学情,阐述了学科核心素养在初中学科教学中如何运用,撰写了我校特色的课程图谱。下面简略地介绍我们对各学科之素养要求的理解。

创设丰富的语言运用情境、开发有效教学途径、探索喜闻乐见的学习方式,是我们语文课程开发的基点。它围绕语文学科核心素养,与国家课程互相渗透,互为补充,多向融合,形成了带有学校个性的语文课程图谱。丰富的语文课程,不仅使学生可以掌握必要的语文知识,培养较强的阅读与表达能力,养成语文学习的正确方法和习惯,同时也培养了学生独立思考能力、丰富的想象力,激发强烈的创新欲望。

数学学科要求学生体会数学真理的严谨性、精确性,培养学生具备用数学思想方法分析和解决实际问题的基本能力,培养学生能够欣赏数学智慧之美,喜欢数学,热爱数学。

把优美的英文诗歌和歌曲,激情的朗诵和演讲,多彩的戏剧表演、浪漫的节日文化、多样的西方礼仪文化、二外(法语、德语、西班牙语、日语、韩语)小语种等学生乐于参与的话题和内容编入课程,让学生充分体会外语学科工具性和人文性的完美结合,以课程创设情境,使学生充分沉浸其中,体现外语学科的核心育人价值。

初中科学课程,其核心价值是培养学生的科学素养,使学生获得基本科学知识,形成科学基本能力和具有科学基本价值的取向。

围绕初中物理核心素养的内容进行纵线设置,课程开发时注重有基础地拓展、有依据地实践、有追溯地发展。更有效地激励学生科学的兴趣与热情,在学习知识的同时有思考、有创新,从启蒙阶段就开始培养学生的科学素养。

学生对变化多端的化学实验现象充满了好奇,对化学的好奇来源于对生活中的一些现象的好奇,化学课程要教会学生利用所学的知识去揭示神秘的物质世界,可以从微观上解释,也可以从宏观上描述和探究。

生命课程要遵循学生的身心发展需求,引领他们认知生命科学,亲近自然,养成热爱自然的情感与不断探究科学的兴趣,为终身的科学学习态度与健康生活方式奠定基础。

作为互联网技术的基础课程——信息技术,将致力于培养学生的信息素养,帮助学生掌握计算机和网络的基本知识,并让每一个学生拥有独立自主的学习能力与创新能力。

在劳技课程中,学习知识、掌握技能,兼而有之。只有增强技术意识、提高技术素养,才能适应社会和技术发展的需要。

思想品德学科,是一门具有思想性、社会性、实践性、综合性突出的学科。要充分发挥其独特的学科育人优势,使学生不仅学到知识,更能养成必备的品格。

学校要利用校园、社会、网络等多方面资源,创设历史学习情境,开展专题探究,引导学生客观地理解历史,通过构建历史思维能力,融入家国情怀,拓宽国际视野,探索实现多元化评价体系。

地理课程不仅要赋予学生区域知识和地图技能,更要致力于训练和培养学生地理空间思维能力,帮助学生建立人地关系意识,逐步树立人地协调、和谐共生的观念,进而培养学生具有全球视野和爱国情感的现代公民价值观。

艺术学科核心素养需要通过艺术课程来落实,每一门艺术课程都有知识与技能的掌握和运用,同时伴随着情感态度价值观的提升和发展。让艺术教育释放孩子的天性,绽放自我,激发潜能,发展创造力和想象力。

体育学科要注重培养学生的运动能力、运动习惯和运动兴趣等核心素养,其终极目标是培养终身体育运动的意识和爱好。

爱因斯坦曾说过:"教育无非是将一切已学过的东西都遗忘后所剩下来的东西。"遗忘掉的东西就是所学的具体知识和内容,而剩下来的就是核心素养。也许我们对学科核心素养的认识和解读还不十分到位,案例的选择也不一定贴切,但是,我们敢于吃螃蟹、做尝试的精神是可贵的,期待您的理解与批评!

上海市进才实验中学校长　杨龙

2018 年 8 月 9 日

第一章 语文学科课程图谱

　　创设丰富的语言运用情境、开发有效教学途径、探索喜闻乐见的学习方式,是我们语文系列课程开发的基点。它围绕语文学科核心素养,与国家课程互相渗透,互为补充,多向融合,形成了带有学校个性的语文课程图谱。丰富的语文课程,不仅使学生可以掌握必要的人文知识,培养较强的阅读与表达能力,养成语文学习的正确方法和习惯,同时也培养学生独立思考能力、丰富的想象力,激发强烈的创新欲望。

第一部分　语文学科核心素养

基于学生发展核心素养的大概念,语文学科核心素养究竟是什么?

顾之川研究员说:要确定语文核心素养,必须依据当今时代和社会对语文学科提出的要求,遵循语文学科发展规律和学生成长规律,落实立德树人的总目标,构建不同学段学生发展中的语文核心素养体系。[①]

王宁教授指出:语文核心素养是学生在积极主动的语言实践活动中构建起来、并在真实的语言运用情境中表现出来的个体言语经验和言语品质,是学生在语文学习中获得的语言知识与语言能力、思维方法和思维品质,是基于正确的情感、态度和价值观的审美情趣和文化感受能力的综合体现。[②]

高中语文专家贡如云、冯为民指出:语文学科核心素养包括社会参与、自主发展、文化修养三大领域,主要涉及国家认同、国际理解、沟通与合作、学会学习、主动适应与创新、语言符号与表达、人文与审美等,最终指向“全面发展的人”。

综上所述,语文学科核心素养应该包含这样四个方面的内容:一是必要的语文知识,包括语言文字、文学审美、人文素养等知识;二是具有较强的识字写字、阅读与表达能力;三是语文学习的正确方法和习惯;四是独立思考能力、强烈的好奇心、丰富的想象力与强烈的创新欲望。

比照《中国学生发展核心素养(征求意见稿)》(中国教育学会 2016 年 2 月 22 日发布),语文学科核心素养显然是脱胎于其 6 大素养、18 个基本要点,同时又抓住了“理解、运用、思维、审美”这四个与语文学科紧密相连的重要维度。

语文学科核心素养并非“天外来者”,它其实已经全面渗透在语文课程标准、语文

---

① 顾之川:《论语文学科核心素养》,《中学语文》2016 年第 3 期。
② 王宁:《语文核心素养与语文课程的特质》,《中学语文教学》2016 年第 11 期。

教材以及语文课堂教学之中。

首先,从语文课程标准中看语文学科核心素养的落实。

如果说"核心素养"是"纲",那么"语文课程标准"就是众多"目"中的一目。所谓"纲举目张",核心素养告诉我们教育是要"教人成人",语文课程标准则指导广大语文教师明确语文学科教学的目的,即全面提高学生的语文素养。

前者是最终的总目标,后者是达成该目标的一个组成部分。

先看《义务教育语文课程标准(2011年版)》(以下简称《课程标准》),其重新修订了十条语文课程总目标,涉及道德情操、文化品位、审美情趣、文化认同、学习态度方法、思维品质、科学精神、实践探究、信息处理以及听、说、读、写方面的能力要求等。《课程标准》明确指出:"语文课程致力于培养学生的语言文字运用能力,提升学生的综合素养,为学好其他课程打下基础;为学生形成正确的世界观、人生观、价值观,形成良好个性和健全人格打下基础;为学生的全面发展和终身发展打下基础。"[①]可见,语文学科的教学除去培养学生的语言文字运用能力之外,更重要的是关注到学生在语言学习过程中的自我认同与自我发展,说明了语言发展与学生自身发展的密切关系。

再看《中国学生发展核心素养》,其十六项基本要点中"人文积淀、人文情怀、审美情趣,批判质疑、勇于探究、社会责任、国家认同、国际理解、健康生活、健全人格"等核心词汇,都可以在语文课程标准中找到呼应。显然,总目标的初衷与《中国学生发展核心素养》的中心——"全面发展的人"不谋而合。但是,在目标的高度与深度上显然是有差异的。课程标准局限于学科教学层面,从学科角度提出了更为细化的学科落实核心素养的途径。若把两者结合在一起,我们会发现,核心素养则要求教师把"学科教学"变为"学科教育",赋予了语文学科教学更高层次的责任,从而使得语文教学真正成为学生最终"成人"的重要阶梯之一。

因此,要切实落实核心素养,从语文学科角度而言,必须立足《课程标准》,并在此基础上树立课程意识、教育意识,将教学的众多量化目标、技能要求提升为核心素养所包含的整体素质要求。

---

① 中华人民共和国教育部制定:《义务教育语文课程标准(2011年版)》。

其次,从语文教材中看语文学科核心素养的落实。

教材是工具,是载体,作为学生学习的重要资源,教科书力图将人类在长期的实践中所积累的数量巨大的知识予以精炼地概括。从内容上看,涉及思想、道德、修身、审美、科学、传统、现代、本国、外国,多种价值观,情感,理性等方面。从时间上看,这些内容经过了几千年的时间仍然被学习和运用,可见语文教材有着厚重的文化含量,它值得语文教师充分地开发利用,潜移默化地去丰富学生的精神世界。

"核心素养"被提出的同时,语文教材改革也进入了新纪元,部编教材的推广,为"核心素养"的渗透落实提供了强有力的保障。都说"用教材教",那么用部编教材"教""核心素养",就是当前语文教学的重中之重。教材要体现国家的意志,要通过语文课程的育人优势落实"立德树人"的根本任务,做语文教师的就要充分挖掘渗透在语文教材中的"核心素养",并将之显性化。

细读"核心素养"中的各项要点,其中每一项都可以落实到语文教材之中。

如关于人文底蕴,教材中有大量的经典古诗文作品,有优美的散文,有厚重的小说,有风格迥异的中外诗歌,等等,这些足以让学生从积淀中感受到文化的魅力。关于科学精神,现代论证文、说明文有充分体现,古代文学作品中也有体现。关于实践创新,不但在文学作品中有所体现,教材中的语文综合活动更是注重培养学生实践探究的意识与能力。

总之,语文教学要培养学生核心素养,必须基于教材的落实,为了核心素养而教,将成为今后一个时期课堂教学发展的思路、方向和着力点。学生核心素养的发展,呼唤基于核心素养的教科书,以保证核心素养在教学实践中得以落实。语文教师务必全力去挖掘教材中的显性或隐性的教育因素,把它传递给学生,即把核心素养转化为与语文教学内容紧密结合的教学目标。

最后,从语文课堂教学看语文学科素养的落实。

"核心素养"相较"素质教育"更加注重自主发展、合作参与和实践创新。它包含了这样三个层次:一是学科特色核心素养,依托于具体学习领域的知识体系;二是跨学科的共通素养,包括批判性思维、创造性解决问题、合作和沟通、社会交往,以及学会学习、自主学习等;三是自我发展素养,包括个人心智的成熟程度,对自己、他人、社会、人生的认识、理解和感悟,是教育"使人成其为人"的根本素养。可见,核心素养是对素质教育内涵的解读与具体化,是全面深化教育改革的重要内容。这里的"素养"所对应的主体是"人"或"学生",是相对于教育教学中的学科本位提出的,强调学生素养发展的综合性、整合性、跨学科性和跨领域性。因此,随着"核心素养"的提出,语文教学的理念、方法都必须做出相应的改变。

一方面,原先的课程三维目标可以适度倾斜。[①] 即在教学实践中可适度偏重于"情感态度与价值观"。这样的倾斜,不但是因时而为——教育应当跟上时代的步伐,更是"因事而为"——教育的根本就是育人之事,成人之事。另一方面,要创新教法,以获得"好学"和"学好"的效果。教学中尽力关注学生体验的过程,重在培养学生的独立性、思维性和实践性。独立的学习活动有助于培养学生的自觉性、自悟性和搜集信息、查找资料的能力;深度的思考可以培养学生的分析能力、审美能力、感悟能力以及是非判断能力;丰富的实践活动可以培养学生的合作精神。这些能力,无疑是一个人进入社会所必须具备的素养,而它们的达成则寄希望于教学方法的创新。此外,教学评价的方式也应该及时调整。除了传统的"语文"学知方面的评价之外,还应该增加"非语文",诸如学能和学品的评价,否则就会失去对"人"的指导,而囿于"分数"的桎梏。

核心素养下的语文教学是一项系统工程。核心素养,为语文教学指明了方向,同时也让语文教学更加"艰难",更加不可掉以轻心。

综上所述,语文核心素养是后天形成的,是习得的过程,它不是一蹴而就的,具体落实到语文教学中,则需要语文教师深度思考课程、教材、教学、评价等各种教育教学要素的整合,这项工程需要全体语文教师共同努力,形成合力,方能奏效。

第二部分　语文学科课程图谱

在使用好上海市统一的语文九年义务教育课本的基础上,根据学校课程发展情

---

① 章师亚:《核心素养下的语文教学》,《小学教学参考:语文版》2016 年第 9 期。

况,我们又开发了系列语文拓展课程,和国家课程互相渗透、互为补充、多向融合。这系列课程的设置基于以下几点考虑:

一、提供丰富的语言运用情境

语文素养是学生在积极的语言实践活动中构建起来,并在真实的语言运用情境中表现出来的个体言语和言语品质;是学生在语文学习中获得的语言知识与语言能力,思维方法和思维品质,情感、态度和价值观的综合体现。因此我们在设置这系列课程时,提供了多种语言运用情境,以适应学生的不同需求。关注每一个学生个性发展的独特性,尊重其个性选择的自由。

二、彰显有效教学策略

我们的语文课堂学习,不局限于国家语文教材,也不局限于校本教材,视野更加开阔,容量更大,课堂更加饱满。同时,抓住学生语文学习与发展的黄金时期,将古代经典、现代诗文、文学创作、综合实践与运用,落实在拓展课程中。提高学生的语言能力、思维品质,拥有较高的审美情趣、人文情怀。

三、探索学习方式的新思路

"核心素养要落地,学习方式必须改变"。上海市教育学会会长尹后庆曾这样说。核心素养的落实,不仅仅是对教学内容的选择和变更,它更是以学习方式和教学模式的变革为保障的。要把"知识为本"的教学转变为"核心素养为本"的教学,必须大力推进学习方式和教学模式的改变。

如通过大量阅读、诗歌吟诵、汉字听写大赛、探究、讲故事、演讲等方式,对学生进行主动、合作、探究式地学习。这些课程中,大部分是已实施的。但是,还有一些是将来的构想。例如《广而告之——说新闻》、《我们都是演说家》、《我们都是故事大王》、《现代诗歌创作与欣赏》,等等。

除了基础类课程外,我校的语文课程设置如下表所示:

语文学科课程

- 古代经典
  - 古诗文大通关
  - 走进《论语》
  - 古诗文拓展阅读与训练
  - 中华传统文化探微
- 现代诗文
  - 开辟一方畅言心声的园地
  - 现代诗歌创作与欣赏
- 文学创作
  - 校园写手
  - 初中回眸美文征集
- 口语交际
  - 我们都是故事大王
  - 我们都是朗读者
  - 广而告之——说新闻
- 综合性学习
  - 汉字听写
  - 课本剧表演
  - 书画传词情

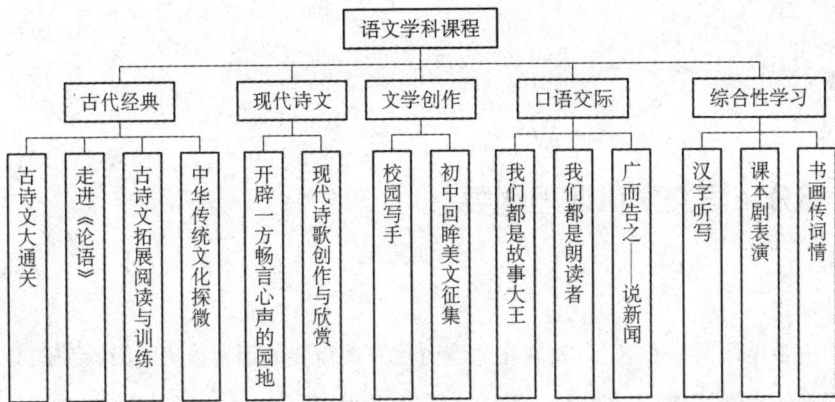

语文学科课程图谱

根据四个学年八个学期来划分，我们从古代经典、现代诗文、文学创作、口语交际、综合性学习等方面进行课程设计，关注到听说读写能力的训练。

语文学科课程设置表

分类　学期	古代经典		现代诗文	文学创作	口语交际	综合性学习
六年级（上）	古诗文大通关	唐诗中的诗仙和诗圣	少年诗情	校园写手	我们都是故事大王	汉字听写
六年级（下）	古诗文拓展阅读与训练	走进《论语》	少年诗情	校园写手	我们都是故事大王	书　法
七年级（上）	中华传统文化探微	走进《论语》	现代诗歌创作与欣赏	校园写手	广而告之——说新闻	汉字听写
七年级（下）	中华传统文化探微		现代诗歌创作与欣赏	校园写手	我们都是朗读者	书　法
八年级（上）			开展一方畅言心声的园地	校园写手	我们都是演说家	诗画传词情
八年级（下）			开展一方畅言心声的园地	校园写手	我们都是演说家	课本剧表演
九年级（上）			开展一方畅言心声的园地	初中回眸美文征集		
九年级（下）			开展一方畅言心声的园地	初中回眸美文征集		

（撰写：施轶　严峻）

第三部分 语文学科课程纲要

初中学生语文核心素养,表现在适应时代发展需要的语言能力、思维品质,以及与之相匹配的审美情趣、人文情怀。语文校本课程弥补了教材的不丰富,改变了教法的单调,打破了学习空间的局限,让学生在语言文化积累、准确流畅表达、审美鉴赏与创造方面得到更大发展,全面培养语文学习的良好习惯和深厚兴趣。

1 我们都是朗读者课程纲要

适用年级:六、七年级

一、课程背景

"读"是语言实践练习最重要的途径。朗读有助于对语言的感知、吸收、积累,也有助于思维的发展。俞平伯先生言:"古人做文章时,感情充沛,情感勃发,故形之于作品。当时由情思而声音、而文字,今天的读者要了解当时的作品,也只有遵循原来的轨道,逆溯上去。作者当时之感寄托在声音,今天凭借吟哦背诵,同声相应来使感情再现。"由此,我们不难发现:人们对文章的理解是以朗读为基本前提。饱含深情的吟咏能使人更加深入地感受文章,感受作者,能带给人美的享受。

本课程的理念是:朗读经典,品味语言的音韵美和意境美。让文学作品中传诵百世的情感,通过多种形式的朗读,滋润学生的心田。随着新课程的改革与发展,中学生朗读能力愈来愈受到重视,良好的朗读能力也越来越成为学生必备的一种能力。开设"我们都是朗读者"课程,可以让学生们举止更文雅、更具文化气质,继而起到陶冶情操的作用。通过朗读的熏陶,逐渐培养学生高尚的人格品德。

二、课程目标

1. 基本掌握朗读的技巧,能够完整地朗读作品,感受朗读中对原作二次创作的乐趣。以朗读为媒介,进一步加深对作品的理解,品味字里行间丰富的情感,体验朗读的魅力。

2. 通过朗诵,提升对文学作品的鉴赏能力,提高个人文学修养,陶冶高尚情操,发现真善美。

3. 在朗读的过程中,可以收获良好的阅读兴趣与习惯和高雅的生活情趣。

三、课程内容

本课程围绕朗读的基础知识、朗读前的准备、朗读的技巧展开,共有 4 个模块。

第 1 模块首先介绍朗读的基础知识。主要让学生对朗读有个基本的了解,比如朗读是什么、朗读与朗诵的区别、对朗读者有哪些要求、朗读名家介绍、朗读名家视听作品赏析等。

第 2 模块是带领学生做好朗读前基本功的训练。安排用标准的普通话朗读、绕口令训练。这部分还要教学生如何使用正确的朗诵符号,如何把握作品的基调,如何正确、深入地理解作品,如何深刻、细致地感受语言。

第 3 模块是对朗读的技巧的训练。让学生理解停顿、重音、语调、语速等基本技巧的使用方法,并通过教师示范、名家视听材料的欣赏等,练习技巧,学习合理地运用技巧,深入体会朗诵技巧与作品内容、情感的有机融合。

第 4 模块是名作赏析、朗读训练。从聆听、模仿,到运用自己个性化的声音技巧创造性地朗读作品。

四、课程实施

本课程为学校的拓展型课程,历时 16 周,每周 2 节,共 32 个课时。每周进行 30

分钟的朗读训练。在场地安排上，以小剧场最佳，方便学生练习和排练。在课程的实施过程中以鼓励为主，引导学生热爱经典作品为根本；承认学生个体间的差异性，允许学生在完成规定内容外，朗读自己喜欢的作品，并给予相应的评价。具体实施方法如下：

（一）课内外结合法

将课内阅读与课外阅读紧密地结合起来，加强课内外阅读的横向联系。通过课内文本指点方法，培养兴趣，激发热情，引导、鼓励学生在课外涉猎更宽阔的朗读领域。学生课外阅读的积极性调动起来后，就适时介绍一些与课内阅读相适应的品位高、对学生有益的经典作品，引导学生欣赏作品的语言、把握艺术的构思、辨析人性的美丑善恶，将感性认识上升到理性认识，全面提高鉴赏能力和朗诵能力。

（二）他荐自选结合法

由于学生的个性、情感、生活经历、兴趣爱好、语文经验各不相同，他们选择课外的作品也会有所不同。因此，教师要指导学生自主选择和互想推荐，让每个学生都能在一种和谐的气氛中，积极、主动地进行适合自己水平的朗读。

（三）诵读竞赛法

教师指定某一时间，在班级、年级内开展诵读赛，例如"古诗诵读擂台赛"、"大家来读《背影》"，等等。并要求老师、家长与学生同步朗读相同的作品，同诵同悟，为学生做出表率。

（四）展示汇报法

利用大型节日或班队会的时间将诵读作为一种节目让学生在舞台上展示表演。比如安排"读书会"、"诵读会"、"六一汇报演出"，等等，让每个学生有机会汇报展示自己的朗读才能。

五、课程评价

对于学生个体朗诵的成果评价，采用形成性评价和展示性评价相结合的方式，充分发挥评价的鼓励作用，调动学生朗读的积极性和参与性。

（一）形成性评价

采用学习小组自评法,评价组员一周的朗诵水平。由各朗诵小组的组长担任检测组长,逐一检测本组的同学,并将检测情况报告老师。老师进行抽测并作相应的调整或要求。

本项评价共分为三等,折合成分数分别为优秀 10 分,良好 8 分,须努力 6 分。

学习小组自评表

评价内容	优秀	良好	须努力
练习朗诵的时间	① 每日晨读。每天早晨练习朗诵技巧 10 分钟。 ② 亲子同读。每天晚上与家长一同朗读 10 分钟。 ③ 课堂练习。出席每次拓展课,并保证 30 分钟的朗诵练习时间。	① 每日晨读。每周至少三次练习朗诵技巧 10 分钟。 ② 亲子同读。每周至少三次与家长一同朗读 10 分钟。 ③ 课堂练习。基本出席每次拓展课,并保证 20 分钟的朗诵练习时间。	① 没有早读习惯。 ② 家长没有参与到朗诵活动中。 ③ 有三次及以上没有参加拓展课。
朗诵的范围及内容	① 在完成课内朗读的基础上,能够自主选择课外内容进行训练。 ② 自选内容健康向上,符合中学生的特点。 ③ 能够推荐其他学生朗诵自选作品。	① 在完成课内朗读的基础上,能够自主选择课外内容进行训练。 ② 自选内容能够引起班级同学的兴趣,但是意义不太大。	在完成课内朗读的基础上,还不能够自主选择课外内容进行训练。
方法和习惯	能够熟练运用所学的朗诵技巧来完成 3 首以上诗歌的朗诵。	能够基本运用所学的朗诵技巧完成 1—2 首诗歌的朗诵。	还不能运用所学的朗诵技巧来完成朗诵。
认识和体验	① 在读诗的过程中对作者的经历和主要思想有深刻的认识。 ② 能够很好地把握作品的情感基调并用朗诵的形式表达出来。	① 在读诗的过程中对作者的经历和主要思想有基本的认识。 ② 能够较好地把握作品的情感基调并用朗诵的形式表达出来。	还不能对作者有一个基本的认识,也不能把握到作品的情感基调。

（二）展示性评价

课程学习结束阶段，组织朗诵汇报展示活动。依据下面的评分标准，由评委评出学生朗诵综合表现，评分标准（10分制）。

1. 紧扣主题，内容充实生动，有真情实意。寓意深刻，富有感召力1分。

2. 衣着得体0.5分。

3. 精神饱满，姿态得体、大方2分。

4. 感情饱满真挚，表达自然，能通过表情的变化反映朗诵的内涵1.5分。

5. 吐字清晰，声音宏亮，正确把握朗诵节奏2分。

6. 能正确把握朗诵内容，声情并茂，朗诵富有韵味和表现力，能与观众产生共鸣3分。

学期综合评价按照形成性评价占40%、展示性评价占60%进行评价。8.5—10分为优秀，7—8.5分为良好，6—7分为合格，不足6分为须努力。

（设计：徐韵）

2　古诗文大通关课程纲要

适用年级：六、七年级

一、课程背景

在中国五千年的悠久文化中，经典古诗文不仅映射着中国文化的文学之美，而且蕴含着中华民族的胸怀、风骨、智慧、情趣，是中华民族最基本的文化基因。学习欣赏古诗文是继承和弘扬民族优秀文化的需要，也是新语文课程标准所倡导的内容。新的课程标准要求6—9年级学生四年内能背诵10 000字左右的文言诗文，能欣赏优秀古诗词的意境，展开想象，获得初步的优美情感体验，感受母语的魅力，认识中华文化的丰厚博大，吸收民族文化智慧。欣赏经典古诗文有利于提高学生的个人素养，不论是先秦的诗歌、散文，还是汉魏六朝的诗赋，不论是唐诗宋词，还是元曲小令，其语言文学无不呈现出抑扬顿挫的音律和整齐华丽的词彩之美，这有利于对学生进行审美教育，能够使学生文思敏捷，言谈儒雅，表现出良好的个人素养。

学习古诗文，不仅需要熟读、吟诵、积累，同时也需要借助一定的文言知识、文化知识的学习，掌握文言诗文阅读与理解的规律和特点，提高阅读理解水平，促进欣赏水平的提升，帮助学生更多地从中汲取营养。

本课程的理念是：兴趣引领，分层拓展。立足兴趣培养，将古诗文知识学习与古诗文欣赏能力培养相结合，将古诗文教育与培养学生良好习惯、高尚情操、优秀品格的人文教育有机地融合，着力培养一代"腹有诗书气自华"的书香少年。

二、课程目标

1. 通过文言知识、文学知识、文化知识的拓展学习，扫除古诗文自学中的障碍，养成良好的学习习惯，锻炼并提高古诗文触类旁通的学习能力。

2. 通过参与读、讲、诵、赏等活动，提升母语理解与表达能力，增加自身人文修养，提升综合素质。

3. 通过对大量经典作品、古诗词的吟诵和欣赏，记忆储备课外更多优秀作品，增进对经典的理解力，培养浓厚的兴趣，弘扬中华优秀传统文化。

三、课程内容

本课程分为汉字文化，文言词汇，文言句式，古汉语文学、文化常识，诗词积累与赏析等八个单元。

课程内容	课长	课程介绍
第一单元：汉字文化	共4节	分别是汉字演变，六书造字，通假字，汉字故事。
第二单元：词义解析	共4节	分别是实词，虚词，古今异义，词类活用。
第三单元：句式辨析	共分4个章节	分别是判断句，被动句，省略句，特殊句式。
第四单元：诗文纵览	共分4个章节	分别是诗，词，曲，文，剧，小说。
第五单元：文学常识	共分4个章节	分别是文学史分期及代表文学样式，文学流派，文学事件，中国文学史上的第一。
第六单元：文化常识	共分8个章节	分别是居室与出行，饮食，衣饰，姓名，礼俗，科举，历法，其他。
第七单元：名句积累		涵盖从《诗经》以来的流传甚广的历代名家诗文名句。
第八单元：诗词积累		主要从唐宋时期的诗词名家中选取，有词作42首、古诗100首。

◈ 四、课程实施

本课程为拓展类课程，课时每周2节。主要针对对古诗文感兴趣的学生，最好是有一定的诗文积累的学生，学习过程中更容易入门。教学实施中综合运用差异性原则、自主性原则、鼓励性原则，并将班级活动与个人活动相结合，个人学习与集体辅导相结合，诵读与展示相结合，评比与激励相结合，总结与提高相结合。课程通过师生共诵、同悟，将研、诵、赏三者相结合，力求做到教学相长。具体实施方法如下：

（一）合作诵读法

为了增加学生经典诗文的熟悉程度，通过使用合作诵读法，增加学生的背诵积累。鼓励学生自己制订背诵计划，结成研学小组，平时找时间结伴诵读。三五个人比着赛背，省时省力，事半功倍。以课外自诵自背为主，通过背诵积分，分层激励，激发学生兴趣，鼓励各类水平的学生积极参与。

（二）合作赏析法

学习具体篇目时，以小组为单位，进行探究学习，由各小组轮流担任讲解团队。同时，定期聘请优秀学生担任小组学习组织者，为本组、别组或全班同学做吟诵、赏析的示范，讲解诗文。这样的方式，既可激励优秀，带动后进，同时身边的榜样容易感染同学，营造民主课堂氛围，鼓励每人分享诵读感悟。

（三）专题学习法

教师结合教学内容，设计切合学生学习水平和能力的专题，发挥主导作用，指导学生进行专题学习。教师讲授与学生研读相结合。由教师组织学习材料，指导开展练习，并定期复习，组织学生自测，增进知识学习的运用、迁移和巩固。

（四）汇报展示法

汇报展示，共分两种形式。一是组织一到两次古诗方面的竞赛，通过一定数量的古诗文方面的书面题目，检测学生古诗文的诵读量，以及对古诗文的理解与赏析能力。二是组织"诵读经典"汇报会，学生与学生一起诵读，教师与学生一起诵读，在有可能的情况下，组织学生和父母一起诵读，营造课内外家校共同参与的学习氛围。

五、课程评价

以激励性评价为主旋律，运用积分制进行过程性评价。首先和学生集体讨论评价细则，取得共识，评价先行，让每位学生在学习开始之初就明晰获得积分的办法。具体积分标准如下：

1. 不迟到，不早退，不缺课。按时上课，每次得 0.5 分，共 34 课时，满分 17 分。

2. 制订符合自己的每周诵读计划，经小组长督促检查，按时完成每周任务。每周记 1 分，共 17 周，满分 17 分。

3. 背诵指定篇目，一级篇目，一篇 0.5 分，二级篇目一篇 1 分，三级篇目一篇 3 分。

4. 针对每节课布置的学习任务,开展自主学习。自主学习检测共 10 次,每次自测独立完成,认真参与交流、纠错,每次记 1 分,满分 10 分。

5. 担任小导师,分享自主学习内容、诗文赏析心得等,获得大家的认可,每次记 5 分。

6. 在诵读活动、古诗文竞赛等活动中,积极参与,获得 2 分;表现优秀获得 5—10 分。

7. 在小组展示活动中,认真履行职责,按时完成学习任务,并愿意帮助同学,共同进步,视任务轻重,每次记 1—3 分。

按一学期获得的总学分进行综合评价。60 分及以上为合格,75 分及以上为良好,85 分及以上为优秀。除了按等第评价外,积分进入班级前 40% 的同学还可以获得"古诗文通关小达人"称号,颁发证书,以资鼓励。

（设计：张文慧）

3 "初中回眸"活动课程纲要

适用年级：九年级

◆ 一、课程背景

语文课程要关注学生课程活动中的"学得",也要关注学生在各种语言实践活动中的"习得",要将课堂学习和课堂以外的语言实践有机地结合在一起,重视学生情操的陶冶和文化品位的提升。学习活动中要引导学生形成审美意识、审美情趣和审美能力,树立正确的价值观,塑造健全的人格。据此拓宽语文学习的渠道,构建开放的、适应时代发展的课程体系十分重要。四年来,在进才实验中学"为每一位学生的卓越发展服务"的办学理念引领下,学生在学习中不断成长,不断完善自身,经历磨砺逐渐走向成熟,朝着心中的梦想努力着,不断进取求索。本年级组通过此次活动,引导学生唱响青春、收获感悟,抒发对母校、对老师的情怀,带着在母校的收获,走上新的人生旅途,共同扬帆起航。

本课程的理念是在写作实践中拓展语文学习途径,学习实践,提升兴趣。

二、课程目标

1. 养成观察生活、体验生活、思考生活的习惯,能及时记录自己的所见、所闻、所思、所感。

2. 回忆四年初中生活成长过程,经历的动人瞬间,引发感动思考并记录下来。

3. 用规范的书面语得体优雅地表达自己的思想感情,通过美文写作,抒发对母校、对老师的感恩情怀。

三、课程内容

本课程围绕初中回眸,情系进实这个主题,分为 4 大模块,具体内容如下:

模块 1:校园漫走,寻访足迹。对学生进行动员培训,回眸初中生活,徜徉进才实验校园,走访以前的老师,回忆整理师生、同学间的感人故事。

模块 2:定格画面精挑选材。学生可以按照风景类、师长类、同学类、活动类、班级类、个人成长类等进行题材的分类整理,从中挑选出有代表性的事例或画面进行加工构思。

模块 3:写作指导。教师从立意、选材、结构和语言四个维度指导学生构思,撰写提纲。

模块 4:落笔成文。分班级学生利用课上或课余的时间写作,完成文稿撰写。教师就各类题材的作文进行分类指导,学生进行修改,最终完成自己的创作。

四、课程实施

活动安排:每周一课时,共 4 周。要求实施年级全体学生参加。学生通过了解学校的发展,重温往昔丰富多彩的学习生活,感受到母校的温暖、同学的友谊和老师的关心,以表学子对母校、对老师的深深眷恋之情。实施安排:启发讲授、实地参观、收集材料、分项访谈、成果展示。

(一)实践体验法

具体内容包括从进入校园起走遍校园每个角落,用笔记录,用相机拍照。校园大厅(标语、三角钢琴、十月歌会的唱台、大厅巡展,等等)、跑道、足球场、篮球场、看台、校园环境(花草树木)、专业场馆(室内排球馆、气膜馆)。

教学楼(教室、实验室、图书馆、专业教室、梦想教室、多功能厅、教师办公室)、校园里最可亲的老师、同学等。

(二)访谈收集法

定格画面精挑选材。具体内容可选《曾经感动我的人》(班主任、任课老师、同学、好朋友、陌生的学长学妹、门卫师傅、保洁阿姨等)、《留在记忆深处的事件》(十月歌会、周周演、艺术节、科技节、体育节、班级社会实践活动、东艺的年末演出、十大星光少年评选,学生可向班主任或班干部搜集历次活动珍藏起来的照片或视频片段)或者描写校园美丽的景致(白玉兰、腊梅等)。

(三)展示交流法

学生小组合作,把自己搜集到的校园图片及各种活动资料制作成精美的PPT,可配乐(校歌),并配上优美的文字。图文并茂、悠扬乐声中唤起学生对四年初中生活的点滴美好回忆,以激发起学生下一步的写作热情。学生选定最想表达的内容,写作时注意只是片段写作,可使用叙述、描写、议论、抒情等多种表达方式,以我手写我心,表达出自己对母校最真挚的情感。学生完成整篇文章的写作,教师详批、面批、学生互评相结合,挑选五篇优秀范文,上交年级。年级汇集装订成册,优秀征文交至校刊《朝花》,审阅并装订成"初三回眸,情系进实"专刊。

五、课程评价

本课程采取履历式评价,标准如下:

项目	参加 2分	没有参加 0分	得分
1. 重新走一遍校园			
2. 用相机拍下校园照片			
3. 采访教过自己的老师			
4. 上交征文			
5. 征文被选为优秀范文			
总分			

（设计：唐敏）

4　校园写手课程纲要

适合年级：六至八年级

一、课程背景

"朝花"杯作文竞赛是我校一项传统的活动项目，从 2005 年举办第一届比赛至今已有 11 年的历史，活动由学校朝花文学社和语文教研组主办。历届"朝花杯"作文竞赛同学们都踊跃报名参与，活动也得到了语文组全体教师的积极响应和支持，一批又一批热爱文学、具备较高写作能力的同学崭露头角。

校刊《朝花》已经创刊 12 年了，每一期都会刊登我校学生的许多优秀习作，它成为我校学生展示个人写作才华的平台。学生不仅希望能将自己的优秀作品刊登在校刊上，而且希望能通过比赛来结识优秀的写作者，借以提高自己的写作兴趣。

近年来，上海市教委教研室每年都会举办中学生作文竞赛，这是全上海最大规模、最高规格、最具权威性、最富含金量的作文竞赛。为了能让学生有更多的比赛经验，有更出色的成绩，我们开展了这项作文比赛。同时赛事也为我校语文老师提供了探讨和研究的平台,对提高作文教学质量、推进语文课改发挥着作用。

本课程的基本理念:写出生活化内容、个性化表达、多样化风采。以每年一次的全校性的作文竞赛,通过贴近校园生活、青少年心理的命题,促进学生在生活中观察、思考,提高学生的语文素养,培养学生的语文实践能力。

二、课程目标

1. 能客观反映校园生活,观察社会生活,用自己的眼睛去看,用自己的思维去想,还原千姿百态的生活,还原与众不同的梦想;形成积极的人生态度和正确的世界观、价值观,提高文化品位和审美情趣。

2. 能主动进行创作,激发想象力和创造潜能,在写作实践中能有运用语文知识的意识。

3. 能具体明确、文从字顺地表达自己的见闻、体验和想法。根据题目,能较好地运用常见的表达方式写作,发展书面语言运用能力。

三、课程内容

1. 组织者公布竞赛详细方案,确定作文主题、评改方式、奖励方式;

2. 语文老师在班级进行竞赛作文辅导,并进行命题作文初赛,推荐参赛选手;

3. 学校进行作文竞赛,评选出一、二、三等奖选手,在升旗仪式上宣读获奖名单,颁发奖状;

4. 校刊刊登优秀获奖作文;

5. 根据获奖成绩,推荐参加区级作文竞赛。

四、课程实施

(一)组织者制订详细的作文竞赛方案,确定评委成员、竞赛办法、奖项设定和比赛时间。

1. 为了体现公平、公正、公开的原则,活动特设评委组,评委由学校语文教学经验丰富的老师来担任,以各级骨干教师和备课组长为主。

2. 竞赛办法和奖励:

(1)语文组长向各年级备课组布置竞赛事宜,语文老师进行宣传发动。竞赛分A、B两个组别,其中A组为预备、初一年级学生,B组为初二、初三年级学生。

(2)每两个教学班推选5位学生参加学校决赛。

(3)决赛由学校分组别统一命题,统一组织。

(4)比赛按组别分设一等奖5名,二等奖8名,三等奖12名。

(5)比赛结束后,将在校刊《朝花》开辟专栏,刊登部分学生的优秀作品。并在学校大厅展出优秀作品。

3. 竞赛时间与安排:设定决赛具体时间、评委评审时间和颁奖时间。

(二)语文老师在班级进行竞赛作文辅导,辅导强调以下知识点的教学:

选材好:视野开阔,题材多元,注重体验,还原生活;

取角新:独具慧眼,视角求新,善于聚焦,善于转换;

情感真:真挚情感,真切见解,立意正确,积极向上;

构思巧:清晰连贯,巧妙布局,跳出模式,勇于尝试;

手法活:自由表达,多种方式,多种修辞,灵活创新;

语言美:自然流畅,合意得体,准确生动,个性鲜明;

文风实:健康活泼,多姿多彩,贵在朴实,力戒浮华。

(三)学校进行统一现场作文竞赛,在规定的一个半小时内,完成一篇800字左右的作文。44个教学班会有近110名选手同场竞技,一比高下。考察临场读题能力和行文能力。

(四)评委确定评审要求,根据综合得分情况,拟定获奖名单。

(五)奖励措施:在全校升旗仪式上,宣读获奖名单,颁发奖状。并在校刊上刊登优秀获奖作品,供同学们赏析学习。

五、课程评价

根据本课程的基本理念,评价制定时主要考察学生对生活的观察力和联想力、思维能力、言语组织能力,因此评价从素材的内容、语言表达和创新力等三方面进行。

(一) 基础分:总 70 分(内容 40 分加表达 30 分)

1. 内容:40 分

一等:40—31 分(1)切合题意(2)中心突出(3)内容充实(4)感情真挚;

二等:30—21 分(1)符合题意(2)中心明确(3)内容较充实(4)感情真实;

三等:20—11 分(1)基本符合题意(2)中心基本明确(3)内容单薄(4)感情基本真实。

2. 表达:30 分

一等:30—21 分(1)符合文体要求、结构严谨(2)语言流畅(3)字体工整、错别字少;

二等:20—11 分(1)符合文体要求、结构完整(2)语言通顺(3)字体较工整、错别字较少;

三等:11—0 分(1)基本符合文体要求、结构基本完整(2)语言基本通顺(3)字体清晰、错别字较少。

(二) 创新分:30 分

1. 立意新颖、观点新颖———深刻;

2. 材料丰富、想象力丰富、形象丰满、意境深远———丰满;

3. 语词生动、句式灵活、善于运用修辞手法———有文采;

基础分以题意、内容、语言、文体为重点,全面衡量。创新分不求全面,以一点突出者按等级评分,分满为止。

（设计：严峻）

第二章　数学学科课程图谱

数学核心素养包括真、善、美三个维度。数学教育就是要培养学生理解理性数学文明的文化价值,体会数学真理的严谨性、精确性;培养学生具备用数学思想方法分析和解决实际问题的基本能力;培养学生能够欣赏数学智慧之美,喜欢数学,热爱数学。数学作为培养公民素质的基础课程,可以构建学生的可持续发展,进而促进学生的终身发展。数学教育在发展和完善人的教育活动中、在形成人们认识世界的态度和思想方法方面、在推动社会进步和发展的进程中起着重要的作用。

第一部分　数学学科核心素养

一、数学核心素养的内核

张奠宙教授提出：数学核心素养包括真、善、美三个维度。[1] 通俗地说，数学教育就是要培养学生理解理性数学文明的文化价值，体会数学真理的严谨性、精确性；培养学生具备用数学思想方法分析和解决实际问题的基本能力；培养学生能够欣赏数学智慧之美，喜欢数学，热爱数学。一般地说，数学核心素养具体分为六个方面[2]：

（一）数学抽象：数学抽象是指舍去事物的一切物理属性，得到数学研究对象的思维过程。主要包括：从数量与数量关系、图形与图形关系中抽象出数学概念及概念之间的关系，从事物的具体背景中抽象出一般规律和结构，并且用数学符号或者数学术语予以表征。

在数学抽象核心素养的形成过程中，积累从具体到抽象的活动经验。学生能更好地理解数学概念、命题、方法和体系，能通过抽象、概括去认识、理解、把握事物的数学本质，能逐渐养成一般性思考问题的习惯，能在其他学科的学习中主动运用数学抽象的思维方式解决问题。

（二）逻辑推理：逻辑推理是指从一些事实和命题出发，依据逻辑规则推出一个命题的思维过程。主要包括两类：一类是从特殊到一般的推理，推理形式主要有归纳、类比；一类是从一般到特殊的推理，推理形式主要有演绎。

逻辑推理是得到数学结论、构建数学体系的重要方式，是数学严谨性的基本保证，

---

[1] 洪燕君，周九诗，王尚志，鲍建生：《〈普通高中数学课程标准（修订稿）〉的意见征询——访谈张奠宙先生》，《数学教育学报》2015 年第 6 期。

[2] 陈敏，吴宝莹：《数学核心素养的培养——从教学过程的维度》，《教育研究与评论（中学教育教学版）》2015 年第 4 期。

是人们在数学活动中进行交流的基本思维品质。在逻辑推理核心素养的形成过程中，学生能够发现问题和提出命题；能掌握推理的基本形式，表述论证的过程；能理解数学知识之间的联系，建构知识框架；形成有论据、有条理、合乎逻辑的思维品质，增强数学交流能力。

（三）数学建模：数学建模是对现实问题进行数学抽象，用数学语言表达问题、用数学知识与方法构建模型解决问题的过程。主要包括：在实际情境中从数学的视角发现问题、提出问题，分析问题、构建模型，求解结论，验证结果并改进模型，最终解决实际问题。

在数学建模核心素养的形成过程中，积累用数学解决实际问题的经验。学生能够在实际情境中发现和提出问题；能够针对问题建立数学模型；能够运用数学知识求解模型，并尝试基于现实背景验证模型和完善模型；能够提升应用能力，增强创新意识。

（四）直观想象：直观想象是指借助几何直观和空间想象感知事物的形态与变化，利用图形理解和解决数学问题的过程。主要包括：借助空间认识事物的位置关系、形态变化与运动规律；利用图形描述、分析数学问题；建立形与数的联系；构建数学问题的直观模型，探索解决问题的思路。

直观想象是发现和提出数学问题、分析和解决数学问题的重要手段，是探索和形成论证思路、进行逻辑推理、构建抽象结构的思维基础。

在直观想象核心素养的形成过程中，学生能够进一步发展几何直观和空间想象能力，增强运用图形和空间想象思考问题的意识，提升数形结合的能力，感悟事物的本质，培养创新思维。

（五）数学运算：数学运算是指在明晰运算对象的基础上，依据运算法则解决数学问题的过程。主要包括：理解运算对象，掌握运算法则，探究运算方向，选择运算方法，设计运算程序，求得运算结果等。

数学运算是数学活动的基本形式，也是演绎推理的一种形式，是得到数学结果的重要手段。数学运算是计算机解决问题的基础。

在数学运算核心素养的形成过程中，学生能够进一步发展数学运算能力；能有效借助运算方法解决实际问题;能够通过运算促进数学思维发展,养成程序化思考问题的习惯;形成一丝不苟、严谨求实的科学精神。

（六）数据分析:数据分析是指针对研究对象获得相关数据,运用统计方法对数据中的有用信息进行分析和推断,形成知识的过程。主要包括:收集数据,整理数据,提取信息,构建模型对信息进行分析、推断,获得结论。

数据分析是大数据时代数学应用的主要方法,已经深入到现代社会生活和科学研究的各个方面。

在数据分析核心素养的形成过程中,学生能够提升数据处理的能力,增强基于数据表达现实问题的意识,养成通过数据思考问题的习惯,积累依托数据探索事物本质、关联和规律的活动经验。

数学核心素养是数学的教与学过程应当特别关注的基本素养。数学核心素养不是指具体的知识与技能,也不是一般意义上的数学能力。核心素养基于数学知识技能,又高于具体的数学知识技能。核心素养反映数学本质与数学思想,是在数学学习过程中形成的,具有综合性、阶段性和持久性。数学核心素养与数学课程的目标和内容直接相关,对于理解数学学科本质,设计数学教学,以及开展数学评价等有着重要的意义和价值。

二、数学核心素养与数学课程建设

任何一门课程在人的发展中都有不可替代性,这是由学科知识的特殊性所决定的。数学育人要回归数学教育的本来面目,发挥数学的内在力量。这是一种聚焦人的全面发展的合力。应以发展学生核心素养为目标指向,以数学知识的发生发展过程为逻辑线索,精心选择学习素材,构建学习情境,设计系列的数学学习活动,使学生在掌握数学知识技能的过程中,培养数学能力,达成核心素养发展目标。数学教材设计中要强调核心素养的目标取向、数学知识的载体作用、学习素材的选择、学生数学活动的设计、信息技术的运用等要素。教材目标则要强调数学知识的获取、数学技能的熟练、数学能力的提升、形成正确的价值判断力和积极的心理取向等。提升数学教材的教育性、科学性、心理性和专业性,是教材改革与创新的四个永恒主题,是提高教材质量的主要着力点,也是落实核心素养的关键点。①

《义务教育数学课程标准(2011 年版)》②(以下简称《标准》)明确提出 10 个核心素养,即数感、符号意识、空间观念、几何直观、数据分析观念、运算能力、推理能力、模型思想、应用意识和创新意识。在《〈义务教育数学课程教准(2011 年版)〉解读》等一些文本中,曾把这些表述称为核心概念。但严格意义上讲,把这些表述称为概念并不合适。它们是思想、方法或者关于数学的整体理解与把握,是学生数学素养的表现。数学核心素养可以理解为学生学习数学应当达成的有特定意义的综合性能力。

《标准》提出的数学核心素养一般与一个或几个学习领域内容有密切的关系。某些核心素养与单一的学习领域内容相关。例如,数感、符号意识、运算能力与数与代数领域直接相关。在学习数的认识、数的运算、字母表示数等内容时与这些核心素养直接联系。数的认识的学习过程有利于形成学生的数感,数感的建立有助于学生对数的理解和把握。空间观念与图形与几何领域密切相关。学习图形的认识和图形的关系等内容应注重学生空间观念的发展。数据分析观念与统计与概率领域直接相关,数据的收集、整理、呈现和判断的整体过程是形成学生的数据分析观念的过程。

有些核心素养与几个领域都有密切的关系,不直接指向某个单一的领域,包括几何直观、推理能力和模型思想。几何直观在学习图形与几何、数与代数等领域的内容时都会用到;推理能力在几个领域的学习中都会用到。推理在几何中经常运用,特别是初中阶段的平面几何的证明。在数与代数中也常常用到推理。模型思想同样在数与代数、图形与几何以及统计与概率中都会用到。如时、分、秒可以从建立时间模型的角度理解。方程的学习更是一个建模的过程;数轴和直角坐标系都是刻画空间位置的模型。实践意识与创新意识具有综合性、整体性。

只有科学性和心理性的有机结合,才能使数学教材符合深化课改、落实立德树

---

① 章建跃:《高中数学教材落实核心素养的几点思考》,《课程·教材·教法》2016 年 07 期。

② 教育部:《义务教育数学课程标准(2011 年版)》,北京师范大学出版社,2012 年版。

人根本任务的要求,才能使学生发展核心素养得到落实。有逻辑地安排数学知识,应当兼顾学生的学习心理,顺应学生的年龄特征和心理发展水平安排学习内容,逐步提高学习要求。随着学习内容的逐步深化,知识之间的内在联系越来越广泛而紧密,并在知识的发生发展中自然而然地体现出数学核心思想,从而形成一个从渗透到明确再到应用的渐进过程。在遵循严谨性的前提下,对学习素材的选择、问题情景的设置、栏目的设置、内容的引入和展开、拓展内容的编写、例题讲解、习题设置等,都要考虑与当前的内容是否有实质联系,是否有利于激发学生的兴趣,是否反映了与学生心理发展水平相适应的教学要求,是否有利于学生的数学理解,等等。

三、数学核心素养与数学课堂教学

教什么,如何教?这是教师教学的永恒课题。基于数学核心素养的数学教学,首先要更新观念。培养并提升核心素养,不能仅仅依赖模仿、记忆,更需要理解、感悟,需要主动、自觉,将学生为本的理念与教学实际有机结合。数学教材结构体系的逻辑连贯性对落实核心素养具有根本性影响。数学育人主要是通过运算、推理的训练,培养学生的逻辑思维(包括归纳和演绎两个方面或方向),使学生得到逻辑思维方法的训练,形成思维能力。同时,培养批判性思维,形成实事求是、不讲假话空话的意识和习惯。这就是理性思维、科学精神。这种训练的载体就是具有逻辑严密性的、由归纳推理和演绎推理组成的教材体系。只有全面地关注到数学的内容、方法和结构,切实组织好论理的体系,才能将数学育人落在实处。

1. 整体把握数学课程基于数学核心素养的数学教学。整体理解数学课程是基础。要整体理解数学课程性质与理念,整体掌握数学课程目标,特别需要整体感悟数学核心素养,数学概念、定理、模型、思想方法、应用。整体设计与实施数学教学不仅是为了解决某个具体问题,更需要思考如何解决一类问题,更大的一类问题。在解决数学问题的过程中,学生会不断感悟,理解抽象、推理、直观的作用,得到新的数学模型,扩大应用范围,提升关键能力,改善思维品质。

2. 主题(单元)教学——基于数学核心素养的数学教学。要求教师能从一节一节的教学中跳出来,以主题(单元)作为教学的基本思考对象。可以以章作为单元,也可以以数学中的重要主题为教学设计单元,也可以以数学中通性通法为单元。这是深度学习的核心,是深度学习的抓手,也是整体把握数学课程的抓手,可突出本质——数学核心素养,有利于教学方式多样化,把教与学结合起来,促进学生自主学习;主题(单元)教学的要素,最重要的是进行整体分析,包括数学分析、标准分析、学情分析、教材对比分析、重点(本质、核心素养)分析及教学方式分析,进而确定主题教学目标,选择、设计情境和学习活动。

3. 抓住数学本质。我国著名数学家华罗庚反复强调:能把书读厚,又能把书读薄,读薄就是抓住本质,抓住重点。抓住本质,才能更好地理解和提升数学核心素养。

4. 问题引领:发现、提出问题与分析解决问题。在关于数学和数学教育的大讨论中,问及在数学和数学教育中什么最重要时,著名数学家 P. Harmous 在一篇总结文章中强调问题是关键。数学概念、定理、模型和应用都是在解决问题的过程中总结形成的。在数学课程目标中,特别强调发展学生发现问题、提出问题与分析解决问题的能力,在基于数学核心素养的教学中,这也是关注的重点。

5. 创设合适情境。创设合适情境是基于数学核心素养教学的另一关注点。首先要对情境需要有个全面的认识,包括实际情境、科学情境、数学情境、历史情境。情境选择的基本原则是便于理解学习内容和要完成的任务,循序渐进,进而考虑激发学生的兴趣和热情。

6. 掌握学情,加强会学指导。授之以鱼,不如授之以渔,会学比学会重要。会学数学应包括:阅读理解、质疑提问、梳理总结、表达交流。基于数学学科的核心素养,学生应如何发展核心素养? 教师应关注以下几个方面:

① 视野与见识。学习数学需要有开阔的视野,了解数学的历史,了解数学的发展,了解数学在社会发展中的作用,了解数学在现实生活中的作用。

② 做题等于数学学习? 以做题取代数学学习,这是数学教育中的突出问题。通过做题巩固学习内容,这是学习数学的重要环节,但仅靠做题有很大的局限性。学习数学也需要理解数学概念、定理、应用,需要理解不同内容之间的联系。

③ 引导学生积极参与数学建模和数学探究。数学建模,是对现实问题进行数学抽象,用数学语言表达问题,用数学知识与方法构建模型解决问题的过程。数学探究是围绕某个具体数学问题,开展自主探究、合作研究,并最终解决数学问题的过程。它们是中学数学课程的重要内容。数学建模活动和数学探究活动主要以课题研究的形式开展。课题研究过程包括选题、开题、做题、结题四个环节。这是促进学生自主学习的一项重要措施,可以让他们经历解决问题的过程。

如何在数学教育中提升学生的数学核心素养,是数学教育工作者面临的新课题。一线数学教师必须注重提升自身数学素养,特别是数学核心素养,关注数学内容、教学理论、教学实践与核心素养的有机结合,直面问题,不断探索,为学生营造良好的数学教育环境。

第二部分 数学学科课程图谱

一、数学课程结构

数学的课程结构,实际上就是在各种具体的数学教学中,依据学生身心发展和学习规律,让数学知识点的安排与具体环境因素、媒体成分和学习活动细节等的相互关系。初中阶段的数学课程从内容和技能上来分主要包含以下几个方面:数与运算、方程与代数、图形与几何、函数与分析、数据整理与概率统计、数学思想方法、数学基本技能七个部分。

我们认为数与运算、方程与代数、图形与几何、函数与分析、数据整理与概率统计属于表现性内容,而数学思想方法、数学基本技能属于内隐性思维与方法。

1. 数与运算

了解由整数到有理数、实数的扩展思想;掌握有理数的运算法则和运算性质,懂得实数的基本运算和顺序关系;能从数量方面及其变化规律的角度去认识事物,形成数感;了解估算的意义并掌握估算的一些基本方法,会通过估算进行猜测或检验。在学习中逐步领会换元法、体会分解与组合思想,能按照一定的规则和步骤进行计算。

2. 方程与代数

懂得解代数方程的基本原理,会解简单的代数方程;掌握简单的整式、分式和二次根式的基本运算和变形。在学习中逐步领会字母表示数的思想、化归思想、方程思想,掌握换元法。

3. 图形与几何

认识平面和空间的基本图形,理解基本的几何变换;会画简单的平面图形和一些空间图形,掌握简单平面图形的基本性质和有关距离、长度、角度、面积的计算方法;知道向量的概念,掌握向量的线性运算,体会用向量解决简单几何问题的过程;知道空间直线与平面的平行、垂直等位置关系,会计算简单几何体的表面积和体积。能按照一定的规则和步骤进行计算、画图和推理。

4. 函数与分析

知道函数的概念,掌握正比例函数、反比例函数、一次函数和二次函数的图象并从中得到它们的一些基本性质。在学习中逐步领会函数思想、数形结合思想、分类讨论思想、分解与组合思想,掌握待定系数法、换元法、配方法。

5. 数据整理与概率统计

了解概率与统计的意义;会收集、分析数据和从统计图表中获取信息;掌握常用统计图表的画法和基本统计量的计算方法,懂得根据统计结果作出合理判断;掌握简单的等可能事件概率的计算方法。学会使用计算器进行数值计算和数据处理。

2017 版的上海《数学学科教学基本要求》指出初中学生的数学核心能力包括:运算求解、推理论证、空间想象、数学表达、数据处理和数学建模六个方面的能力,并对这六个方面的作了具体的阐述。初中生的数学核心素养的培养和强化非常重要,因此,我们的数学课程及活动的设计从这六个方面的培养入手,使每部分的教学内容与数学核心素养培养都做到紧密联系。

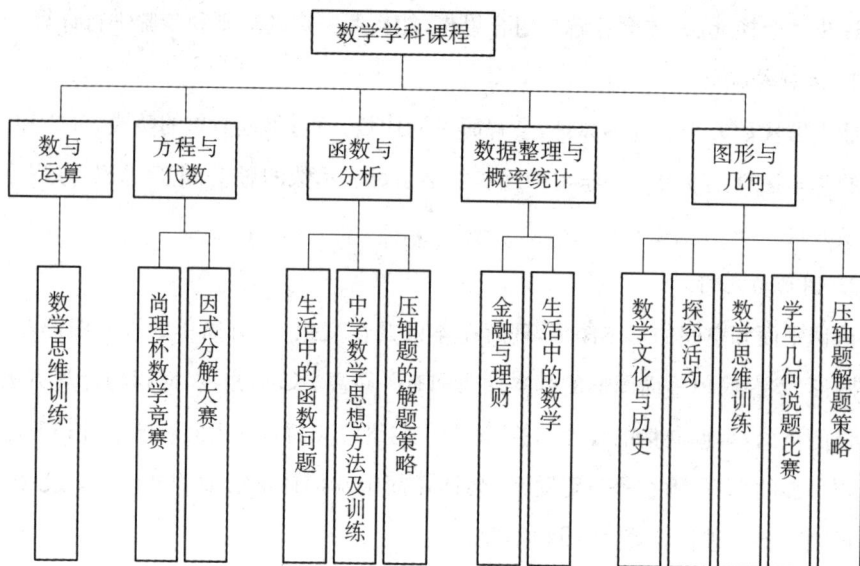

数学学科课程图谱

二、数学课程设置

在初中四年的学习中,各学段每个年级都设置数学课程。在使用好教材的基础上,根据我校课程发展情况,我们又开发了系列数学拓展课程和数学探究课程,与基础课程互相渗透、互为补充、多向融合,旨在更好地满足我校学生的需求,更好地切合我校学生的实际,更好地切合我校的办学理念:为每名学生的卓越发展服务。由于数学核心素养、核心能力的培养在学生不同的年龄段中的侧重点有所不同。因此,各年级数学拓展课程安排如下:

对于六、七年级学生,除了扎实地打好基础,落实好知识点外,数学课程及活动的设计侧重培养运算求解、空间想象、数学表达能力。因此,在六、七年级安排了《金融与理财》《数学文化与历史》《数学思维训练》《数学探究与实验》《生活中的数学》等课程和手绘几何体、因式分解大赛、平面镶嵌设计大赛等综合实践活动。

对于八、九年级学生,要让学生更好地掌握数学思想和数学学习方法,可以设置《中学数学思想方法及训练》《数学竞赛》《压轴题的解题策略》等课程、勾股定理的证明方法展示、"头脑风暴——学生几何说题比赛"活动、"尚理杯"数学竞赛等综合实践活动。

这些课程中，一部分是已实施的。但是，还有一些是将来的构想。例如《数学探究与实验》《数学文化与历史》《生活中的数学》《压轴题的解题策略》，等等。

我们将以核心素养为纲，在明确课程价值定位的基础上，在现有课程的基础上不断完善学校课程的系统设计。

数学学科课程设置表

分类 学期	数与运算	方程与代数	图形与几何	函数与分析	数据整理与概率统计
六年级 （上）	数学思维训练——分数运算	数学思维训练——方程应用	数学文化与历史——圆周率	/	金融与理财
六年级 （下）	数学思维训练——有理数运算	数学思维训练——绝对值方程和取整方程	探究活动：手绘几何体	/	金融与理财
七年级 （上）	数学思维训练——分式	因式分解大赛	探究活动：平面镶嵌设计大赛		生活中的数学
七年级 （下）	数学思维训练——分式方程	数学思维训练——较复杂的数的开方问题	数学思维训练——辅助线的添加	/	数学探究与实验
八年级 （上）	/	数学思维训练——二次方程中竞赛问题	勾股定理的证明方法展示	生活中的函数问题	/
八年级 （下）	/	数学思维训练——利用换元法解分式方程和无理方程	头脑风暴——学生几何说题比赛	中学数学思想方法及训练——函数思想、数形结合思想	/
九年级 （上）	/	/	压轴题的解题策略——图形中的函数问题	压轴题的解题策略——函数图像中的几何问题	/

分类 学期	数与运算	方程与代数	图形与几何	函数与分析	数据整理与 概率统计
九年级 （下）	/	/	压轴题的解题 策略——图形 中的函数问题	压轴题的解题 策略——函数 图像中的几何 问题	/

（撰写：戴寅秋　陈伟）

第三部分　数学学科课程纲要

　　进入初中，学生对数学这门学科的认识发生了变化，认识到数学比想象的艰深很多，认识到初等数学以外还有更庞大的现代数学体系，数学也不仅仅是"有趣的事实之集合"，而是建立在公理、逻辑与证明之上，依托想象与灵感、以及踏踏实实的计算、分析、论证等的一门大学问。学校通过不同层级的数学课程，让学生们体会到，喜欢数学的原因不仅是做数学题的成就感，而是接触了一些有趣的数学事实，感受到学数学是一件有挑战性但十分有趣的事情。

1　中学数学思想方法课程纲要

适用年级：八年级（下）或九年级（上）

◈ 一、课程背景

　　人们常说"数学是科学的皇后"、"数学是思维的体操"。一方面是强调数学在科学殿堂中的重要位置；另一方面也揭示出学习数学是开发人们聪明才智的有效途径。对中学生来讲，那些大难度的演算，典型的解题方法和技巧，都是获得聪明才智的重要阶梯，攀登这段阶梯，单凭在题海里反复操练有时也是难以奏效的。

一般认为，"方法"是人们在认识世界和改造世界的过程中，在思考问题和解决问题时，采用的途径、手段、工具等。因此，数学方法是指解决数学问题的策略、途径和步骤。"思想"即"观念"，即社会存在于意识中的"反映"，数学思想是人们对数学研究统一的本质性的认识，是对数学规律的理性认识。

"思想"和"方法"有着密切的关系。思想是对事物或规律的认识，方法则是认识事物或规律的过程和手段。数学思想和数学方法密切联系，有时很难分开。因为，数学本身就是一种方法。

数学思想方法是数学知识在更高层次上的抽象和概括，是对数学内容的一种本质认识。它是数学发现、发明的关键和动力，蕴涵在数学知识的发生、发展和应用的过程中。

抓住数学思想方法，善于迅速调用数学思想方法，是提高解题能力根本之所在。

本课程的理念：明白源与流，掌握数学思想与方法。在此基础上，按照一定的逻辑、程序、规范在思维（包括数学变式能力、数学推理能力、数学转换能力等）上进行训练，力图让学生初步学会科学地看待问题和思考问题，在提高自身解题能力方面有较大的收益。

二、课程目标

（一）总体目标

数学教育的目的，不仅是使学生掌握必要的数学基础知识与基本技能，更重要的在于促进学生思维的发展，掌握数学思想方法。本课程以提高数学逻辑思维能力为总体目标。课程选择中学数学常用的数学思想方法，在理论知识的阐述中配以必要的典型例题的讲解，进行纵横两方面的类比，联想与引申，力图逐步让学生形成系统的解题思路，熟练诸多解题技巧的运用，并在此基础上提高逻辑思维能力。

（二）具体目标

期望在本课程结束时，学生的以下解题思想方法有明显提高：

1. 整体思想方法。就是立足全局，从宏观上思考问题，把注意力、着眼点放在整体上，全面地收集和获取信息，从而解决问题。

2. 代换思想方法。条件和结论难以联系在一起时，采用代换而转化。

3. 分类思想方法。复杂的问题、含有参数的问题，要有分类的思想。

4. 类比思想方法。通过对两类不同事物之间进行对比，找到若干相同或者相似的地方，推测出可能存在相同或者相似的一种方法。

5. 联想思想方法。对平常所见的某些题目，联想其解法，找出破题思路。

6. 变量思想方法。变量范围是变量存在或者不存在的前提，时时不要忘记变量范围对变量的限制。

7. 特殊与一般思想方法。思考问题时，通过对特殊问题的分析、观察，大胆而合理的归纳、猜想，帮助发现问题的结论，找到解决问题的方法和途径。

三、课程内容

（一）以现有初中课本为蓝本，结合学科发展和学校自身特点，编写新的具有学校特色的课程内容。

（二）本部分主要向学生介绍以下常用的数学思想方法：

1. 化归思想

就是化未知为已知、化繁为简、化难为易。也就是把一个未知的或者较难的问题，通过某种手段转化为另一个已知的或者容易的问题，这分别称作化归的熟化原则和简化原则。

实现这种转化的方法有：待定系数法、配方法、整体代人法以及化动为静、由抽象到具体等方法。

2. 方程思想

就是从分析问题的数量关系入手，通过设定未知数，把问题中的已知量与未知量的数量关系,转化为方程或方程组等数学模型。然后,利用方程的理论或方法,使问题得到解决。

笛卡尔的方程思想是:实际问题→数学问题→代数问题→方程问题。宇宙世界充斥着等式和不等式。我们知道,哪里有等式,哪里就有方程;哪里有公式,哪里就有方程;求值问题是通过解方程来实现的。不等式问题也于方程密切相关。列方程、解方程以及研究方程的特性,都是应用方程思想时需要重点考虑的。

用方程思想分析、处理问题,思路清晰,灵活、简便。

3. 分类讨论思想

就是把要研究、解决的数学问题(对象),依据某种本质属性分门别类,然后逐个讨论、研究或求解的一种思想。

分类讨论思想是一种重要的数学思想,也是一种逻辑方法,同时还是一种重要的解题策略。它体现了化整为零、积零为整的数学与归类整理的方法。其策略是将一个复杂、不单一的问题化为一个个简单的、单一的、特殊的问题分而治之,各个击破。

在具体操作中,一种是采用"化整为零"的方法;另一种是采用"积零为整"的方法。

4. 数形结合思想

数形结合思想就是把问题中的数量关系和空间形式结合起来加以考察的思想。包括"以形助数"和"以数辅形"两个方面,即借助于形的生动和直观性来阐明数之间的关系,也就是以形为手段,数为目的;或者借助于数的精确性和规范严密性来阐述形的某些特征,也就是以数为手段,形为目的。

数形结合思想的实质是将抽象的数学语言跟直观的图像结合起来,关键是代数问题与图形之间的相互转化,使代数问题几何化,几何问题代数化。在解题方法上,"数"与"形"相互转化,从而使问题化难为易、化繁为简,达到解决问题的目的。

5. 函数思想

函数思想是指对所给问题的观察、分析、判断,比较深入、充分、全面时,才能产生由此及彼的联系,建立函数关系的数学模型,从而进行研究和解题。

在解题中,善于挖掘题目中的隐含条件,构造出函数解析式,并巧妙地运用函数的概念和性质去分析问题、转化问题和解决问题,是应用函数思想的关键。

6. 整体思想

整体思想是全面地、总体地考虑数学问题,注意分析问题的整体结构,从整体角度思考,从宏观上理解和认识问题的实质,以达到解决问题的目的。严格地说,整体思想包含组合变形,但它的内容更广、更深。它是化归、一般化、类比等思想方法的应用。

在具体操作上,可以从全局入手解决局部问题;从整体结构考虑,宏观把握问题实质;从整体性质出发对已知条件整体运用。

7. 数学建模思想

数学建模思想是指从现实生活或具体情境中抽象出数学问题,用数学符号建立方程、不等式、函数等表示数学问题中的数量关系和变化规律,求出结果,并讨论结果的意义。

建立和求解模型的过程包括:学生从自身的学习生活和社会生活、自然界中选取研究的问题,以探究的方式主动地获取知识、应用知识、解决问题。这对于培养学生的创新精神和实践能力、创造能力、终身学习的能力具有十分重要的意义。

8. 特殊化与一般化思想

特殊与一般是统一体的两个对立面,在认识事物的过程中,常常通过特殊去探索一般,从一般去研究特殊,特殊化与一般化在科学研究中有着重要的地位与作用,在数学教学中也是经常被使用的方法。

数学一般化思想就是从研究对象所给的一个集合,进到包含这个集合的更大集合中对对象进行定量研究的方法。数学中的大量的一般化以公式、法则等形式表现出来。数学特殊化思想研究问题的基本特点是从被研究对象的各种性质中抽出某一个属性,由普遍性的、较大范围的认识,进入到特定的、较小范围的认识。

(三)注意到初高中数学知识的衔接,初中学生在掌握数学知识系统中的某些知识链的脱节问题,在这一部分的教学中需要适当补充部分相关的知识。

四、课程实施

本课程需要时间大致为 20 课时。教师传授与学生的讨论相结合是本课程主要的教学方法,以学生为主体,教师采用启发式,组织讨论,帮助学生主动建构知识,潜移默化地提高学生分析问题、解决问题的能力。具体来说,可采用如下方法:

（一）双向互动法

教学中多以探究性的语言替代结论式的陈述，强调师生互动、生生互动，注重"双向性"，克服以教师为中心的传统倾向。

（二）内外兼顾法

教学中多关注学生的思维活动，既注意学生的外部操作活动，又分析学生内部的思维活动，掌握学生的学习心理，在关注教师教的同时，更要关注学生的学。

（三）发现教学法

教学中，既重视接受式教学，更要重视发现式教学。

五、课程评价

数学思维能力是进行数学活动的能力，是在数学活动中形成和发展起来的，它是动态的，存在于变动状态和发展之中。各个学生数学能力的基础是不同的，发展是不均衡的，解决问题的方法和途径也不是唯一的。因此，本课程的教学评价不能照搬传统意义上的考试模式。具体评价如下：

1. 课程学习表现评价：课堂上以问题讨论的形式，对学生的解题能力、解题思想的提高进行客观评价。能对教学内容或解题方法提出有质量的问题或质疑的考核为"优"，能对老师提出的问题作出正确的回答，并有新的方法和见解的考核为"良"，基本能回答课堂问题的考核为"合格"。

2. 课程作业评价：通过课内外的学习与作业，只要学生能运用所学知识去分析问题、解决问题，那么，在本课程的考核中就可以评定为"合格"；如果对问题的思考有新的见解或有更深的研究并用小论文的形式撰写出来，则可以评定为"良"或"优"。

3. 课程反馈评价：学生对本课程学习的满意度调查，了解课程实施的效果。本课程每实施一个阶段结束，利用网络微信平台或学校统一使用的学业质量绿色评价相关指标，让学生进行在线评价。教师利用课程实施效果反馈表对课程的目标、内容和实施方法进行调整和改进。

（设计：杨龙）

2 数学思维训练课程纲要

适用年级：六年级、七年级

一、课程背景

思维是数学教育的核心,数学思维训练课程是重要的落实载体。上海市中小学数学课标明确指出了国家、地方、学校三级课程管理模式的要求,学校也依据自身的办学特色,在不同程度上进行校本课程的建设,高中自招、中考也都非常重视对学生数学思维能力的考评,也为数学课程建设起到了引领作用。在初中数学教育上,学生的发展是一个循序渐进的过程,当基础数学课程掌握得不错时,就会希望向更广阔和更深远处探索。另外,不同的学生在数学上的发展需求是不同的,有一些学生渴望不断地积累丰富的知识,开阔的视野,提升自己的数学素养,但是,数学课堂教学偏重对基础数学知识的学习,学生对课本以外的数学知识知道的较少,因此,学校要对这些学有余力的学生负责,应想方设法为其提供丰富的课程供其选择,进一步满足其学习数学的兴趣,培养更多的数学人才。

本课程有利于丰富学校数学教育的课程体系,实现学校的教育目标,形成学校的办学特色,能更加尊重学生的独特性和差异性,满足学生的兴趣和需求,扩大学生的数学视野,拓宽认知结构,加深对数学知识的理解,有助于其个性的发展,也有利于发展学生的学习方式。

本课程理念:提升思维,启迪理性。通过课程实施,学生的数学知识结构会得到不断改善,不断丰富,数学思维品质的严谨性、广阔性、批判性、敏捷性得到一定提高,培养学生从数学的角度进行数学思考,更加理性看待事物。

二、课程目标

1. 通过解决比课本内容高深的、并且与课本内容紧密相关的数学问题,理解、掌握或应用已学的单元数学知识,体会知识之间联系,增强思维的深刻性。

2. 阅读并解释"名题、趣题巧解"、"一题多解"、"一法多用"等,开阔视野,体会数学思想方法,提升学习兴趣,提升数学解题能力,增强思维的灵活性。

3. 运用所学的数学知识和方法解决具有典型性、思考性、新颖性的综合题,增强思维的敏捷性。

4. 经历自学、与同伴合作探究的过程,学会独立思考,形成坚强独立的个性,体验合作、分享、尊重、互惠的意义,养成善于与人合作和分享的意志品质。

三、课程内容

本课程围绕上海市初中基础型课程的内容安排展开,同步或稍有延迟,共分为15章。

第1章　数的整除

求三个数的最小公倍数和最大公约数;能被3、4、6、8、9整除的数的规律;利用素因数找因数;制作1—100以内的素数表;巧用奇偶性特征解题;数与算式探秘;数字游戏;分解素因数在实际问题中的应用。

第2章　分数

无限循环小数与分数的互化;分数的大小比较;加成分数;繁分数;用计算器验证分数的有关运算律;将一个分数拆为几个不同的单位分数之和;分数与小数混合运算的速算与巧算;分数运算的应用;中国古代的分数运算。

第3章　比和比例

比和比例的应用;百分比的应用;最佳策略问题等可能事件的应用;比出规律;用百分比看水的世界。

第4章　圆和扇形

拼图游戏;组合图形的计算问题;祖冲之、刘徽与圆周率;至少需要切几刀。

第5章　有理数

有理数的巧算;有理数的大小比较方法与技巧;绝对值;探索数的规律;漫谈有

理数。

第6章　一次方程(组)和一次不等式(组)

生活中的一次方程的应用;生活中的一次不等式的应用;巧解一元一次方程;形如 $ax = b(a \neq 0)$ 的方程;二元一次方程的图形;用图解法解二元一次方程组;方程史话;广为流传的"百鸡问题";鸡兔同笼问题;牛顿的公牛吃草问题;含绝对值的不等式。

第7章　线段与角的画法

线段和角分割中的计数;线段围成的图形;地图上的数学。

第8章　长方形的再认识

简单的"最短线路"问题;边数、顶点数及面数之间的数量关系。

第9章　整式

分离系数法;多项式除以多项式——长除法;余数定理;综合除法;贾宪三角;恒等式与方程;乘法公式;公式变形;因式分解的几种方法;代数发展史话;学点归纳法。

第10章　分式

分式的简化运算;部分分式;繁分式。

第11章　图形的运动

平移、旋转、中心对称等变换与轴对称之间的关系;莫比乌斯带与简单图形的拓扑变换;具有对称性的图案欣赏和设计。

第12章　实数

无理数的发现;$\sqrt{2}$ 为什么不是有理数;求平方根近似值的方法;实数的简便运算;实数的大小比较。

第13章　相交线　平行线

几何小史;解几何说理题;探索平行线被折线所截问题;三线八角问题;运用平行线间的距离相等求面积;直线分平面;圆分平面。

第14章　三角形

巧用内角和定理;巧用外角和定理;三角形的面积;"边边角"与三角形全等的判定;七巧板问题;分割等腰三角形。

第15章　平面直角坐标系

坐标法的应用——珍宝藏在哪里;坐标法的应用——一种新的棋谱记法;确定点所在的象限;点到坐标轴的距离;皮克定理。

❖ 四、课程实施

该课程主要通过拓展课时间实施,每周安排 2 课时。教学场地要求为多媒体教室。教学借助自编教材,互联网,多媒体课件,音像资料等完成。适合初中 6、7 年级数学基础好,对数学活动有兴趣,且有志进一步提高数学能力的学生。组织形式要求每班 30 人左右,每组 4—5 人,下分 2—3 人为二级组。实施方法如下:

(一)资料收集与整理分析

这里包括老师和学生两方面,要求教师基于学生的知识基础、认知能力、心理特征合理处理教学内容和教学活动形式,可以对本课程纲要的目标、内容做增减,并且不断地编写和修订,最终成为校本精品教材。教材编写要体现学校的特色,要与学校的办学理念一致,并随着学校的发展,课程与其同成长,保持课程的先进性,课程的编写要与学生的生活经验和学习经验相结合,满足学生的真实需求,为学生的发展奠定坚实的基础;另一方面,学生也是本课程目标和内容的修订者,对于自己的学习需求直言不讳,积极参与课程的开发,同时,也提倡学生通过报刊、书籍、上网、拜访有关人士的途径收集和分析资料,自我安排自己的学习,获取新知识。

(二)启发讲授与自主学习、合作学习相结合

我校致力于独立学习与合作学习相结合的教学方式的研究,本课程实施中,要践行学校课堂教学改进要求,落实教与学的方式改变,学习活动关注学生的思维,关注学生的独立思考,关注学生的合作交流,可以让学生自学课本,解决相关的问题;可以把学生分成若干小组,通过小组合作交流,解决自学所不能解决的问题;可以给学生提供相关的资料或从学生的生活经验经历中提出探究性的问题,让学生分组进行讨论解决。对于有关运算法则的探索过程,为探索有关运算法则设置归纳、类比等活动;对于图形与几何内容要做好直观与"说理"相结合的要求,重视学生的实验、观察、说理的过程,重视创设现实、有趣的问题情境,使学生经历从现实世界中抽象出几何模型和运用

所学内容解决实际问题的过程。

（三）教育技术在课程实施中的应用

充分利用信息技术创设学习情境，丰富学生的学习方式，增强学生的信息化素养；鼓励老师创建特色网站，开发信息资源和开设网络课程，为学生提供个性化的学习平台；建立网络服务教学的评价平台，让信息化的管理为教师的过程化评价服务，为学生提供自我认识提高的回看数据。

五、课程评价

本课程评价主要采用过程评价与终结性评价相结合方式。把学生平时的表现情况运用客观数据、观察、测验、作品展示、自评和互评等多种评价方式，简便有效地实施，客观、公正地衡量学生的发展状况，同时也积极关注评价对学生持续发展的作用，为学生的后续发展保驾护航。

（一）表现性评价

表现性评价是对学生的学习态度进行的评价，主要依据学生的出勤情况、学习过程中的学习状态对学生进行的评价，具体要求如下：

（1）出勤：每节课清查缺课学生，下课后调查原因，学期末统计出勤率。

（2）学习状态：①课内即时评价：对学生个体与群体的课堂纪律、学习态度、参与程度、方法效果等方面的表现随堂作出评价；②课后自主学习与作业评价：对学生个体课后学习的主动自觉性、完成学习任务的程度、书面作业的数量和质量、单元达标测试等及时反馈评价。

（二）纸笔测试与评价

采取定量评价与定性评价相结合的原则：对学生的阶段评定采用综合评价的方式，评价结果的表现形式为"分数（百分制）＋等第（优、良、及格、需努力）＋评语"的评价形式。纸笔测试评价是对学生掌握所学知识的实际效果评价，采用学期末书面考试（测验）的方式，卷面满分 100 分。成绩评定：90 分及以上，优；80—89 分，良；60—79分，合格；60 分以下，不合格。

数学思维拓展学习评价表

评价指标		分值	评价			综合评价
			自评 （20%）	互评 （30%）	指导教师评价 （50%）	
平时 50%	出勤情况	10	依据考勤统计情况，按比例计算			
	课堂纪律	10				
	参与程度	10				
	作业情况	10				
	单元测试	10	依据平时测试成绩，按比例计算			
期末 评定 50%	期末测试 情况	50	依据期末测试成绩，按比例计算			
	综合评价					

（设计：雷腾飞）

3 初中数学竞赛课程纲要

适用年级：六、七、八、九年级

✦ 一、课程背景

本课程的理念是：充分尊重每个学生个体的需求。根据学生间的个体差异，针对我校数学资优学生，始终围绕数理思维见长的学生群体设计，以他们的学习与发展的实际学情为基本出发点。

课程设计不完全以知识系统为主线，很多例题与练习是为了凸现其中的蕴含的数学思想方法。本课程试图通过数学思想方法的养成为学生形成正确的、积极主动的学习方式创造有利条件，为学生提供"提出问题，探索研究，实践应用"的空间，帮助学生形成独立思考、自主钻研的习惯,培养学生的自主能力,提高理性的数学思维,养成勇于创新的科学理念。

　　课程内容的选择是严格的。它具有鲜明的针对性,能体现数学教学的特点。通过课程的实施我们希望:着重发展学生的数学综合能力"学以致用",数学知识的学习必须进入运用的层次,接受实践的考验。本课程在数学知识的理论应用与实践运用上大大加强,数学的融会贯通与"数学建模"成为主体;加强了数学各分支间的结合,以重要的数学思想方法来贯穿数学学习。在实施过程中,要重视数学思想与数学方法养成的创新学习理念,传授数学知识不是数学教学的重点,"授人以鱼,不若授之以渔"。引导学生掌握解决问题的科学的数学思想与数学方法是本课程的核心。通过本课程的实施我们将拓展学生的数学视野,形成开放体系,努力增强时代感。由于本课程的学习对象为具备较好的数学基础与学习能力的学生,因此在内容上必须有一定的深度与广度,要能够引发学生的思考,要有新的知识内容与视角。

二、课程目标

　　1. 夯实数学基础,能熟练掌握各种数学基本技能;全面提高演绎推理、直觉猜想、归纳抽象、体系构建、算法设计等诸多方面的能力,并在此基础上培养学习新的数学知识的能力,获得提出、分析、解决问题的能力,数学表达与交流的能力;发展数学应用意识与数学创新意识。

　　2. 扩展数学视野,开展研究性学习,激发学习数学的兴趣,能欣赏数学的美学魅力,认识数学的价值,崇尚数学的思考,培养从事科学研究的精神与方法。

　　3. 初步学习和了解现代数学基本理念,为今后从事高深科学领域的学习奠定必需的数学基础。

三、课程内容

　　由于不同年龄的学生数学思维的发展特点不同,不同年级的学生所掌握的数学知识、解题技巧、运用数学方法解决问题的能力不同,因此我们在六年级至九年级的四个年级的竞赛课程中安排了相应的内容,对于数学中几个主要思想方法的渗透也有不同的侧重点。

六年级课程内容:有理数的巧算;分数、百分数应用题;浓度问题;工程、行程问题;利润、利息问题;圆与扇形;圆柱与圆锥;钟面上的数学问题;染色问题;对策问题;同余问题;重叠问题;不定方程;加法原理和乘法原理;规划与统筹;线段;角;三角形内角和。

七年级课程内容:实数的运算;绝对值;一元一次方程;一次方程组及其应用;列方程解应用题;一次不等式(组);整式的乘除;因式分解;设而不求;待定系数;综合除法和余数定理;代数式的化简与求值;分式的运算;部分分式;含有字母系数的方程和分式方程;平行;等腰三角形;三角形的全等;平移、对称与旋转。

八年级课程内容:实数的性质;二次根式的运算;复合二次根式;代数式的化简与求值;恒等式的证明;一元二次方程;高次方程与方程组;正反比例函数与一次函数;直角三角形;多边形的角与对角线;平行四边形;梯形;中位线的应用;分类与讨论。

九年级课程内容:二次函数;函数的最值问题;一元二次不等式;相似三角形;锐角三角比;解直角三角形;直线与圆;两圆的位置关系;圆中的比例线段;四点共圆;几何问题定值;极端原理;梅涅劳斯定理和塞瓦定理;综合测试。

◈ 四、课程实施

通过同年级学生自主报名并进行选拔,每个年级挑选 20 至 25 名数学资优生作为授课对象;预备年级至初三年级第一学期每学期安排 16 周次课,每周两课时。主要实施方法如下:

(一)问题引领法:教学中教师应注重自学指导与问题教学法,对知识的掌握,不能依赖教师的教授。因此,培养学生的自学能力尤为重要。在自学的过程中,强调讨论与交流,鼓励参与、质疑、创新,以问题解决带动知识学习与能力锻炼。我校学生良好的综合素质为此提供了可能。

（二）相关拓展法：教学中根据相应的内容，介绍著名数学家、数学趣题、数学发展史以及最新数学进展来拓展学生的视野，提高学习数学兴趣。同时"自主学习＋教师指导"的方法是可行而且高效的。

（三）竞赛评优法：每学年在各年级开展一次校级数学暨"尚理杯数学竞赛"，对一学年的学习情况进行检测与总结。

五、课程评价

实施过程性评价，能产生良好的教育教学效果，更好地转变了传统学习方式中的他主性、被动性和依赖性。

（一）提出问题奖积分。该问题的来源主要是学生在上课过程中发现提出的问题，或者在课后学习中所发现的问题，教师可以根据问题的质量给予奖励积分（一般12—20分）。

（二）回答问题奖积分。对于教师提出的问题、同伴提出的问题，学生能积极主动回答，教师可根据回答情况给予奖励分。对于上黑板演示解题过程的学生同样给予奖励。这一环节是提高学生积极性，突出重、难点并解决的关键，教师应以鼓励为主，注意把握分值（一般为12—20分）。

（三）合作交流活动奖积分。在分组讨论、合作交流中，表现突出、效果好的小组给予整体奖励（一般为12—20分），这是活跃课堂气氛，鼓励学生思考、交流、表现的一种好方法。

（四）"测验"成绩折转积分。当堂测验是检验一个阶段学习效果的一种直接有效的途径，教师可直接把测验的成绩可化成积分（一般24—40分）加在学生的总积分中。

评价任务达到预期效果：转变评价重心过于关注结果（测试成绩）的特点，重视学生在数学竞赛学习各个时期的进步状况和努力程度，充分发挥评价促进学生数学学习发展的功能。这样的评价，倡导学生积极主动地参与教学过程，勇于提出问题，通过独立思考和交流合作学习，培养发现问题和解决问题的能力，养成探究式学习的习惯。这样的评价，可以给学生提供表现自己所知所能的各种机会，帮助学生自我教育、自我进步、建立自信。

数学竞赛学习评价表

评价类目	评价分数与等第			总分
	合格	良好	优秀	
提出问题(20分)				
回答问题(20分)				
合作交流(20分)				
测验、竞赛(40分)				
总评分				

（设计：戴寅秋）

第三章　英语学科课程图谱

　　以培养学生英语学科核心素养为目标，我校开发了由优美的英文诗歌和歌曲、激情的朗诵和演讲、多彩的戏剧表演、浪漫的节日文化、多样的西方礼仪文化、小语种等构成的、深受学生喜爱的外语课程体系，让学生充分体会英语学科工具性和人文性完美结合，充分体现英语学科的育人价值。

第一部分　英语学科核心素养

　　学科核心素养是核心素养的基础性作用在学科意义上的呈现。从学科的角度来说，学科核心素养是核心素养的育人功能与学科价值的有机结合，是该学科实现立德树人根本任务的价值所在。长期以来，英语学科一直被认为是一门工具性学科，其实，中小学的英语学科和英语课程，除了使学生把英语作为交流工具来学习以外，还具有多重的育人价值。

一、英语学科核心素养的内涵

　　英语是一门外语语言学科，而一门语言的背后是一种文化和一种思维，学生学习英语，不只是要掌握这门外语，也要理解讲英语国家的文化，习惯他们的思维方式。英语学科离不开语言、文化和思维。语言能力、文化品格、思维品质和学习能力是英语学科的四大核心素养。四大核心素养是互相影响、互相促进的整体，其中语言能力是基础要素，文化品格是价值取向，思维品质是心智保障，学习能力是发展条件。英语学科核心素养的形成，要将培养的总目标从强调培养学科知识与技能的综合运用能力转为培养具有中国情怀、国际视野和跨文化沟通能力的社会主义建设者。

　　1. 语言能力：在社会情境中借助语言进行理解和表达的能力。语言能力是英语学科核心素养中的"核心"。语言能力是一个含义很广的概念。它既包括过去常说的听、说、读、写等语言技能，也包括对语言知识的理解和运用能力，还包括语言意识、交际身份意识等。语言能力的内涵是在主题情境中，基于语篇的语言知识、文化知识、语言技能、学习策略的综合能力表现，它的外延与文化品格、思维品质和学习能力紧密相关，也就是"英语语言能力构成英语学科核心素养的基础，是学生发展文化品格、思维品质和学习能力的依托。英语语言能力的提高有助于学生拓宽文化视野，丰富思维方式，在全球化背景下开展跨文化交流"。①

────────────

① 夏谷鸣：《深度解读英语学科核心素养》，《2016 中国基础外语教育年度报告》外研社 2017 年 6 月。

2. 学习能力：作为核心素养的学习能力，并不局限于学习方法和策略，也包括对英语和英语学习的一些认识和态度，例如，对英语学习有正确的认识和持续的兴趣，有积极主动的学习态度和成就动机，能够确立明确的学习目标，有主动参与语言实践的意识和习惯。另外，除了使用学习方法和策略以外，还要能够监控方法和策略的使用情况，评估使用效果，并根据需要调整学习方法和策略。为自主学习和可持续学习创造有利条件。

3. 思维品质：语言与思维的关系十分密切。学习和使用语言要借助思维，同时，学习和使用语言又能够进一步促进思维的发展。学习和使用母语以外的语言，可以丰富思维方式，进一步促进思维能力的发展。英语教育界人士广泛认为，英语课堂教学中的很多活动能够促进学习者思维能力的发展。程晓堂尝试性地结合英语语言的特点和英语学习过程的特点，探讨了有可能通过英语学习促进发展的十种思维能力。需要特别注意的是，用英语进行理解和表达的过程不仅有利于学生培养通用思维能力（如识别、理解、推断），而且有利于学生逐步形成英语使用者（不一定是英语本族语者）独有或擅长的思维方式和思维能力。

4. 文化品格：学习外语，特别是英语，是实现国际理解和跨文化交流的重要途径。在英语学习的过程中，学生要接触大量的英语国家社会现象和文化背景。青少年时期是学生的情感态度和价值观发展的重要阶段。中小学的各个学科都对学生形成积极的情感态度和价值观有重要的影响，英语学科也不例外。不同民族的情感态度和价值观，以各种形式体现在语言和语言使用中。学习母语以外的语言，能够使我们了解其他民族的情感态度和价值观。文化品格核心素养不仅仅指了解，还包括评价和解释文化传统和社会文化现象，比较和归纳，形成自己的文化立场与态度、文化认同感和文化鉴别能力。从这个角度来看，文化品格的内涵超越了以往所说的跨文化意识和跨文化交际能力。

英语核心素养概念的提出，是我们国家顺应世界教育改革发展潮流，从国家战略的高度，为新世纪教育改革确立的发展方向。

二、英语学科核心素养与英语课程标准

经过十几年的课程改革，教师的教学理念已经发生了显著的变化，从过去关注学

科知识和技能,转向了关注培养学生的综合语言运用能力,也就是要在发展学生语言能力的同时,培养学生的积极情感态度和价值观、良好的跨文化意识和有效的学习策略,这些都成为了英语教学的重要目标。《普通高中英语课程标准》(2017 版)①进一步凝聚了学科核心素养,把英语学科核心素养与课程目标结合,全面而深刻地认识英语这门学科,英语学科体现核心素养的内容主要包括语言能力、思维品质、文化品格和学习能力四个方面。

1. 语言能力:是在社会情境中借助语言,以听、说、读、看、写等方式理解和表达意义的能力。通过英语课程的学习,学生能进一步发展语言意识和英语语感;掌握英语语言知识并在语境中整合性运用所学知识;理解口、笔语语篇所传递的意义,识别并赏析其恰当表达意义的手段;有效使用口、笔语传递意义和进行人际交流。

2. 文化品格:指对中外文化的理解和对优秀文化的认同,是学生在全球化背景下表现出的知识素质、人文修养和行为取向。通过英语课程的学习,学生能获得文化知识,理解文化内涵,比较文化异同,吸收文化精华,形成正确的价值观念和道德情感,自信、自尊、自强,具备一定的跨文化沟通和传播中华优秀文化的能力。

3. 思维品质:指人的思维个性特征,反映其在思维的逻辑性、批判性、创新性等方面所表现的水平和特点。通过英语课程的学习,学生能辨析语言和文化中的各种现象;分类、概括信息,建构新概念;分析、推断信息的逻辑关系;正确评判各种思想观点,理性表达自己的观点,具备初步用英语进行多元思维的能力。

4. 学习能力:指学生积极运用和主动调适英语学习策略、拓宽英语学习渠道、努力提升英语学习效率的意识和能力。通过英语课程的学习,学生保持对英语学习的兴趣,具有明确的目标意识,能够多渠道获取学习资源,有效规划学习时间和学习任务,选择恰当的策略与方法,监控、反思、调整和评价自己的学习。其中,"文化品格核心素养不仅指了解一些文化现象和情感态度与价值观,还包括评价语篇反映的文化传统和社会文化现象,解释语篇反映的文化传统和社会文化现象,比较和归纳语篇反映的文化,形成自己的文化立场与态度、文化认同感和文化鉴别能力"。

---

① 中华人民共和国教育部:《普通高中英语课程标准》,人民教育出版社 2017 年版,第 4 页。

作为英语学科的核心素养突出了"文化品格"这一要素,重拾了英语教学的价值不仅仅是教授学生掌握一种语言交流工具,更要帮助学生通过英语学习的过程,掌握学习一门语言的方法,了解英语国家乃至世界文化,形成自己独立的人格及正确的价值观,形成增进国际理解和形成跨文化意识和能力等文化品格。

学生发展核心素养是党的教育方针的具体化、细化。英语课程标准指导下的课程建设总目标正是培养和发展学生以上四方面的学科核心素养。

三、英语学科核心素养与英语学科课程的实施

英语学科核心素养的提出,对英语学科课程的设计和实施以及课堂教学等都发生不同程度影响。

教学内容方面需要改变脱离语境的知识学习,将知识学习与技能发展融入主题、语境、语篇和语用之中,促进文化理解和思维品质形成,引导学生学会学习,指向核心素养培养。教学方式将融育人目标于教学内容与教学过程之中。要理清并抓住主线,将主题引领作为整合的起点。

学生学习方式逐步走向整合、关联、发展的课程,实现对语言的深度学习(即语言、文化、思维的融合)。建立六要素(主题、语篇、语言知识、文化知识、语言技能、学习策略)整合的学习活动观。

教师要改变教学方式,需要认真研读课程文本,梳理语篇主题意义。确保教学设计情境化、问题化、活动化,体现综合性、实践性和关联性的学习过程。

在对命题意义探究和解决问题的活动中,整合语言知识学习和语言技能发展,体现文化感知和品格塑造,发展思维品质和语言学习能力。我们的教学从"知识教学和技能教学"转向"对学科核心素养培养"。[①] 需要教师加深对学科本质和价值的认识;重视对语篇意义的解读;在设计活动时关注内在逻辑和关联,注意提炼和整合内在的知识结构。

---

① 王蔷:《英语学科核心素养背景下对教学设计的再思考》,2016 年北师大版英语教材交流研讨会上的报告。

作为英语教师,我们要转变观念,要知晓英语学科对学生整体人文素养培养应有的作用,要知晓英语学科的核心素养与教学的关系,认识到英语学科的工具性和文化性同样重要,意识到自己在教学中的任务不仅仅是语言知识的传授,还有在英语教学中对学生文化品格的培养。除了转变观念,教师还需要有能力的提升。作为核心素养的一部分,学生文化品格的发展是非常重要的,但学生文化品格的形成则会受到教师的眼界、文化基础、思维力以及对跨文化知识的广度和深度的影响。

因此,教师也应不断更新自己的知识体系,扩大自己的眼界,广泛接触不同的文化,不断发展自己的思维能力,拓展自己的知识范畴,加强对其他门类知识的吸收与借鉴。只有教师的文化品格和核心素养发展了,学生的文化品格及其他核心素养才有可能得到更好的发展,核心素养的培养才能真正得以实现。

第二部分 英语学科课程图谱

以英语学科核心素养为纲,明确课程价值定位的基础上,不断完善学校的课程体系设计。

一、英语课程结构

我校英语课程结构分为基础型课程、拓展型课程、探究型课程和英语学科活动类课程。其中,基础类课程教材以上海市统一的牛津教材为主。拓展型课程由学校教师根据学校实际情况开发,课程丰富多样,供学生选择,每位学生根据爱好每年可以选择不同内容的课程。探究型课程以年级为单位统一开设,以班级为单位参加,探究内容由备课组教师根据年级学生情况确定。英语学科活动由备课组教师根据年级学生需要组织全体学生参加。英语学科活动通常与基础型课程、拓展型课程和探究型课程互相补充,达成英语学科素养的综合培养。系列课程的设计开发具有以下特点。

1. 符合学生的学段英语核心素养目标

英语学科核心素养是学生在接受相应学段的教育过程中,逐步形成的适应个人终身发展和社会发展需要的必备品格与关键能力。它是关于学生知识、技能、情感、态度、价值观等多方面要求的结合体;它指向过程,关注学生在其培养过程中的体悟;同时,核心素养兼具稳定性与开放性、发展性,是一个伴随终身可持续发展、与时俱进的动态优化过程。在课程安排上,我们遵循从易到难,从通识到专业的原则。不同学段,英语核心素养的侧重点也有所不同。初级语言阶段,重视语言的交际性。高级阶段,注重阅读分析,形成思维品质和领悟能力。

2. 完善教学内容中学科核心素养需要

学校课程建设的发展源于对学科核心素养培养目标的需要。基础型课程中的教学内容已不能满足学生的需要,教师和学生的拓展型课程和探究型课程,利用网络环境等现代化教学手段,自主选择,合作学习,以点带面,以少数学生带动全体学生,丰富了教学资源,改变了教与学的方式,走出了原有课堂的局限,英语学习的时间和空间得以无限拓宽,极大地满足了学生的个性化学习需求,开发和培育了学生的潜能和特长。促使学校英语课程的教学内容更加深化和完善,让学科核心素养的培养得以落实。

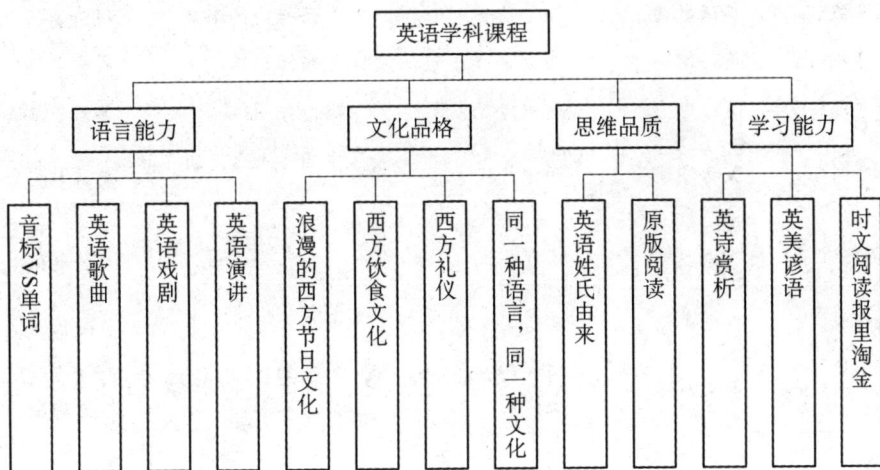

英语学科课程图谱

二、英语课程设置

我校英语课程设置体现了多样性、层次性、综合性和实践性的原则。六、七年级教学内容以诗歌、歌曲、节日活动等为主，以英语听说的技能训练为主，同时让孩子们从身边的中西方节日活动中提问文化差异，礼仪不同，感受跨文化的意识。八、九年级教学内容更加注重阅读文章和时文分析，经典文学的熏陶和写作的思维训练，强化学生的读写能力的同时，注重发展学生的思维品质的提升和文化品格的形成。

课程设置注重完整评价，把过程评价和结果评价相结合。过程评价重在激励学生积极主动地参与学习，使他们的个性和潜能得到持续发展。结果评价侧重于学生某一方面的知识或技能是否取得进步，兴趣、爱好、特长是否得到培养，学习态度、意志品质、团队合作意识、实践创新能力等方面是否得以养成。

英语学科课程设置表

分类 学期	语言能力	文化品格	思维品质	学习能力
六年级（上）	音标 VS 单词	浪漫的西方节日文化	英语单词记忆方法	英语书写
六年级（下）	英语歌曲	西方饮食文化	英语姓氏的由来	视听英语
七年级（上）	英语朗诵	西方服饰文化	原版阅读	科普英语
七年级（下）	英语电影	西方建筑文化	思维导图	英语表演
八年级（上）	英语演讲	西方礼仪	中西方人之间的交际习惯	英诗赏析
八年级（下）	英语戏剧	国际礼仪	广告英语及其语言特色	广告英语
九年级（上）	英语辩论	英语国家人文风情	中西方文化差异	英美谚语
九年级（下）	英文写作	同一种语言，同一种文化	英语报刊及其语言特色	时文阅读 报里淘金

（撰写：徐萌　徐琳）

第三部分　英语学科课程纲要

　　我校通过英语课程建设,不但要使学生掌握基本的英语语言知识,发展基本的英语听说读写技能,而且要促进学生形成用英语与他人交流的能力,为今后继续学习英语和使用英语学习其他相关科学文化知识奠定基础。同时,就人文性而言,学校英语课程还承担着提高学生综合人文素养的任务,西方礼仪、浪漫的西方节日等课程的开设,帮助学生开阔视野,丰富生活经历,增进跨文化意识,培养跨文化交流能力,实现通过语言学习提升综合素质的课程总目标。

1　同一种语言,同一种文化课程纲要

适用年级：八年级

◈　一、课程背景

　　语言是文化的载体,是文化的主要表现形式,也是社会民族文化的组成部分。文化是语言所承载的内容,不同的民族有着不同的文化、历史、风俗习惯和风土人情。各个民族的文化和社会风俗又通过民族语言的文字表现出来。作为世界范围内使用最广泛的语言——英语,经过多个世纪的演变和发展,和使用它的国家有何渊源和联系,对这个国家的文化产生了什么样的影响？每个把英语作为官方语言的国家都有着相同的文化吗？这些都是值得探究的内容。学习一门语言,很重要的一点是要理解语言所代表的文化内涵。《英语课程标准》指出：教师应处理好语言和文化的关系,努力使学生在英语学习过程中了解外国文化,特别是英语国家文化,帮助他们提高理解和恰当运用英语的能力,不断拓展文化视野,加深对本民族文化的理解,发展跨文化交际的

意识和能力。

本课程的理念是：培养英语文化意识，发展语言综合运用能力。

本课程是为了使学生更好地理解和学习英语这门交际语言，帮助他们更多地熟悉英语国家的历史文化传统、各种风俗习惯和风土人情等，扩大对各种英语知识的了解，进而促进和提高英语听、说、读、写的能力和语言的综合运用能力。

二、课程目标

1. 通过阅读查找到的资料和课堂展示、分享及讨论，提高阅读理解能力，扩大英语文化背景知识，深入了解英语国家的风土人情、社会习俗等，提高英语文化意识。

2. 通过查找和阅读资料，课堂展示分享，提高英语的综合运用能力。

3. 通过收集整理资料、运用资料和小组合作完成探究任务，逐步提高合作意识及分析解决问题的能力。

三、课程内容

本课程为探究型课程，共 8 个课时。主要学习、探讨关于英语国家六个方面的文化背景知识：1. 使用英语的历史渊源；2. 社会风俗习惯与生活方式；3. 社交礼仪与礼节；4. 食品与饮食习惯；5. 传统服饰和现代服饰；6. 传统节日及其历史。具体内容分为 6 个模块：

模块 1：使用英语的历史渊源

英语作为某个国家官方语言的历史渊源。具体内容包括：工业革命后，欧洲经济军事得到极大发展，引发殖民热潮。整个过程中，英国占有最多的殖民地，大英帝国的军旗几乎插遍世界每一个角落，被称作日不落帝国。在这个过程中，与英国发生各种交流的国家和地区远远超越了其他的欧洲殖民者，这是英语成为某一国家语言的历史渊源。

模块 2：社会风俗习惯与生活方式

具体内容包括：所探究的各个英语国家历代人们共同遵守的行为模式或规范。

人们的衣、食、住、行、劳动工作、休息娱乐、社会交往、待人接物等物质生活和精神生活、价值观等。

模块 3：社交礼仪与礼节

具体内容包括：西方的价值观和民族性格同样在社交礼仪方面有很多体现。和英语国家的人交谈如何打招呼，可以从哪些方面的话题开始，如何回应别人的赞美等都是需要学习的内容。通过这些方面文化的学习，学生能够学会正确、得体地运用英语进行有效的交际，而不至于犯忌讳、闹笑话，甚至引起对方的反感而出现尴尬的场合，导致交际失败。

模块 4：食品与饮食习惯

具体内容包括：所探究的各英语国家的日常饮食和传统饮食，以及他们的饮食习惯，还包括传统饮食对当地人来说所具有的意义。

模块 5：传统服饰和现代服饰

具体内容包括：服装作为文化的一种体现，不仅和民族的历史息息相关，还与着装人的身份、当地的风俗习惯、生活方式、气候特征等有密切的联系。现代服饰也会因不同场合的需要而富于变化，其中也涉及到了着装礼仪。

模块 6：传统节日及其历史

具体内容包括：所探究的英语国家人们生活中值得纪念的重要日子。各民族和地区都有自己的节日：源于传统习俗的节日如万圣节、印度的胡里节（洒红节）；源于宗教的节日，比如基督教国家的圣诞节；源于对某人或某种事件的纪念，比如国庆节；还有国际组织提倡的运动指定的日子，如劳动节、妇女节、母亲节。本模块中还将涉及节日的内涵和庆祝方式。

◈ 四、课程实施

课时安排：每周 1 课时，共 8 周。

教学场地：具备多媒体设备的教室，桌椅可以按需自由组合便于学生独立阅读，分组与讨论，实践与展示。

教学工具和手段：多媒体素材。

组织形式：全班分成6组，每组5—6人。

具体实施方法：启发讲授法、实践体验法、展示分享法。

（一）启发讲授法

启发讲授法适用于课程背景介绍，明确探究主题和内容，分小组，每组确定一个准备探究的以英语为母语或官方语言的国家（6个小组避免重复），根据探究内容进行组内任务分工，每位组员都要承担一部分任务（分组任务表见附件）。通过讲授使学生了解本课程的目标和最终的成果展示形式。在课程背景介绍时，为了激发学生的探究兴趣和更好地理解探究主题的意义，可播放英语视频《十分钟读懂英语史》（片长约11分钟）。

（二）实践体验法

1. 材料收集：分组后，每位学生领到自己的探究任务，对需要探究的内容进行资料的收集和查阅。

2. 小组会议：学生在收集资料后就自己收集和拟定展示的内容在组内分享，避免与其他组员有内容的重复和交叉。

3. 制作汇报展示PPT：整理收集到的资料，进行PPT制作。

（三）展示分享法

小组轮流将探究成果用Presentation的方式向全班展示，在全班范围内进行知识竞赛、同伴评价和探究总结。每组派代表根据展示内容向全班提问，进行知识竞赛以此回顾学习内容和检验学习情况。全班将对每组的探究展示情况给予评价，组员和组员间进行同伴互评。总结探究过程中学习到的探究技能，分享探究收获和感悟。

五、课程评价

1. 评价以学生自评、学生互评、教师评价三种形式分别从"课前准备（根据探究任务收集好材料）、参与态度（包括课堂参与和小组活动参与）、技能掌握（材料的收集、整理和组内分享）、成果展示（小组成果展示的效果）"四方面进行综合测评。

2. 考评按照自评、互评、指导教师评价相结合的原则进行,最后形成综合评定等级:优秀、良好、合格。

3. 通过学习过程问卷使学生回顾探究过程,改进合作和探究技能。

课程评价表

评价内容	评价标准	学生自评	学生互评	教师评价	综合评价
课前准备	优秀:根据探究任务收集资料充分,资料形式多样,包括文档、图片、视频等。 良好:根据探究任务收集好相应的资料,数量充分。 合格:根据探究任务收集相关的资料,但数量有限,形式单一。				
参与态度	优秀:认真聆听其他小组汇报,积极参与班级互动,在小组中积极分享自己收集的资料,展示汇报时承担主要任务。 良好:能认真聆听其他小组汇报,能参加班级互动,在小组中分享自己收集的资料,完成小组分配的展示汇报任务。 合格:聆听其他小组汇报,但互动和分享不够主动,在组员的督促下完成小组分配的展示汇报任务。				
技能掌握	优秀:能熟练有效地进行资料的收集、整理和组内合作、分享。 良好:能较好地进行资料的收集、整理和组内合作、分享。 合格:能进行资料的收集、整理和组内合作、分享。				
成果展示	优秀:紧贴主题、思路清晰、逻辑性强、内容充实、图文并茂、形式多样、和听众互动、展示效果佳。 良好:围绕主题、内容充实、图文结合、展示效果良好。 合格:围绕主题呈现一定量的内容,但形式较单一,效果一般。				
综合评价	优秀:英语文化意识显著提高,语言综合应用水平高。 良好:英语文化意识有一定提高,语言综合应用水平有进步。 合格:英语文化意识略有提高,语言综合应用水平有待进一步提高。				

学习过程问卷

项目	经常	有时	很少
(1) 你是否对本课题的研究一直感到很有兴趣？			
(2) 你是否每次都认真倾听同学们的汇报展示？			
(3) 你是否主动参与小组讨论，并给出自己的意见？			
(4) 你是否主动承担小组工作，并取得成果？			
(5) 通过本次小组研究活动，你是否掌握了研究性学习的方法和技巧？			
(6) 你在本次研究性学习中是否收获了相关知识？			
(7) 在学习过程中组员间是否合作愉快？			
(8) 在探究过程中你是否需要老师和同学的帮助？			

（设计：王晓娴）

2　西方礼仪课程纲要

适合年级：七年级

一、课程背景

学习一门外语不仅要掌握语言、语法、词法、习语，还要了解说该语种的人如何用语言和行动表达他们的社会文化。研究表明，每一种语言都和使用这种语言的国民或民族文化背景有着重要的关系。外语的交际能力从某种意义上来说是一种跨文化的交际能力。

在现代文明社会，讲究礼仪，实非小事。在全球化日益加剧的大前提下以正确、得体的礼仪待人接物，不仅反映现实生活中每个人的道德修养和个性特征，而且是一个国家、一个民族精神文明质量综合性的具体体现。

学习西方礼仪,是国际理解教育的重要组成部分,帮助学生理解多元文化,培养地球公民意识和素质。英语教师通常是在课堂进行语言教学的同时渗透文化教学和西方国家礼仪教学,对提高学生的语言交际能力、形成国际视野的成效不够显著。

本课程的理念是:学习礼仪,走向世界。通过开设《西方礼仪》校本拓展课,对学生全面、系统地进行文化意识和西方礼仪的培养,帮助学生在课程学习和生活实践中逐渐提高语言交际能力和跨文化交际的能力。

二、课程目标

1. 了解西方国家的日常礼仪,理解西方国家文化。
2. 激发学习英语和礼仪的兴趣,养成在生活中自觉遵守礼仪的行为习惯。
3. 增强英语学习中的文化习得意识和培养跨文化语言交际能力,从而实质性地提高英语综合运用能力。

三、课程内容

本课程属于拓展型课程,围绕西方国家的通行礼仪为内容展开,共分日常交际礼仪、公共场合的行为礼仪、拜访礼仪、餐饮礼仪、着装礼仪、各种仪式的礼仪以及表达感谢和致歉等10个主要模块。

模块1:Lady First 女士优先

具体内容包括:了解女士优先起源于西方,是国际上公认的一项礼仪原则。在跨文化交际中,遵守这个原则即被认为是文明的、有修养的,是绅士风度,而违背这一原则是严重的失礼表现。在本课时中,学生将深入地了解女士优先原则的具体规范,理解中西方对待女性礼仪的差异,学习在跨文化交际中适度、得体地应用女士优先的礼仪规范,充分体现自身的修养和风度,提高交际效率,顺利取得交际成功。

模块2:Smile 微笑礼仪

具体内容包括:了解在日常人际交往中,最能迅速传递给对方信息的,是面部表情——微笑，一种令人感觉愉快的面部表情，展示着诚意，象征着友善，会即刻缩短人与人之间的心理距离，为沟通和交往营造出和谐氛围。微笑不仅能给对方留下美好难忘的印象，而且还能让自己在生活中处处获益，了解微笑的神奇作用。美国人、英国人、中国人也许微笑的场合和对象不同，但真挚的笑容是全世界通用的。基于微笑是后天获得的理论，学生还将在本课时中学习如何练习微笑。

模块3：Addressing People 称呼礼仪

具体内容包括：英语名字的顺序和中文名字顺序的不同，称谓应该加在哪部分名字前面。中国人的称谓一般都会以辈分来区别，比如会直接称呼"叔叔阿姨"或者"大伯大妈"，就连在路上碰到一个陌生人问路的时候，也会拿出这样的称谓"大哥大姐"，等等。但是在西方国家，我们往往听到最多的就是"夫人"、"先生"、"小姐"，等等。学生将学习当不知道该如何正确地称呼对方时，该如何询问。在同辈或好友之间的称呼方式和在长辈或有身份的人之间的称呼方式。在一些正式场合，如何在名字前冠以职务称呼对方；在私下场合，如何恰当地运用昵称拉近双方的距离。

模块4：Meeting People 会面礼仪

具体内容包括：和人第一次见面时，如何马上确定正确的称呼，如何得体地相互介绍和问候，如有些问候在中国是合乎礼节的，而在西方却不被采用。如果问候一个西方人说"你上哪儿去?"(Where are you going?)或说"你去哪儿啦?"(Where have you been?)对方会认为你在打听他的私事，实在是非常失礼的语言。学生还将学习到当第一次与别人见面时的握手礼仪。了解在交谈中"目光接触"的重要性，练习如何适宜地进行目光接触。

模块5：Dressing Code 着装礼仪

具体内容包括：西方日常生活、社交场合中要求的着装代码即着装标准。各种服装代码所指的服装类型。日常生活、学习、工作中的着装，聚会的着装，运动的着装，去正式场所的着装等。

模块6：Ceremonial Clothing 仪式礼仪

具体内容包括：西方人非常注重仪式感，为某些特殊的事件举行典礼：如出生洗礼、成年礼、毕业典礼、就职礼、婚礼、葬礼等。本课时将学习分别作为典礼主角和观礼者在这些特殊场合的着装及礼仪。

模块 7：Visiting People 拜访礼仪

具体内容包括：拜访前的礼仪和拜访中的礼仪。在国外，尤其是西方国家，拜访别人前预约，是最基本的礼貌准则。外国人通常有计划时间的习惯，如果不事先预约贸然造访，打乱了他人的计划安排，会留下缺乏教养的印象。约定的拜访时间要适宜，同时对约定好的时间要守时等。学习拜访中的行为礼节规范，如何控制好拜访时间以免占用别人过多时间，如何尊重主人的生活习惯以及如果受邀用餐应该如何做，等等。

模块 8：Table Manner 餐桌礼仪

具体内容包括：认识西餐的餐具，学会正确使用刀叉的方法和取用顺序。学习使用餐布。享用食物的时保持安静是基本的礼貌，如喝汤、咀嚼食物都不应该发出声音，万一打嗝发出了声音，应该对同桌的人说"Excuse me"表示歉意。学生还将学习如何优雅地享用某些食物，以及用餐完毕后餐具的正确摆放。

模块 9：In Public Places 在公共场合的礼仪

具体内容包括：本课时通过提问和回答的方式，向学生呈现了很多不同的公共场合的场景和发生的事件。如在停车场、在超市、在公共汽车上、遇到残疾人士、排队买票遇到别人插队等该如何得体地应对。

模块 10：Expressing Appreciation or Apology 表达感激和致歉

具体内容包括：表达感谢在西方社会有着重要的社交价值，学生将学习当别人为你做了一件举手之劳的小事该如何表达，接受了别人的帮忙之后该如何表示感激，不同的句型供学生在不同的情境下选用。在与西方人的交往中，表达对对方的谢意是自然和谐的，也是双方的礼貌互动。同时，学生还将学习如何得体又不失风度地致歉。

◈ 四、课程实施

课时安排为每周 2 课时，共 15 周。组织形式要求班级人数以不超过 30 人为宜。教学场地要求为具有多媒体设备的教室，桌椅可以按需自由组合便于学生独立阅读，分组与讨论，实践与展示。教学工具和手段为使用校本教材和补充多媒体素材相结合。

具体实施方法：材料收集法,阅读理解法,图片/视频展示法,模拟对话法,角色扮演法等。

(一)材料收集法

课前学生可根据课时的教学内容进行相关材料的查找、收集,了解课时内容,为阅读英语教材打下一定的基础。

(二)阅读理解法

该校本教材虽然是英语版,但课程编排主题轻松,形式多样,内容丰富,交互性强,学生可在教师的引导下分段阅读,教师通过各种形式帮助学生理解文本。值得注意的是：文本泛读即可。

(三)图片/视频展示法

为了更好地帮助学生理解文本所呈现的场景和内容,教师应呈现相关的图片和视频,增强学生的感性认识。

(四)模拟对话法

该课程强调理论与实际的相结合,每课都列举了相应的英语句型供学生学习和练习,可采取模拟对话的形式让学生理解和掌握交际方法。

(五)角色扮演法

为了激发学生对西方礼仪的兴趣,从而增强英语学习的动力,应组织或模拟多次情景教学活动与实践活动,增强学生的实际应用能力。切忌以"满堂灌"的方式学习该课程。

五、课程评价

《英语课程标准》鼓励教师积极帮助学生发展探究知识的能力、获取知识的能力和自主学习的能力。课堂教学的设计要有利于学生发挥创造力和想象力,发展学生的批判性思维能力和创新精神,要增加开放性的任务型活动和探究性的学习内容,使学生有机会表达自己的看法和观点,鼓励学生学会合作,发展与人沟通的能力。因此该课程作为拓展课的评价,则更应从学生自身发展的角度考虑,侧重评价学生的现状、潜力和发展趋势。

本课程的评价,使用等级评定且评价指标是多元化的。本课程采用平时形成性考核和期末终结性考试相结合的方式。考核总分为 100 分,平时形成性考核占总分 30％;期末终结性考试占总分 70％。总成绩 90 分以上为优秀,75 分以上为良好,60 分为及格。

1. 平时成绩占总成绩 30 分。平时成绩考核内容包括独立完成教师要求的课前的预习(10 分)、校本教材中的相关阅读任务(10 分)和课后思考练习(10 分),完成一次得 1 分。

2. 期末考试占 70 分。其中关于西方礼仪的案例分析占 50 分和小组的原创情景剧表演占 20 分。

(设计者:王晓娴)

3 时文阅读 报里淘金课程纲要

试用年级:八、九年级

一、课程背景

阅读课是初中牛津英语教学中的一种基本课型。作为信息的输入环节,阅读在英语学习中有着不可替代的作用,它是我们培养语感,形成语言能力的基本条件。美国语言学家 Krashen 在他的教学理论力作"The Power of Reading"[1]中指出,在非自然英语的语言环境中,学习者只有通过阅读才能大量地接触地道的书面语言,只有大量的输入才能有较高质量的输出。《英语课程标准》[2]规定,初中英语五级的课外阅读量除教材外,课外阅读量应累计达到 15 万词以上。当前的英语学习对于初中生的英语阅

---

[1] "The Power of Reading" Libraries Unlimited 2004 - 8 - 19.
[2]《上海市中学英语课程标准》,上海教育出版社 2011 年版。

读理解能力提出了更高的要求,而阅读能力也正是学生最薄弱的地方。

新课标的英语课堂教学力求使学习内容更贴近学生生活和社会发展,使语言训练方式更体现真实的语境,使课堂成为超越传统课堂的时间和空间的立体化交际活动环境。在新课程理念下,英语课本不是《圣经》。课堂教学应当基于课本,但又不能局限于课本。新课程改革鼓励教师"用课本去教",而不是仅仅去"教课本"。

本课程的理念是:关注阅读过程,综合评价阅读能力。课程面向八、九年级学生,整体设计教学目标,以竞赛的方式鼓励学生阅读报纸,通过"独立学习"和"小组合作"的方式,培养学生进行深层阅读的能力,提高人文素养,从而真正掌握英语基本技能。

二、课程目标

1. 逐步积累词汇量,在阅读过程中巩固和拓展词汇,生成语感。

2. 基本掌握一定的阅读技巧和策略,产生阅读兴趣;学会捕捉信息,理清文章脉络,了解作者的写作观点、态度和目的等。

3. 通过小组合作和讨论的方式,运用自己的判断能力对不同的问题和观点发表不同的见解;对于阅读材料深层次理解方面的问题,能够有自己的思考,锻炼思维能力。

三、课程内容

本课程以阅读英语报刊为主题,共分 3 个模块,具体内容如下:

模块 1:课程介绍。本课程选择了《上海学生英文报》作为英语阅读的拓展教材。以 2016 年 9 月 23 日的《上海学生英文报(初中进阶版)》第 1181 期为例,报纸阅读板块包括"新闻万花筒"、"校园秀"、"超级课堂"、"读写时间"、"英语竞技场"和"体娱时间"。

模块 2:阅读方法和技巧训练,介绍报纸阅读的基本技能:精读与泛读相结合;跳读与查读并用;通过构词法、上下文和词典三者结合来确定词的意义;阅读与检查相结合。

模块 3：竞赛指导。本课程将通过竞赛的方式检查学生的阅读效果。具体内容涉及本期报纸中的词汇、语篇主题理解和细节分析。阅读任务以"自主阅读"和"小组合作"的方式展开，需要完成"个人汇报"和"小组简报"并参加阅读竞赛，根据评价量表，评出个人及集体奖项。

四、课程实施

课时安排为每周 1 课时，共计 6 课时。教学场地要求为英语社团教室或多媒体教室。教学工具和手段为借助《上海学生英文报》，互联网，多媒体课件，音像资料等。

适用对象：对于英语阅读感兴趣并着力提高的学生；对英语活动有兴趣学生。

组织形式：共 42 人，每组 6 人，共 7 组。

实施安排：启发讲授，自主阅读，个人汇报，小组讨论，阅读竞赛等方式。

（一）启发讲授

教师从报纸中精心挑选文章，引导学生阅读。对于文章中词汇及阅读技巧和方法进行指导。

（二）自主阅读

教师在介绍课程之后，为学生选好适当的阅读材料，由学生回家自主阅读，并做好读报笔记。

（三）个人汇报

先是每个学生在组内交流自己的读报心得，把自己最喜欢的文章复述给大家，并讲出喜欢的理由，再由各组推荐一名学生到班级内交流。

（四）小组合作

以小组为单位完成一份剪贴小报的制作，即将自己喜欢的文章剪下来，并将 50—100 个字的评论附在后面，贴到本组的小报上，配上合适的图片或装饰，在班级内进行展示。

（五）阅读竞赛

教师要集中一定时间，分类别选择五至六篇时文，设定阅读理解题，限时要求学生阅读,并进行恰当的评价,评出个人奖项和集体奖项。

五、课程评价

本课程坚持公平、公正和多元的评价方式。在评价过程中,兼顾到老师、同学和学生自己的评价意见。采用积分制评价和评选性评价相结合的方式。

（一）积分制评价:对于学生的阅读情况,通过自评表和互评表中进行打分。

（二）评选性评价:对于学生个人汇报和小组制作的剪贴报采取评选的方式进行评价。

（设计：吴迪）

4　浪漫的西方节日文化课程纲要

适用年级：七年级

一、课程背景

我校地处上海联洋国际社区,学生思维活跃,乐于表达自己。学生们喜欢西方的节日,但是他们对这些节日的来源和习俗了解不深,所以我们决定帮助学生在节日中习得人文,发展成为有宽厚文化基础的者人。

传统节日的产生和发展,是一个民族和国家的历史文化长期积淀凝聚的过程。节日是体现和传承民族文化的重要载体。我们可以通过研究几个节日,比较清晰地看到西方社会生活的精彩画面,了解异域文化传统。

本课程的理念是:在情境中学语言,增进文化认同与国际理解。

本课程以学校和周边实际环境为基地,以学生需求为导向。本课程会较好地体现"以任务为中心,以学生为主体的合作型自主学习"的科学的教学理念。它锻炼了学生对于材料的梳理与概括的能力,也锻炼了他们的英语表达能力。本课程还将课堂内外自然地结合起来,有效地利用了课堂时间,并将学习的阵地延伸到了校园外。本课程会提高学生对于世界各类文化的敏感性。在有着"地球村"概念的今天,学生们会开始中西文化对话和积极参与人类现代文化共构的脚步。

二、课程目标

1. 了解西方四大重要节日,进而了解西方的节日文化,培养国际意识和跨文化交际能力。

2. 提高参与活动的积极性和体验意识,提高自主学习和合作学习的能力。

3. 在活动情境中阅读与分享,提高英语的听说读写的兴趣和能力,促进语言学习综合实践能力的提升。

三、课程内容

本课程围绕四大节日展开,共分5大模块。具体内容如下:

模块1:复活节(在每年春分月圆后第一个星期日)

了解复活节来源。学生一起制作彩蛋。

模块2:感恩节(十一月的第四个星期四)

学生了解感恩节的来历和人们吃的传统食品火鸡与南瓜派等。写一封感谢信。了解感恩节的传统游戏南瓜赛跑等。学生学习用手语表演《感恩的心》。

模块3:万圣节(十一月一日)

学生了解万圣节的起源与历史。万圣节的符号与制作。举办万圣节派对,学生还可以进行恐怖故事演讲比赛等。

模块4:圣诞节(十二月二十五日)

学生了解圣诞节的起源、圣诞节的传统活动与习俗,并且做相关阅读理解习题(我们有校本教材);学生观看美国圣诞节游行视频(视频由课程作者拍摄于美国北卡罗兰纳州)、学唱圣诞节歌曲《平安夜》,学生制作圣诞卡。

模块5：课程总结，并且表彰学习积极的同学。学生进行自我评价，组长评价组员，教师评价组长。

四、课程实施

教学场地为多媒体教室。教学工具和手段：多媒体素材，学生的手工作品。组织形式：全班集体或分组。

本课程共需21课时，每周2课时，每课时40分钟，每学期为一个教学周期。具体实施方法如下：

（一）材料收集

课前学生可根据课时的教学内容进行相关材料的查找、收集，了解课时内容，为阅读英语教材打下一定的基础。

（二）阅读研讨

该校本教材虽然是英语版，但课程编排轻松，形式多样，内容丰富，交互性强，学生可在教师的引导下分段阅读，教师通过各种形式帮助学生理解文本。值得注意的是，文本泛读即可。

（三）图片/视频展示与分享

为了更好地帮助学生理解文本所呈现的场景和内容，教师可以呈现相关的图片和视频，增强学生的感性认识。

（四）模拟对话

该课程强调理论与实际的相结合，每课都列举了相应的英语句型供学生学习和练习。

（五）角色扮演

为激发学生对西方节日文化的兴趣，增强英语学习的动力，应组织或模拟多次情景教学活动与实践活动，增强学生的实际应用能力。切忌以"满堂灌"的方式学习该课程。

五、课程评价

本课程采用积分制评价。评价形式：自评，互评与教师评价。

（一）盘点收获，自我鉴定。		请在〇内打钩
1. 你是否对本课题的研究一直感到很有兴趣？	1分〇	2分〇
2. 你是否每次都准时参加小组活动？	1分〇	2分〇
3. 你是否主动参与小组讨论，并给出自己的意见？	1分〇	2分〇
4. 你是否主动承担小组工作，并取得成果？	1分〇	2分〇
5. 通过本次小组研究活动，你是否掌握了研究性学习的方法和技巧？	1分〇	2分〇
（二）小组长评价。		请在〇内打钩
1. 善于合作。	2分〇	3分〇
2. 及时完成探究任务。	2分〇	3分〇
3. 能够向全班展示探究成果。	0分〇	2分〇
4. 演讲的内容吸引人。	1分〇	2分〇
5. 实践活动丰富。	1分〇	2分〇
（三）教师评价组长。		请在〇内打钩
1. 你是否对本课题的研究一直感到很有兴趣？	1分〇	2分〇
2. 你是否每次都准时参加小组活动？	1分〇	2分〇
3. 你是否主动参与小组讨论，并给出自己的意见？	1分〇	2分〇
4. 你是否主动承担小组工作，并取得成果？	1分〇	2分〇
5. 通过本次小组研究活动，你是否掌握了研究性学习的方法和技巧？	1分〇	2分〇

（设计：杜婷婷）

第四章　物理学科课程图谱

　　物理学是研究自然界中万物运动之理的学科，它融合了数学、哲学、美学、逻辑学等一系列的学科。物理学科课程围绕学科核心素养进行纵线设置，课程开发时注重有基础地拓展、有依据地实践、有追溯地发展。在基础课程以外，物理学科课程可以更有效地激励学生追求科学的热情，在学习知识的同时有思考有创新。

　　第一部分　物理学科核心素养
　　第二部分　物理学科课程图谱
　　第三部分　物理学科课程纲要

第一部分　物理学科核心素养

物理学科核心素养是指学生在接受物理教育过程中，通过物理学习内化的带有物理学科特性的品质。科学素养高的人能用科学的概念描述事物发生的现象及发展规律，用科学的态度分析事物发生的原因及预测其结果，将自己所学的知识应用到现实生活中，从而建立起正确的人生观和世界观。

一、物理核心素养的内核

《普通高中物理课程标准》中指出物理核心素养主要包括四个方面：物理观念、科学思维、科学探究、科学态度与责任。[①] 初中物理核心素养和高中物理核心素养具有相同点，不同学习阶段决定了不同的课程目标，在思考了学科特质、学生特点和学科教材等因素后，初中物理学科素养可以认为包括以下四个方面：物理观念、理性思维、问题解决、科学态度。其内涵具体表现如下：

（一）物理观念

物理观念包括物质观念、运动与相互作用观念和能量观念及应用等要素。物理观念不仅仅是物理核心素养的重要内容，也是其他物理核心素养的基础。它要求学生能对理解和掌握的物理知识进行整合，能将物理学科核心概念进行整合内化，从而形成对物质世界的整体认知。这是物理概念和规律的提炼和升华，是从物理学角度解释自然、实际的基础。物理观念总领课程全部知识内容，将众多的物理知识连为一个整体。

（二）理性思维

物理学的研究，无论是概念的建立还是规律的发现、概括，都需要严密思维的加工，但是与一般的思维过程相比较，在共性之中，物理学科的思维又有其独特的个性。

---

① 中华人民共和国教育部：《普通高中物理课程标准》，人民教育出版社 2018 年版。

理性思维能力包括逻辑分析、科学推理、模型建构、数学应用。从最初生活中的具体现象和特殊事物开始，从自然、生活现象中找出情境的共性，理性思维是以具体知识为载体的整体认知，对客观事物的本质属性和内在规律的认识方式，也是将来进行科学推理、辨析质疑与创新的必备基础。

（三）问题解决

初中阶段的物理课程让学生学习科学知识和科学探究方法，提高分析问题和解决问题的能力，还应加强课程内容与学生生活、现代社会和科技发展的练习，关注科技应用带来的社会进步和问题。从现象中发现问题的能力、识别和分析问题的能力、把物理问题转化为数学问题的能力、选择解决问题策略的能力。问题解决体现的是一种学习过程与学习方式，也是形成其他物理核心素养的主要途径。

（四）科学态度

科学态度是在理解物理与技术、社会与环境的基础上，形成对科学与技术正确的科学态度和科学责任，是学生在解决真实情境中的物理问题时所表现出来的必备品格和关键能力，形成正确的世界观、价值观和社会责任感。它强调科学知识、研究过程和方法的发展性，注重将物理科学的新成就及其对人类文明的影响的纳入，重视对终身学习愿望、科学探究能力、创新意识以及科学精神的建立。

物理观念、理性思维、问题解决、科学态度这四个核心素养内容是相互联系、共同发展的。学生在经历理性思维和问题解决过程中形成物理观念的同时，伴随着科学态度不断形成和发展的过程。

二、物理学科核心素养与学科课程标准

《上海市物理课程标准》提出，要让学生学习初步的物理知识与技能，经历科学探究的过程，受到科学态度和科学精神的熏陶。还应该注重将物理科学的新成就及其对人类文明的影响等纳入课程，尤其应重视对学生终身学习愿望、科学探究能力、创新意识以及科学精神的培养。[①] 物理课程应该成为以提高全体学生的科学素养，促进学生

---

① 郭长江：《新课程物理教与学》，福建教育出版社 2005 年版。

的全面发展为主要目标的课程。这些都与核心素养是以培养"全面发展的人"为核心的理念不谋而合。

（一）通过基本知识与技能的习得，形成物理观念。

《物理课程标准》要求学生初步了解自然界的基本规律，使学生能逐步客观地认识世界、理解世界。而这一点与核心素养中的文化基础不谋而合，也即重在强调能习得人文、科学等各领域的知识和技能，掌握和运用人类优秀智慧成果，涵养内在精神，追求真善美的统一，发展成为有宽厚文化基础、有更高精神追求的人。

（二）通过科学探究，经历基本的科学探究过程。

《物理课程标准》要求学生运用科学探究方法，发展初步的科学探究能力，形成尊重事实、探索真理的科学态度。课程实施过程中可以有序引导，帮助分层探究，巧设问题体现学生知识的逐步生成过程，引导学生学习过程中去发现和感悟，激发学生不断自发地投入到学习中，通过实验解决现实问题，从而寻求一个解决的途径得到物理规律。引导学生由被动到主动、由依赖到自主地对教育情景进行体验，达到促进学生自主发展的目的。

（三）通过科学想像与推理的结合，发展学生的科学思维。

《物理课程标准》要求学生运用科学的想象力和分析概括能力，使学生养成良好的思维习惯，敢于质疑，勇于创新。主要表现在学生在活动、解决问题、适应挑战等方面所形成的实践能力、创新意识和行为表现。在探讨、商榷、研究，包括答疑解惑、知识的运用等过程中，达成学习目标。

（四）通过展示物理学发展的大体历程，培养科学责任。

《物理课程标准》让学生学习一些科学方法和科学家的探索精神，关心科技发展的动态，关注技术应用带来的社会进步和问题，树立正确的科学观。在社会参与中处理好自我与社会的关系，养成现代公民所必须遵守和履行的道德准则和行为规范，增强社会责任感，提升创新精神和实践能力，促进个人价值实现，推动社会发展进步，发展成为有理想信念、敢于担当的人。

因此，《课程学科标准》旨在通过学生对物理学科的学习，形成的适合社会发展和个人发展的关键能力。核心素养与知识、技能、态度等有着重要的关系，但更关注个人在学习的过程中重新提炼出的"适应个人终身发展和社会发展需要的必备品格与关键能力"。

三、物理学科核心素养与学科课程实施

（一）充分挖掘教学资源，帮助学生形成物理观念。

现行物理教材是根据《全日制义务教育物理课程标准（实验稿）》编制的。通过课程内容的更新，注重学生学习方式的变化、评价系统的改革，更多地注重了学生的终身发展。它始终用一些生动活泼，图文并茂的自然与生活现象引入问题，能激发学生的学习兴趣；有的以图代文，寓教于乐，将"从生活走向物理，从自然走向物理，从物理走向社会"[①]的物理学理念贯穿始终；教材按科学探究的各主要环节进行，让学生在学习中亲身经历从现实生活中发现和提出问题并解决问题，从中感受知识是怎样形成的，科学探究过程灵活贯穿。其中课本增设"你知道吗"、"STS"、"科学与人文"、"指路牌"等栏目，让学生自行阅读，以开阔学生视野，从情感、态度和价值观的角度让学生更积极主动地学习物理知识。教材配套的学习活动卡、练习册一起拓宽学生的视野，活跃学生的思维，为核心素养的渗透落实提供强有力的保障。

（二）关注科技发展，带动课堂教学方式变革。

课堂教学改革需要可操作性、持续性效果的改革。物理教学需要教会学生学会学习。主要是学生科学意识形成、科学方式方法选择、科学研究进程评估调控等方面的综合表现，包括乐学善学、勤于反思、信息意识等基本要点。课堂教学需要整合班级共享各自的分散资源。学生之间虽有差异，但各有优势。学生不是各自发展，而是在学习中通过运用书本、电子设备等工具学会提取对能促进自身发展的有效信息，通过对话、合作与人际交往使课堂成为播撒思考的种子、展开交流的场所。所以，课堂教学给提供了学生多样性发展的方向与机会，从而有效帮助学生在减少无谓机械学习的同时，更多地引导学生由被动到主动、由依赖到自主、由接受到创造地对教育情景进行体验，从而达到促进学生自主发展的目的，培养学生发现问题、提出问题、解决问题的

---

① 薛婉若：《高中物理探究性学习的价值和实施初探》，《新课程研究（下旬）》2016 年 11 期。

能力。

（三）课堂教学实施科学探究，彰显理性思维。

核心素养被提出的同时，物理教材改革也进入了新纪元。细析核心素养中的各项要点，其中每一项都可以落实到物理教学之中。如关于科学精神中崇尚真知精神，我们强调学生能针对实验现象提出猜想与假设，未经实验不得更改实验数据。批判质疑精神，能针对实验结果抽象出实验结论，对实验结果进行误差分析，能多角度、辩证地分析问题，能不畏困难，有坚持不懈的探索精神；能大胆尝试，积极寻求有效的问题解决方法等。

（四）建立新的评价机制，激发社会责任。

教师要充分利用教学、学生生活以及科技和社会中的有趣事例、探究性的学习活动和小实验，引发学生的探究与讨论，通过课外阅读和收集资料让物理教学联系社会和日常生活。这些都应该成为评价学生学习的一部分，通过学生从生活到物理的认识过程，经历基本的科学探究实践，注重物理学科与其他学科的融合，使学生得到全面发展。物理教学应改革单一的以甄别和选拔为目的的评价体系。在新的评价观念指导下，注重过程评价与结果评价结合，构建多元化、发展性的评价体系，学生通过科学活动参与形成科学态度，增强科学责任感，养成科学创新和批判意识，实现个人价值。

第斯多惠说过："教学的艺术不在于传授本领，而在于激励、唤醒和鼓舞。"所以，物理课堂充分利用物理学科的优势，理应把教书与育人有机结合起来，将物理学史、科学精神、不断创新的思维方法融合到知识的传授中，将核心素养反映在课程、教学、课堂、活动中，反映在学校、家庭、生活中的各种各样的显性和隐性的文化中。

第二部分　物理学科课程图谱

除实施上海教育出版社《物理》教材开设基础课程外，根据初中物理学科核心素养以及各不同学段学生的学情分析,我们开发了各类拓展、探究课程及学生综合实践活动等。课程从物理学科素养的四个方面出发,布局了如下的课程体系:科学体验、调查表述、问题研究、逻辑分析。具体依据如下:

一、突出课程内容与现实生活的联系

把物理概念和规律依次组织到社会生活中,以社会生活为背景,以物理规律为核心,突出知识的应用。通过应用知识分析问题、解决问题,使学生意识到所学知识有用。

二、彰显有学科特色的教学策略

拓展性课程是学生获得直接经验的过程,关注的是学生面对真实世界时的真实体验和直接经验,是以社会生活统合和调动已学的书本知识。围绕核心概念展开教学,以物理核心概念统领物理教学,帮助师生从纷杂的事实、概念、规律、定理、公式中跳出来,站在更高的位置上培养学生的科学素养。注重科学探究,结合教材,将关键的物理概念、科学体验,与探究活动相结合,落实在教学拓展中。

三、延伸学科学习的广度

在教学过程中,可以结合学习内容利用物理学史中的名人传记、典故等为素材对学生进行科学精神、文化素养的思想浸润,也可以利用当今科技发展给人类生活所带来的利弊共生的案例使学生逐渐形成正确的科学观与价值判断。通过大量问题研究、科学调查、设计制作、学习科学史、实验小制作、科学演讲等学习方式,进行主动、合作、探究式的学习。

这些课程中,大部分是已实施的。但是,还有一些是将来的构想,例如《物理实验达人赛》等。继续以核心素养为纲要,明确课程价值定位,在现有基础上完善学校课程的设计。

物理学科课程图谱

初中物理课程设置在八年级，分为上、下两个学期，学生的自主性和研究能力已经处于上升阶段，根据物理课程结构的设计，将课程设置布局如下表。

物理学科课程设置表

内容 时段	科学体验	调查表述	问题研究	逻辑分析
八年级（上）	参观物理实验室	我喜爱的物理学家演讲	游乐场中的简单机械原理探究	创新大赛
八年级（下）	生活中的物理现象	磁浮技术与发展历史	比热容之有关	应用物理竞赛
九年级（上）	学习摄影并展出	物理学史	电路故障探究	物理实验达人赛
九年级（下）	自制实验器材	物理学发展前沿	用电器节电调查	大同杯竞赛

（撰写：陶莉　张蕾）

第三部分 物理学科课程纲要

物理知识或技能可以通过短时间的学习而获得,但科学态度与精神却需要漫长的内化过程。学校课程体现"从生活走向物理,从物理走向社会",创设待解决的真实问题情境,为学生自主探究感兴趣的现实问题提供时间和空间,为学生创设需要解决的真实问题,让学生在真实情境中去探究。

1 上海磁浮技术与发展历史课程纲要

适用年级:九年级

一、课程背景

磁现象与生活联系紧密,尤其磁悬浮现象在交通中有着重要的应用。随着社会和科技的发展,我国建设了世界第一条商业运行的磁悬浮列车示范运营线——上海磁悬浮列车,它是 21 世纪理想的超级特别快车。它从浦东龙阳路站到浦东国际机场,总共 30 多公里,只需 7—8 分钟,时速可达 430 公里,仅次于飞机的飞行时速。而在初中物理基础性课程中,磁场是摸不着、看不见的物质,但却真实存在。学生通过自己的生活经验,对磁现象的神秘感觉得很有意思,对上海的磁浮技术和发展历史更感兴趣,萌生对上海磁浮技术与发展历史开展课外实践活动的想法。

针对上海磁浮技术与发展历史开展课外实践活动,是从学生自身生活和社会生活出发,去发现实践问题,经历与基础课程不同的实践学习方式和实践体验过程,能够发展学生的各个方面的综合能力、创新意识和社会责任感,促进学生物理学科核心素养的提升。

本课程的理念是：侧重关注体验和实践,密切联系社会与科技。学生在学课外实践的过程中,要求主动参与、积极交流与分享,从而在体验和实践中实现主动发展,同时了解社会与科技的相互促进关系,树立社会责任感。

⬡ 二、课程目标

1. 通过初步了解世界磁浮技术和发展历史,初步学会文献检索的研究方法。

2. 通过深入了解上海磁浮技术,感受科技的魅力,进一步了解科技对人类生活的积极影响。

3. 通过对上海磁浮发展历史的调研,逐步养成社会服务意识,逐步树立社会责任感。

⬡ 三、课程内容

本课程紧密围绕"对磁浮技术和发展历史的调研"这一主题进行展开,共分为以下3个模块。

模块1:初步了解磁浮技术和发展历史。

本模块主要激发学生对磁浮技术的兴趣,产生问题意识,激发探索欲望。然后引导学生利用网络资源和图书馆资源,查阅与磁浮技术和历史有关的资料,并加以整理。

模块2:深入了解上海磁浮技术和发展历史。

本模块需要组织学生参观上海磁浮交通科技馆,深入了解上海磁浮技术和发展历史,并乘坐一次磁悬浮列车,感受磁悬浮技术对城市交通的深远影响。活动前做好分组和安全教育,活动中要求学生认真参加、记录和拍照,活动后及时地进行总结反馈。

模块3:提升对上海磁浮技术和发展历史的认识。

整合文献资源、整理活动照片,提炼磁浮技术和活动内容,通过各种方式加以展示,起到宣传的效果,让更多同学了解磁浮技术。

⬡ 四、课程实施

本课程倡导学生的主动实践与教师的有效指导相结合的教学原则,以文献检索、参观考察和作品为主要实施方法。具体的实施管理过程包含三个阶段:

(一) 以问题引导、确定学习主题为主的活动准备阶段

本阶段共 4 个课时,资源准备:教师 PPT、磁浮玩具、电脑房、图书馆等。

1. 结合学生的对磁现象的生活经验,以讲解的方法展示磁浮现象及利用磁浮技术制成的玩具,激发学生对磁浮现象提出问题,引导学生构思选题,鼓励学生提出感兴趣的问题,并及时捕捉活动中学生动态生成的问题,组织学生就问题展开讨论,明确学习活动主题:上海磁浮技术与发展历史。

2. 教师引导学生组建活动小组,选定小组长,明确活动目标。以头脑风暴的方式讨论时间安排、责任分工、实施方法和路径选择,对活动可利用的资源及活动的可行性进行评估等,增强活动的计划性,提高学生的活动规划能力。

(二) 以文献学习、参观体验为主的活动实施阶段

本阶段共 10 个课时,资源准备:上海磁浮交通科技馆、磁浮列车等。

1. 以小组合作学习的方式通过网络或图书馆查阅磁浮技术和历史有关的资料,并整理 PPT,小组成员代表通过 PPT 的形式对自己小组查阅的资料进行展示汇报。

2. 带领学生参观上海磁浮交通科技馆,现场考察"磁浮的诞生"、"上海磁浮线"、"磁浮探秘"、"磁浮优势"、"磁浮展望"五个展区,在活动中发现和解决问题,了解上海磁浮技术和发展历史、原理、优点和前景。

3. 乘坐磁浮列车,感受磁浮技术对交通的深远影响,体验和感受科技与生活的紧密关系。

(三) 以小组交流、成果展示为主的活动总结与交流阶段

本阶段共 4 个课时,资源准备:学生 PPT、小报、板报或橱窗等。

1. 以小组交流的方式引导学生对活动过程、活动结果、活动体验等方面进行总结、交流与反思。

2. 设计"磁浮技术知多少"为主题的小报、板报或在年级橱窗设计一块展板的表达方式来深化体验,深化主题探究和体验,提升实践感悟。

五、课程评价

评价内容上将形成性评价与总结性评价相结合,形成性评价通过展示 PPT、小报、板报或展板途径来实施评价评价方式;总结性评价采用自评、小组评价、教师评价相结合的方式。

(一)作品评价

形成性评价贯穿于整个课程,包含每个阶段的反馈,学生通过 PPT 方式进行交流,还有小报、板报或展板的方式进行展示。

(二)量表评价

通过填写学科活动评价表进行总结性评价,评价者包含学生自己、其他学生和教师,评价项目包含学习表现、合作意识、学习能力和实践能力四个方面。

（设计：张贵）

2 光学与摄影课程纲要

适用年级：八年级

一、课程背景

我校作为浦东新区科技教育特色学校,将科技教育作为自身办学特色,在科技类综合实践课程的开发上,八年级物理备课组有一定的积累。结合学生在八年级第一学期已经学习了光学的基本知识,学生对摄影兴趣较大,摄影器材容易获取,决定将"光学在摄影中的应用"作为本组综合实践活动课程的内容。

作为一门综合实践课程,课程目标强调综合素质和综合能力的整体发展,这是综合实践课程的根本价值取向;同时,强调让学生在实践中学习,在实践中获得知识和提升能力,在实践中体验情感,发展个性品质。本课程的理念是学科交融、实践运用。在综合实践活动课程实施过程中,我们将密切联系学生的生活与光学知识之间的关系,在以学生自主活动为特征的实践操作中体现对知识的综合运用和实践科学结论、发现新问题,进而投入新知识学习的课程模式。

二、课程目标

1. 参与实践活动,加深对光学部分知识的理解,尤其是跨学科综合性知识的学习和探究;巩固与拓展物理学科技能,形成综合运用能力。观察小孔成像和透镜成像,了解它们的成像原理,知道它们在生产、生活中的应用。观察三原色光和光的色散现象,了解彩色照片成像的基本原理。对比人眼与照相机的构造及成像原理,认识人眼的构造,并且知道人眼识别颜色的机理。

2. 参与小实验和探究活动,掌握科学的观察方法,注重科学观察的全过程,学习记录和描述观察到的现象。通过小实验、外出考察、社会实践等活动,提高解决问题、动手实践的能力。初步学会科学实验的方法,具有一定的实验能力。通过对科学研究全过程的认识,在学习中发扬探究、创新的精神,对科学探究有初步的认识和尝试。经历网络信息的查找、选择、整理和思辨,提高分析综合、抽象概括等能力,对获取的信息做出符合逻辑的推理与判断,有一定的信息交流能力。

3. 通过科学知识的学习以及科学技术对人类社会的影响,初步树立科学价值观,培养创新意识。通过学习物理、化学等相关知识和科学实践活动,在探索科学奥秘的过程中,学科学、爱科学、用科学、信科学,逐步树立客观、求真、探索、合作、竞争的科学精神。通过校外实践活动,进一步走进大自然,感受环境对人类生存的重要性,懂得保护环境,保护自然界动植物。

三、课程内容

本课程以光与摄影为主题,分为 2 大模块,具体内容如下:

模块 1：光学现象

展示光的直线传播、光的反射、光的折射、光的色散等现象，在观察现象的基础上，认识小孔成像，知道小孔成像的原理，并且利用小孔成像原理能动手制作一个简易相机；通过简易相机在成像上的不足，提出改进的要求，利用书籍或网络资源，寻找更好的成像原理，最终提出改进的方案；利用透镜改进简易相机，使它具有更好的效果。通过人眼与照相机的构造及成像原理的对比，认识人眼；利用三原色光的不同组合，知道物体颜色的奥秘，探究人眼识别颜色的机理。通过色散现象与三原色光在生活中的应用，让学生对彩色照片成像有一个直观的认识；启发学生思维，引导学生揭示照相底片的工作原理。

1. 奇妙的光

2. 神奇的黑匣子

3. 精密的人体"光学仪器"——人眼

4. 色散现象与三原色光在生活中的应用

模块 2：生物摄影

指导学生拍摄动植物，从科学和艺术两个角度展示一些学生学过的生物类群，从而对这些生物的特征及生活习性有更直接的感官认识，让学生多了一个走进大自然的途径；在老师指导下对拍摄的材料进行整理，进行名称检索和学名的查找，每张照片配上说明，并根据类群分类，进行展示。由于学生在摄影知识方面的不足或者摄影活动开展时天气、光线等自然环境的变化，利用信息科技学科中的 Photoshop 这一专业图像处理软件的强大功能，帮助修改同学们将摄影作品中存在的不足，如构图、光线、色彩等问题进行修改。为自己的摄影作品制作相框，要求相框美观，同时要体现环保的理念。以摄影展的形式展示自己的学习成果，作品以生态、环境保护为主题。

1. 走进大自然——生态摄影

2. 照片的化妆师——强大的 Photoshop

3. 环保相框制作

4. 成果展示——摄影展

四、课程实施

课程共8课时。教学场地为各班教室均可。教学工具和手段：八年级物理教材，多媒体课件，学生自备摄影器材，音像资料等。组织形式：班级整体参与。整个课程实施过程中强调以学生自主实践为主，教师引导和讲授为辅；结合校外考察和展览的形式进行，体现综合实践性课程特点。

（一）激趣法

以有趣的现象激发学生兴趣，在观察现象的基础上，形成直接经验，有助于学生揭示规律，形成概念。比如，在进行光学部分知识的学习过程中，着重强调观察现象。物理概念并不需要掌握，在学生观察现象，形成直接经验之后，教师加以适当引导，学生自然地揭示规律，形成概念，比教师传授间接经验教学效果好。

（二）问题法

在形成规律或者概念的基础上，培养学生利用所学知识解决问题的能力。比如，对小孔成像相机改进的过程，就是利用物理规律，解决成像质量太差的问题。

（三）探究法

在解决实际问题的过程中，会产生出新问题，这些新问题将成为学生自主探究的动力，让学生带着问题进行探究，使自主学习进入一个良性的循环。

（四）展示法

组织学生在学习考察时，利用所学知识，拍摄动植物照片，并对自己的照片进行说明，举办作品展示活动，互相学习、品鉴，并进行评优。

五、课程评价

（一）表现性评价

对学生的评价分别从"常规表现"和"课程过程性表现"两方面进行综合测评。考评分"平时考核"和"期末评定"。考评按照自评、互评、指导教师评价相结合的原则进行,最后形成综合评定等级。其中,自评权重为 20％,互评权重为 30％,指导教师评价权重为 50％。

(二) 等级性评价

学生评价等级分为优、良、合格与待合格四级。80 分及以上为优秀,70—79 分为良好,60—69 分为合格,60 分以下为待合格。

(三) 评选性评价

在设定作品展评中进行评选性评价,以在支持的作品上黏贴纸的方式投票,受欢迎度较高的作品作者荣获"小小摄影师"称号。

(设计:张晨峰)

第五章　化学学科课程图谱

　　学生对变幻的化学现象充满了好奇。化学课程让学生带着这些好奇，学会通过设计实验、亲身体验来掌握实验技能，观察与发现；学生对化学的好奇来源于对生活中的一些现象的好奇，化学课程教会学生利用所学的知识去揭开神秘的物质世界，可以从微观上解释，也可以从宏观上描述和探究；化学课程引导学生运用学科知识分析解决实际问题，使学科知识在实践中得到延伸与提升。

　　　　第一部分　化学学科核心素养
　　　　第二部分　化学学科课程图谱
　　　　第三部分　化学学科课程纲要

第一部分　化学学科核心素养

《普通高中化学课程标准（2017 年版）》中指出：化学核心素养要求分为以下五个方面：宏观辨识与微观分析、变化观念与平衡思想、证据推理与模型认知、科学探究和创新意识、科学精神和社会责任。[①] 那么，初中化学核心素养是什么呢？

一、化学学科核心素养的内涵

初中化学核心素养和高中化学核心素养应该具有相同点。但初中化学是化学的启蒙阶段，其具体教学内容和课程目标是不相同的。因此，初中化学核心素养和高中化学核心素养不可能完全相同。基于学科特质、核心任务、实施方式，参考初中化学教材、课程标准和高中化学学科核心素养，将初中化学核心素养具体分为五个方面：

（一）变化和守恒

初中化学上册第一单元第一课时就讲明了化学变化的特点，以及化学学科的研究对象包括物质的变化规律。此后通过氧气、水、二氧化碳和一氧化碳、碳酸钙等物质的性质研究，使学生掌握一定数目的物质变化，知道利用化学变化可以生成、创造新的物质。第二单元中微粒的引入和利用微粒模型解释化学变化的本质等内容，并讲述了化学变化中原子的种类、数目、质量都守恒的特点，这些体现了"物质是变化的"、"物质变化过程中遵守守恒定律"等观念。第四单元中要求学生掌握碳的单质、两种碳的氧化物、碳酸钙之间的互相转化关系，及氧化钙、氢氧化钙、碳酸钙之间的转化关系，也是对学生物质变化可控观念提出更进一步的要求，与前两个单元单一物质的性质和变化学习形成递进的关系。

[①] 教育部基础教育课程教材专家工作委员会　普通高中课程标准修订组：《普通高中化学课程标准（2017 年版）》，人民教育出版社 2017 年版。

结合高中化学学科核心素养中对变化观念的具体描述,要求学生能认识物质是运动和变化的,知道化学变化需要一定的条件,并遵循一定规律;认识化学变化的本质是有新物质生成,并伴有能量的转化。[①]这部分内容与初中化学学科教学要求和水平相一致。因此,可以认为变化和守恒的观念是初中化学学科核心素养之一。

(二) 宏微结合

化学是一门可以从微观层面研究物质的组成、结构、性质及变化规律的学科。宏观的现象可以用微观理论进行解释。反之,微观世界可以体现出宏观世界的特点。

初中化学上册第二单元引入了微粒的概念。通过显微镜照片帮助学生理解宏观世界中的物质在放大无数倍后,是由大量的微粒所构成的。这里要求学生树立从微观角度看到物质、想象物质微观结构的"微粒观"。在第二单元的质量守恒定律单元中,利用微粒模型模拟化学反应的本质,并以此推出化学变化中原子守恒的猜想,结合宏观物质由微观粒子构成,做出质量守恒的猜想;进而又利用宏观世界中的实验进行数据测定以验证猜想的正确性。"质量守恒定律"的成立就可以用微观的化学反应实质来进行解释。同时,学生可以根据宏观现象推测微观粒子的变化情况。在这一课时的教学中,充分渗透了"宏微结合"的化学学科思想。

物质的量原本是高中教学内容,二期课改后在新课本中新增了该部分内容。物质的量作为为微观世界看不见的微粒和宏观可称量物质之间的桥梁,同样体现了"宏微结合"的观念。

第四单元单质碳的教学中,要求学生知道微观碳原子排列结构不同导致金刚石和石墨宏观性质的差异;在学习和对比碳的两种氧化物的性质时,要求学生知道分子结构不同导致物质的性质不同。物质结构决定性质,这体现了"宏微结合"的化学观念。

在高中化学学科核心素养中,也要求学生能从元素和原子、分子水平认识物质的组成、结构、性质和变化,能从宏观和微观相结合的视角分析与解决实际问题。从这一点看,宏微结合的观念也应是初中化学学科核心素养之一。

(三) 符号表征和分类

化学学科的特点之一是它有一套国际通用的化学语言。无论哪个国家的学生学习化学学科,都要学习这门语言。承担启蒙任务的初中化学,必须重视学生对于化学语言的价值认知和熟练掌握。在初中阶段,化学符号主要包括:元素符号、化学式、化学方程式等,这些语言相当于英语语言中的字母、单词、句子。熟练地掌握它们的使用规则,就可以表达准确的化学信息。

分类也是初中化学启蒙阶段提出的重要学习内容。从第一单元的混合物、纯净物一级分类,到元素层面的单质、化合物二级分类,进而逐步提出氧化物、酸、碱、盐等多种化合物三级分类,逐步帮助学生树立物质分类、按照类别研究物质性质的思想观念。

以上两点在高中化学学科核心素养中并没有提出具体要求。但是,作为启蒙阶段的初中化学,符号表征和分类观念应该成为初中化学学科必须培养的核心素养之一。

(四) 实验与探究

化学是一门以实验为基础的科学,在教材中安排了大量数目的演示实验和学生实验。第一单元第 1 节课演示了 4 个实验,让学生体验化学变化中的现象;第 2 节课要求带领学生走进实验室,认识基础的化学仪器,学习基本的化学实验操作。每个单元都有一定的实验,帮助学生用实验探究常见物质的性质。除了大量的定性观察实验,在第二单元的质量守恒定律和第三单元比较溶解性的实验中,又引入了定量实验,定量思想在化学实验和化学发展史上具有重要的地位。

科学探究是进行科学解释和发现、创造和应用的科学实践活动;能发现和提出有探究价值的问题;能从问题和假设出发,确定探究目的,设计探究方案,进行实验探究;在探究中学会合作,面对异常现象敢于提出自己的见解。实验探究是相对水平较高的实验活动,在初中化学课本中出现次数较少,但在初中化学课本第三单元比较物质溶解性、第六单元比较金属活泼性中都有涉及。综上所述,实验与探究也是初中化学学科核心素养培养目标之一。

(五) 科学精神和社会责任

高中化学学科对核心素养的具体描述为:具有严谨求实的科学态度,具有探索未知、崇尚真理的意识;赞赏化学对社会发展的重要贡献,具有可持续发展意识和绿色化学观念,能与对化学有关的社会热点问题作出正确的价值判断。

在初中化学的教学中,第一单元要求学生学习化学实验规则和安全要求,在实验中不做虚假的数据处理,以及在后期的各项实验探究中,都要求培养学生严谨的科学精神以及绿色、环保化学的观念；每个单元介绍常见物质，如氧气、水和溶液、碳的家族、酸和碱、金属和盐的性质和用途的过程中，它们与实际生产生活密切相关，能够培养学生赞赏化学对社会发展的重要贡献、对我国古代、近现代的化学成就的自豪感，以及学生的社会责任意识，让学生带着解决问题的责任感学好、用好化学。因此，科学精神和社会责任也是初中化学学科核心素养培养目标。

综上所述，"变化与守恒"、"宏微结合"、"符号表征和分类"体现了具有化学学科特质的思想和方法；"科学探究和创新意识"从实践层面激励创新；"科学精神和社会责任"进一步揭示了化学学习更高层面的价值追求，既与高中化学学科核心素养形成映照关系，又符合初中化学启蒙阶段独特的培养要求和水平，能够形成完整的初中化学学科核心素养体系。当然以上学科核心素养的提出来源于各类资料、文献和教师个人经验。

二、化学学科核心素养与学科课程标准

每一门学科课程都承担着学生核心素养的培养责任，不同学科对学生核心素养的培养有着不同的贡献[1]，这与学科的课程标准有着必然的联系。课程标准是国家课程的基本纲领性文件，是国家对基础教育课程的基本规范和质量要求，是教材编写、教学、评估和考试命题的依据，是国家管理和评价课程的基础。它体现国家对不同阶段的学生在知识与技能，过程与方法，情感、态度与价值观等方面的基本要求，规定了各门课程的性质、目标、内容框架，提出了教学和评价。新版义务教育《化学课程标准》(2013版)指出，义务教育阶段的化学教育，要激发学生学习化学的好奇心，引导学生认识物质世界的变化规律，形成化学的基本观念；引导学生体验科学探究的过程，启迪学生的科学思维，培养学生的实践能力；引导学生认识化学、技术、社会、环境的相互关系，理解科学的本质，提高学生的科学素养。[2] 这些总体要求与化学学科核心素养的

---

① 邵朝友，等：《基于核心素养的课程标准研制：国际经验与启示》，《全球教育展望》2015年第44期。

② 中华人民共和国教育部：《义务教育初中化学新课程标准》，人民教育出版社2013年版。

培养目标是一致的。

从课程标准中提到的课程目标①看,通过义务教育阶段化学课程的学习,学生主要在以下三个方面得到发展:

（一）知识与技能

1. 认识身边一些常见物质的组成、性质及其在社会生产和生活中的初步应用,能用简单的化学语言予以描述。（身边的化学物质：元素与化合物）

2. 形成一些最基本的化学概念,初步认识物质的微观构成,了解化学变化的基本特征,初步认识物质的性质与用途之间的关系。（物质构成的奥秘）

3. 了解化学、技术、社会、环境的相互关系,并能以此分析有关的简单问题。（化学与社会发展）

4. 初步形成基本的化学实验技能,初步学会设计实验方案,并能完成一些简单的化学实验。（化学实验）

（二）过程与方法

1. 认识科学探究的意义和基本过程,能进行简单的探究活动,增进对科学探究的体验。

2. 初步学习运用观察、实验等方法获取信息,能用文字、图表和化学语言表述有关的信息;初步学习运用比较、分类、归纳和概括等方法对获取的信息进行加工。

3. 能用变化和联系的观点分析常见的化学现象,说明并解释一些简单的化学问题。

4. 能主动与他人进行交流和讨论,清楚地表达自己的观点,逐步形成良好的学习习惯和学习方法。

（三）情感、态度与价值观

1. 保持和增强对生活和自然界中化学现象的好奇心和探究欲望,发展学习化学的兴趣。

2. 初步建立科学的物质观,增进对世界是物质的、物质是变化的等辩证唯物主义

---

① 上海市教育委员会:《上海市中学化学课程标准（试行稿）》,上海教育出版社 2004 年版。

观点的认识,逐步树立崇尚科学、反对迷信的观念。

3. 感受并赞赏化学对改善人类生活和促进社会发展的积极作用,关注与化学有关的社会热点问题,初步形成主动参与社会决策的意识。

4. 增强安全意识,逐步树立珍惜资源、爱护环境、合理使用化学物质的可持续发展观念。

5. 初步养成勤于思考、敢于质疑、严谨求实、乐于实践、善于合作、勇于创新等科学品质。

6. 增强热爱祖国的情感,树立为中华民族复兴和社会进步学习化学的志向。

可以看到课程标准中所提及的课程目标,都对应了一些核心素养的培养。与以往的三维目标教学设计相比,知识与技能、过程与方法对应核心素养中学生应具备的"关键能力",情感态度与价值观目标对应了"必备品格"。

三、学科核心素养与学科课程实施

"核心素养"引领的课程改革把中小学教学从基本知识和基本技能转向了学生的综合素质,并指出核心素养是由各学段、各学科共同孕育的。[1] 国家课程、地方课程无法满足具体的学校学生的独特性、个性化发展的需求,这就要求教师和学校从学生发展和学校办学需求的实际情况出发,开发出能满足学生核心素养提升需求的课程。借助课程的实施落实核心素养应从以下三方面着手。

(一) 化学教材的使用

教材是工具,是载体。作为学生学习的重要资源,教科书力图将人类在长期的实践中所积累的数量巨大的知识予以精炼地概括。

本文所涉及教材为沪教版九年级化学,从内容上看,二期课改后的化学教材,依据学生的已有经验、心理发展水平和全面发展的需求选择化学课程内容,力求反映化学学科的特点,重视科学、技术与社会的联系,以科学探究、身边的化学物质、物质构成的奥秘、物质的化学变化和化学与社会发展为主题,规定具体的课程内容。这些内容是

---

[1] 林崇德:《构建中国化的学生发展核心素养》,《北京师范大学学报(社会科学版)》2017 年 01 期。

学生终身学习和适应现代社会生活所必需的化学基础知识,也是对学生进行科学方法和情感、态度、价值观教育的载体。选取合适的教学内容,在教学过程中落实初中化学学科核心素养的培养要求。

(二)课堂教学方式的转变

基于学科核心素养的教学过程,教师的教授不再局限于传授知识点,而体现为对于学生核心素养的时刻培育;学生的学习则体现为通过参与课堂呈现素养提升。以学科核心素养实验与探究为例,需要在具体的学习过程中培养,在设计教案时教学方法也要相应转型,要把什么样的教学活动有利于学生核心素养的培养作为教学设计思考的重要问题。

传统的讲授式教学需要转变为以问题为导向、通过丰富的活动形式展开。近年来,慕课、翻转课堂、合作学习策略等教学新形态风生水起,对于学科核心素养具有积极作用的教学方法,应得到进一步广泛的运用和研究。只有学生在课堂中的主体地位进一步彰显,核心素养的培养要求才能落地成为充满生气的课堂。此外,课本中的实验可以探究的形式提出,让学生经历形成假设、检验求证的科学探索过程,可采用的例子有:人呼出和吸入气体成分的差异(第一单元)、水的元素组成探究(第三单元)、证明中和反应的发生(第五单元)等。选取时要注意可实践性,保证学生能有条件完成实验探究。生活中能够提出的化学问题更多,尽量从生活中找问题、找实验材料。

在"课程内容"的学习主题中设置了"活动与探究建议",旨在转变学生的学习方式,突出学生的实践活动,使学生积极主动地获取化学知识,培养创新精神和实践能力。实验是学生学习化学、进行科学探究的重要途径,观察、调查、资料收集、阅读、讨论和辩论等都是积极的学习方式。这些活动本身也是化学课程目标和课程内容的有机组成部分。

(三)评价方式的改进

核心素养的发展必须关注其在评价机制方面的落实,核心素养的发展情况必须成为可能实际影响评价的东西,通过量化设计将其作为学生学业质量水平测量的基础。

虽然我国追求素质教育育人目标,考试制度不断改革进步,但高考的指挥棒作用依旧明显。中高考的纸笔测试中应注意考查的知识点要和核心素养发展要求相匹配,利用考核评价促进相关知识和学习经历的落实,避免因为考查内容的导向功能缺失,导致核心素养的发展在日常教学中的落空和流于形式。

另一方面,基于学科核心素养的评价应不止于以纸笔测试为主要评价模式。可以参考学生档案袋的方式,以作业情况、纸笔测验、化学小报作业、化学实验操作和报告评价、化学实践活动等多种形式作为评价方式,以 A—F 档进行表现评定,弱化分数概念,实现基于核心素养的综合评价。

第二部分　化学学科课程图谱

结合初中化学核心素养的关键内容:变化与守恒、宏微结合、符号表征和分类、实验与探究、科学精神和社会责任。联系我校的实际情况,利用已有的各种资源,可将化学课程划分为三个方面,分别为实验操作、生活大揭秘和综合实践。力求引导学生通过了解科学、科学过程以及科学、技术与社会的联系,提高学习应用化学知识和方法解决实际问题的能力,提高科学技术素养,同时让学生了解化学在提高人类生活质量、保证人类生存安全与促进社会发展方面的作用①。化学课程体系的设计主要考虑以下几个方面。

(一) 实验操作

化学是一门以实验为基础的科学,学生虽然在科学课堂上知道了一些化学实验,但是他们还对实验仪器的使用方法不很清楚,只是对变化多端的化学实验现象充满了好奇。为了规范操作,同时也是为了安全起见,有必要先进行规范性的训练。教师首先需要通过演示教会学生正确使用实验仪器,并且通过设计实验让学生通过自身的体验来掌握实验技能。同时在实验中可以培养学生仔细观察的能力,实事求是的科学精神。具体的教学内容有比较不同物质的溶解性、自制酸碱指示剂、水的净化等。根据

---

① 上海市教育委员会:《上海市中学化学课程标准(试行稿)》,上海教育出版社 2004 年版。

每一个实验进行反思,总结自己在操作过程中的得失,提高安全意识,发展"乐学善学"、"技术应用"、"理性思维"、"问题解决"等核心素养要点。

(二) 生活大揭秘

学生对化学的好奇来源于对生活中的一些现象的好奇,利用所学的知识去揭开神秘的物质世界,可以从微观上进行解释,也可以从宏观上进行描述并且去探究其他的物质特点。教师可以通过创设真实的问题情境进行教学,例如:对电视剧中的"密信"进行揭秘,对生活中常见的取暖神器——暖宝宝进行揭秘,了解和尝试制作美味的酒酿等,学生可以通过网络、图书馆等信息资源查阅资料,再根据实验室的条件进行实验探究,设计"揭秘"方案。

对于收集的资料,能鉴别自己所需的信息,通过科学探究的一般过程,能进行简单的探究活动。与此同时,通过合作学习,互相交流和沟通,可以擦出智慧的火花,互相沟通和配合,可以共同进步和解决问题。

从而发展学生"信息意识"、"理性思维"、"勇于探究"、"问题解决"、"健全人格"、"自我管理"等核心素养要点。

(三) 综合实践

化学并不是一门独立的学科,引导学生运用各门学科知识分析解决实际问题、使学科知识在综合实践中得到延伸、综合、提升。无论哪一个学科的学习,思维习惯很重要,对遇到的现象、问题要善于动脑筋,多问几个为什么,并且逐渐培养自己的分析推理能力,找出学习的"窍门"。同时,在学习的过程中,学生要相互交流、相互沟通、相互配合、相互帮助,共同分析问题和解决问题。这有利于培养学生的责任感、主动意识和荣誉感,增强学生的交际能力、平等意识、合作能力,为其终身学习打下基础。

课程内容的设置决定着课程目标的达成程度,根据学生已有的生活和学习经验,再结合各种资源,将化学部分课程划分为三个方面。目的是优化课程结构,落实核心素养,引导学生了解科学就在身边,正确看待化学带来的对人类生活、环境等方面的影响,知道科学研究的一般过程,了解科学、技术和社会三者的关系。①

---

① 上海市教育委员会:《上海市中学化学课程标准(试行稿)》,上海教育出版社 2004 年版。

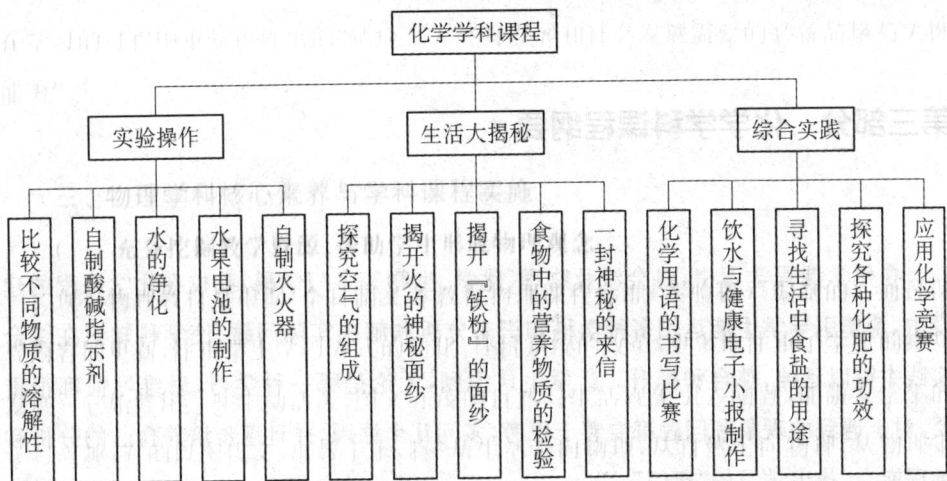

化学学科课程图谱

化学学科课程设置表

学期＼分类	实验操作	生活大揭秘	综合实践
九年级（上）	比较不同物质的溶解性	探究空气的组成	化学用语的书写比赛
	自制酸碱指示剂	揭开火的神秘面纱	饮水与健康电子小报制作
	水的净化	揭开"铁粉"的面纱	寻找生活中食盐的用途
九年级（下）	水果电池的制作	食物中的营养物质的检验	探究各种化肥的功效
	自制灭火器	一封神秘的来信	应用化学竞赛

在现有的学科知识储备和学校具备的各种实验条件的基础上，暂定设置以上几个内容，随着条件的成熟，化学备课组将不断进行完善和丰富课程内容。

第三部分　化学学科课程纲要

在化学课程学习中,将会涉及物理、化学、生物等多门学科,我校在化学课程的建设中,希望引导学生能运用多种学科知识来分析和解决实际问题、使学科知识在综合实践中得以延伸、整合和提升。让学生认识到,无论是哪一种学习,思维习惯都很重要,对于遇到的现象和问题都要善于思考,多问几个原因,并且逐步培养自己的分析和推理能力,找出学习的"窍门"。

1　寻找身边的酸碱指示剂课程纲要

适用年级:九年级

◈ 一、课程背景

在生活中有的家庭会不定时的购买一些花卉来点缀自己的客厅,在大型庆祝活动中花卉也是必不可少的东西。鲜花除了美化我们的环境外,它还孕育了一个重大的发现。在300多年前,英国著名化学家罗伯特·波义耳因为一次意外,发现了紫罗兰花遇到酸性或碱性物质会显现出不同的颜色,一个偶然的发现让波义耳经过了无数次的实验,发现了世界上第一种酸碱指示剂——石蕊,这一发现一直为人们所使用。

本课程利用生活中常见的各种花卉,调制成各种汁液,进行测试是否能做酸碱指示剂,通过自己设计、动手,让学生体验科学家发现指示剂的过程,重走科学家的发现实验制作之旅,感悟科学探究的魅力。

本课程的理念是:科学来源于生活、服务于生活。从学生的生活体验出发,感受生活中处处充满了科学,希望学生今后带着科学发现的精神,处处留心,不断探索充满未知的科学世界。

二、课程目标

1. 能自制酸碱指示剂,设计和完成与之有关的实验。

2. 通过学生分组合作设计方案,培养发现问题并根据探究目标进行实验设计的能力。

3. 通过探究性实验的分工合作及交流讨论,培养合作意识。

4. 通过实验现象的观察和分析,培养实事求是的科学态度,体会科学研究的艰辛和感受科学的魅力。

5. 通过发现生活中的化学问题,体会到学习化学的乐趣,产生对化学学习的兴趣。

三、课程内容

本课程采用文献法、实验法,围绕"寻找身边的酸碱指示剂"为探究内容展开,一共分为 4 个模块。

模块 1:了解酸碱指示剂

通过查阅资料了解什么是酸碱指示剂,酸碱指示剂的指示原理和发现历史,常见的酸碱指示剂有哪些,以及在日常生活或者工农业生产中的作用。

模块 2:设计实验方案

各个小组成员在查阅资料的基础上,知道了其中的主要成分,那么如何进行检验?根据所学的化学知识寻找分离主要成分的方法,初步设计分离方案的实验报告。

模块 3:提炼植物汁液并进行检验

根据实验方案的设计,向实验员老师申请需要使用到的实验器材,并在教师的指导下完成所设计的实验操作,及时进行记录,验证结论。

模块 4:我的酸碱指示剂

小组代表根据本组的活动记录,制作好 PPT 后,向全班同学介绍本小组的探究过程,内容包括收集到的资料、本小组设计的实验方案和在实施过程中的发现等。最后,教师与其他小组同学对其进行点评。

❖ 四、课程实施

本课程历时四周,每周有一次探究课是把一周的劳动成果与同学们进行沟通和交流的时间,教师进行适当的指导和提出一些建议。具体实施共分为四个阶段:

(一)建立探究小组

第一次探究课上,教师布置整个探究活动的任务,要求学生自主查阅资料,再根据所学的化学知识,确定实验方案。师生共同研讨评价方案,学生自主建立探究小组,推举出一名组长,讨论过程记录员,再根据小组的成员的能力特点,进行初步的分工。

(二)收集资料

展示各小组收集的资料;讨论如何提取植物中的汁液,并且设计检验方案,讨论所需的实验方案和仪器。实验设计要尽可能的详细,包括实验的目的、实验仪器、实验药品、实验步骤、预测可能发生的现象等。

(三)实验探究

走进实验室进行实验,并且记录实验结论;根据实际情况再对实验设计进行调整,重新进行实验的实施和记录,将所有相关的数据记录下来,并形成终结性的报告。

(四)交流展示

各课题组组长通过文字、图片、实物等方式呈现各自的劳动成果,尤其要将本组成员参与活动的得失和同学们进行分享。通过各课题组的交流以及学生投票得出优秀小组,并对积极参与活动的学生进行表彰。

❖ 五、课程评价

一般来说,探究活动课由探究活动内容、学生自主活动、小组协调、班级交流等几部分组成,评价也从这些方面体现。为此,我们把评价分为组长评价组员参与活动表现、教师评价小组任务完成情况、小组间评价探究成果三个方面。

(设计：陈伶俐)

2　饮水与健康课程纲要

适合年级：九年级

◇　一、课程背景

　　我们学校地处联洋,是一个国际化的学校。在多数学校使用桶装水的时候,进才实验中学就安装了净水设备,冷热兼顾,供师生饮用。最近又引进了咖啡机,受到学生的欢迎。但是我们也发现,有的学生习惯性以喝各种饮料来代替水,有的学生是以喝牛奶来代替水,那么如何选用饮用水、什么样的水才是健康的水成为大家关心的话题。水是人体不可缺少的成分,一个成年人人体水分含量约占体重的70%,每日需水量约为2 500 ml,所需水量大部分靠饮水摄入,水是六大营养要素之首。但是如果饮水不当会引起水中毒或是其他疾病,可见饮水和健康关系非常地密切。为了喝上让人放心的水,上海市有很多家庭会购买各种矿泉水或者纯净水供烹饪用或直接饮用,后来又发展成安装家用净水器。

　　小组合作学习是综合实践活动的有效组织形式,这不仅有利于课题研究的开展和发挥学生的个性,更有利于培养学生的合作意识和社交能力。通过经历调查研究的过程,促进学生梳理健康生活方式的意识;树立环保意识,热爱并尊重自然,建立绿色生活方式和可持续发展理念及行动,增强社会责任感;让学生认识到责任担当应从身边做起、从力所能及的小事做起,从而树立主人翁的态度,形成积极、阳光的健康思维方式和生活态度。从学生已有的经验出发,让他们在熟悉的生活情景中感受化学的重要性,了解化学与日常生活的密切关系,也增强学好化学的自信心。以化学为主题的综合实践活动给学生提供一个更为宽松、自由的空间。

本课程理念是：感悟水、环保对生命健康的重要意义。使学生在学习过程中不拘泥于书本，鼓励学生充分发挥自己的主观能动性和想象力，敢于提出自己的新观点、新思路、新方法，并积极主动地去探索，从而激发学生的探究和创新的欲望，使学生的创新能力和想象力可以充分地发挥出来。

二、课程目标

1. 拓展化学学科知识在社会和生活实践中的应用，了解现代社会对化学学科知识的要求；了解与化学相关的发展动态和最新成果，化学与自然、社会、人类的关系；加深化学知识与其他学科知识间的联系，对原有的知识结构进行更新、改造、重组，促进新的知识、技能的获得。

2. 学会在活动中如何与小组成员合作，学会解决学习中出现的纷争和冲突，学会让别人分享自己的劳动成果并尊重别人的成果。通过这个过程对为人处世能力、社会交往能力进行锻炼和提高。

3. 掌握获取知识的正确方法，在活动中通过阅读、观察、调查、实验等多种途径获取资料和信息，学会利用适当的工具和技术归纳与整理信息，达到提高收集、分析和利用信息的能力。学会独立思考，培养运用知识解决学习中的疑难问题的习惯，逐步形成终身学习的能力。

4. 提高社会责任感和使命感，学会关心他人，关心社会与环境的和谐发展，养成分享、合作、积极进取等良好品质；形成一种积极的人生态度，具有坚韧不拔，不断追求进取，勇敢地面对困难的精神。

三、课程内容

本课程采用文献研究法、调查研究法、观察研究法围绕"饮水与健康"的内容展开，共分为 4 个模块。

模块 1：水——生命之源

了解水的组成，水对动植物的作用，地球上淡水资源的分布，了解自然界水的净化过程与自来水的生产等问题。

模块 2：水污染及危害

知道世界上比较重大的水污染事件，了解水污染的主要途径及我们力所能及的改善水资源的方法。

模块 3：我们该喝什么样的水

了解人体需要的营养元素及获取的渠道，讨论制作调查问卷，完成一个年级的学生平时饮水的情况，了解平时饮水的误区。

模块 4：课程小结报告的撰写

根据小组确定的小题目，从一个角度阐述小组的研究内容，形成一篇小论文。

四、课程实施

本课程历时 10 周，大部分活动都是在课外完成，学生利用课余时间进行查阅资料，了解关于水的相关知识，教师利用实验室的条件提供学生需要的实验仪器和药品，进行实验研究，拓展视野。最后每一小组针对自己感兴趣的研究的内容进行整理撰写成论文或报告等形式展示给大家。具体实施工作如下：

（一）自主组合探究小组，确立组长

根据小组的成员的特点，进行初步的分工。初步讨论本小组的主要研究方向。可以从几个方面着手，比如研究水污染的现状，市场上各种饮料的成分，学生中饮水的习惯调查，水对身体健康的影响，市场上各种净水器的工作原理，污水的处理等。

（二）资料的收集

为了使论文的内容更加充实，在查阅资料时需要根据研究方向，小组成员通过查阅资料、利用网络或采访老师家长等方式，将所需的各部分知识内容收集整理出来。几个小组可以集合在一起，进行分享。

（三）确定研究计划

根据所收集的材料，每一个小组根据自己的兴趣确定课题，小组成员集中时间对本课题的开展进行讨论，明确对本课题的研究目标、具体方法、工作程序、报告撰写、交流研讨等问题，小组成员相互启发，引起创造性设想的连锁反应，在讨论过程中，请某一组员将所有的意见记录下来。

其次，小组成员整理意见，设计研究方案，在该研究的方案中要有对目标的清晰表达、研究的具体方法、工作程序的设计、小组成员的分工等。

最后，小组成员和指导教师共同对该研究方案进行可行性论证。

（四）分析数据或资料得出结论

经过方案确定后，各课题组的同学再次召开关于"资料的归纳、整理和数据的统计分析"的专题讨论会。把研究成果用多种形式来表达，可以是小论文、实验报告、调查报告等形式。在这一过程中教师需要指导学生学会运用科学的分析方法利用众多的资料和数据，从而得出科学的结论。老师向同学们指出，研究过程除了事实外，还应在对整个调查研究的进行总体分析的基础上，概括出事物的内在联系，亮出自己的观点，提出建设性的意见。

（五）撰写研究报告或论文

教师介绍研究报告及论文撰写的格式，各课题组成员要学会包括"题目名称"、"摘要"、"引言"、"正文"、"研究结果"、"探讨与建议"、"参考文献"的论文撰写方式。

（六）各小组长演示报告，交流评价

教师组织一个"论文答辩会"，各课题组组长通过文字、图片、实物等方式展示本组的研究成果并说出参加完成课题过程中的收获。通过各课题组的交流以及学生投票得出优秀作品，并对积极参与活动的学生进行表彰。

五、课程评价

本课程的评价采用过程性评价与终结性评价相结合的方式。

（一）过程性评价

对每一个成员在课程学习过程中参与程度、认真态度进行的评价，包括积极参与本小组课题的设计、能提出自己的建议和意见、查找资料的多少、承担书写论文内容的量、调查问卷的设计等。采用组内成员互评打分的方式。

组员互评参与活动表

编号	评价项目	组长	成员2	成员3	成员4
1	遵守纪律，态度端正。				
2	认真听课，没有走神，讲闲话等现象。				
3	在大部分时间里他（她）踊跃参与，表现积极。				
4	他（她）的意见总是对我很有帮助。				
5	他（她）经常鼓励/督促小组其他成员积极参与协作。				
6	乐意与伙伴合作。				
7	虚心听取别人意见。				
8	勇于创新，勇于探索，善于提出问题。				
9	对他（她）总体上是喜欢的。				
10	他（她）能够按时完成应该做的那份工作和学习任务。				
	计算总分（100分）				

每一项最高得分为10分，总分100分。表格中组长、成员2指的是本小组成员的姓名，一般一个小组包括组长最多有5名同学，通过每名成员的互评，得到一个平均分，作为个人得分。

（二）终结性评价

对每个小组的研究成果进行的评价，包括研究报告或论文完成的及时性、表达的规范性、内容的丰富性、方法的科学性、研究过程的真实性、结论（观点或提出的问题）

的深刻性(能否引起他人的共鸣、讨论等)方面。采用指导教师和其他小组打分的方式。

小组任务完成情况表

编号	评价项目	小组 1	小组 2	小组 3	小组 4	小组 5
1	观点明确					
2	查找资料的详实					
3	内容无科学性错误					
4	作业质量高,有创意、有深度,能给其他同学一些启发					
5	体现保护水资源、环保的观点					
6	论文结构完整					
7	汇报者口齿清楚、声音响亮、表达清晰明了					
8	展示用的课件排版清晰、内容丰富					
9	能应对其他小组同学提出的问题					
10	对本小组的研究过程进行得失分析					
	计算总分(100 分)					

每一项最高得分为 10 分,总分 100 分。整个班级学生分为 5 个小组,每一个小组对另外 4 个小组的成果和成果展示进行评分。小组的分值都可以计算到个人分值上,这样小组得分的高低关系到个人得分的高低,促使学生个体和团体结合起来,担负起本团体的责任。

课程实施的过程中,教师采用发展性评价的方法,始终关注参与活动的每个成员、每一个活动环节,及时通过交流、反馈、评价,使他们受到影响、激励,得到指导,从而及时调整、改进,获得发展。

(设计:陈伶俐)

第六章　生命科学学科课程图谱

　　生命科学课程是一种提升生命质量、获得生命价值的教育活动。生命课程的建设，依据校本特色以及学情，遵循学生的身心发展需求，引领他们认知生命科学，亲近自然，养成热爱自然的情感与不断探究科学的兴趣，初步形成科学思维方式，养成规范的科学动手操作能力与良好的生活行为习惯，初步形成应用科学知识解决日常生活问题的能力。

第一部分　生命科学学科核心素养

第二部分　生命科学学科课程图谱

第三部分　生命科学学科课程纲要

第一部分　生命科学学科核心素养

素质教育发展至今，已经硕果累累，得到了普遍认可，但仍存在着诸多问题，如学生的总体发展水平不够高，可持续发展能力不够强，学习能力、创新能力、生存能力、心理素质不能完全适应社会经济变革的要求。我国正在深化课程改革，发展学生的核心素养被置于这一改革的基础地位，生物学课程改革的深入进行也将以促进学生核心素养发展为目标。

一、生命科学学科核心素养的内涵[①]

一般来说，生命科学核心素养主要包括四个方面：

（一）生命观念："生命观念"是指对观察到的生命现象及相互关系或特性进行解释后的抽象，是经过实证后的想法或观点，是能够理解或解释相关事件和现象的品格和能力。学生应该在较好地理解生命科学概念的基础上形成生命观念，如结构与功能观、进化与适应观、稳态与平衡观、物质与能量观等。能够用生命观念认识生物的多样性和统一性，形成科学的自然观和世界观，指导探究生命活动规律，解决实际问题。

（二）理性思维："理性思维"是指尊重事实和证据，崇尚严谨和务实的求知态度，运用科学的思维方法认识事物、解决实际问题的思维习惯和能力。学生应该在学习过程中逐步发展理性思维，如能够基于生命科学事实和证据运用归纳与概括、演绎与推理、模型与建模、批判性思维等方法，探讨、阐释生命现象及规律，审视或论证生物学社会议题。

（三）科学探究："科学探究"是指能够发现现实世界中的生命科学问题，针对特定

---

① 教育部基础教育课程教材专家工作委员会　普通高中课程标准修订组：《普通高中生物课程标准（2017年版）》，人民教育出版社2017年版。

的生命科学现象,进行观察、提问、实验设计、方案实施以及结果的交流与讨论的能力。在探究中,乐于并善于团队合作,用于创新。

(四)社会责任:"社会责任"是指基于生命科学的认识,参与个人与社会事务的讨论,作出理性的判断,尝试解决生产生活中的生命科学问题的担当和能力。学生应能够以造福人类的态度和价值观,关注涉及生命科学的社会议题,参与讨论并作出理性解释,辨别迷信和伪科学;形成生态意识,参与环境保护实践;主动向他们宣传健康生活和关爱生命等相关知识;结合本地资源开展社会实践,尝试解决现实生活中与生命科学相关的问题。

生命科学是一门对生命现象和生命的基本活动规律进行研究的科学,初中阶段生命科学学科教学的主要任务,就是提升学生的生命科学学科素养和核心素养,促使学生通过学习逐步形成辩证的自然观和科学世界观。因此,对生命科学学科核心素养的研究具有一定的现实意义,能够为学生生命科学学科综合素养的培养提供支持。

二、初中生命科学学科核心素养与学科课程标准

2004年开始实施《普通高中生物课程标准(实验)》至今已走过十多年的历程,取得了显著的成就。在课程改革和课堂教学不断走向新的高度时,在实践中也遇到了一些问题。《普通高中生物课程标准(实验)》提出从知识、能力、情感态度价值观这三个维度解读生命科学课程,相比原来的"双基",三维目标加深了人们对于生命科学课程的认识。但三维目标仍有不足之处:其一是缺乏对教育内在性、人本性、整体性和终极性的关注;其二是缺乏对人的发展内涵,特别是关键的素质要求进行清晰的描述和科学的界定。

《义务教育生物学课程标准(2011年版)》和《普通高中生物课程标准(实验)》相比存在继承与发展的关系,在总目标中提及类似学科核心素养的目标,但仍没有以学科核心素养为纲,没有将学科核心素养一以贯之地落实到课程标准的各个方面,特别是各个学段或年级或水平的表现标准。这就需要由三维目标走向核心素养,才能实现教育对人的真正全面回归。

教育部于2014年12月全面启动《高中各学科课程标准》的修订工作,于2017年2

月完成了标准文稿的修订工作。其突破点始以发展学生的核心素养为基准,提出高中生物学的学科核心素养;依据生物学科核心素养的要素,确立新的课程理念、明确课程目标、设计新的高中生物学课程的内容框架和质量标准,使其具有良好的基础性、选择性。本次课标修订凝练出了核心素养,包括:生命观念、理性思维、科学探究、社会责任四个维度,分别指向"知、情、意、行"方面的学习结果。在此基础上,确立初中生物学科核心素养的内容,具有一定的科学性和可实践性。

三、生命科学学科核心素养与学科课程实施

生命科学核心素养作为初中生命科学课程体系的核心和灵魂,在课程标准中发出璀璨的光芒。所以身为生命科学教师应深入研究生命科学核心素养与中学生命科学课程及教学的关系,关注其内涵及其维度,理解理论的精髓,落实教学改革与实践,回归教育本源,促进学生核心素养的发展,为适应学生终身发展和社会发展相统一的需求应具有的必备能力和品格。借助课程的实施落实核心素养可以从以下几方面入手:

(一)理解生命本质,形成生命观念

生命科学是研究生命现象和生命活动规律的一门学科。显而易见,"生命"是生物学研究的对象,生命科学研究的主要任务就是揭示生命的奥秘。从当前世界主要国家中学生物学和大学普通生物学教材所包含的内容去分析,可知其中知识的核心指向是认识生命世界。因此,理解生命的本质是学生形成生命观念的重要途径。[①] 教师能够创设相应的学习情境,提供有价值的课程资源给学生,学生在体验的过程中逐步将这些观念内化于心,从而进一步运用这些观念去解释生命现象。

例如,在学习《人体消化系统》这一章节时,教师带来猪的小肠作为实验材料,学生从最开始的有些排斥、犹豫。继而,转而尝试、探索:用放大镜观察、用手触摸。在这个过程中直观认识到小肠的结构特点使得生物体在有限的长度和体积中同时完成大面积的消化和吸收功能。在这一过程中,学生感受到生物体结构具有与之相应的功能,而生物体的任何功能都需要一定的结构来完成,从而树立生物学中"结构与功能相

---

① 谭永平:《发展学科核心素养——为何及如何建立生命观念》,《生物学教学》2017年第10期。

适应"的生命观念。

又如,在初二年级学生中开展学生综合实践活动《珍藏植物标本》。通过搜集不同种类和叶形的叶片,学生体会到世界上没有完全相同的两片树叶,每一种树叶都有其特点并且能够高度适应周围的环境;制作一件好的植物标本有一定的技术难度,要花费一定的时间,要有一定的耐心和细心,还要具备一定的艺术素养。通过这样的活动,构建学生的生命观念,学生感受到生命的复杂、协调,由此产生尊重生命、珍惜生命、关爱生物的情感。

(二) 科学论证为引领,彰显理性思维

生命科学课堂是培养学生理性思维的前沿阵地。生命科学研究的对象是自然界中的事物、现象,较为复杂多样,通过简单的机械记忆达到掌握知识的目的不但会增加学生的负担,也会让学生很难对生命科学的事物、现象达到真正的理解。生命是一种开放性、生成性的存在,在生命科学教学中结合合适的内容设置科学论证的过程的环节,有利于培养学生的理性思维。

例如,在《酒精对水蚤心率的影响》这节课中,酒对学生并不陌生,生活中都有和酒接触的经验,但对于酗酒的危害,学生的认识并不深,纸上谈兵的话学生没有感性认识,无法有效促进学生的理性思维,不利于创新能力的培养。而经过改进之后,教师先教授学生有关实验设计的基本原则等知识,学生分组讨论并设计实验方案,学会控制变量和设置对照实验的方法,在实验过程中,利用手机的慢动作摄影功能数出水蚤的心跳,实验结束后,学生分组汇报实验结果,分析实验得失并进行后续思考。在这个过程中,教师围绕科学论证过程,引导学生在探索中发展科学思维,经过一定的训练后,学生可以靠自己的思维建立分析问题的能力。

没有理性思维的支持,生命体的美短暂而模糊,当学生的思维有了深度、广度,思维有了方法和技能之后,感受到的生物世界才会美得更加清晰与深刻。[1]

(三) 以合作探究为载体,提高学生的探究能力

科学探究精神是生命科学核心素养的重要组成部分,在传统的教学中,因受以往

―――――――――

[1] 范文琦:《在初中生命科学教学中培养学生的思维能力》,《科学教育》2010 年第 1 期。

教学观念、体制等多种因素的影响，无论是教师、学生，还是家长，都看重成绩，而对学生的科学素养关注力度不足。故而落实到生物教学中，大多是老师在讲，学生听。要在生物教学中发展学生的生物核心素养，那就必须关注科学探究精神的培养。培养学生的科学探究能力是为了培养学生的科学态度与价值观，促进学生学习方式的转变。在教学过程中，教师可以引导学生开展探究性学习，提高学生的科学探究能力。

在探究课《寻找身边的酸碱指示剂》课程中，在学生找到了身边一些常见材料的变色规律之后，教师提出以下几个问题供学生探究：1.有色植物的汁液都能作为酸碱指示剂吗？2.植物汁液中能变色的成分是什么？3.天然酸碱指示剂的保存方法？要求学生在探究过程中，注意以下要求：1.结合各组需要探究的问题，小组成员先要设计好实验方案。2.小组成员通力合作，分工明确。3.观察过程中要及时记录现象与结果并分小组展示与分享。通过探究，学生进行尝试与实践，一些小组的实验过程中会存在种种问题，在分享过程中有其他的小组指出并得到教师正确的指导。小组合作探究的形式改变了学生被动学习的局面，使学生成为学习的主体，增加学生的学习活力，培养与提高学生的科学探究能力与团队合作学习能力。

(四) 理论联系实际，激发社会责任

教育是为社会发展的服务的，也就是说，教育所培养的应该是符合社会发展需要的人才，这样的人才不但要有专业知识，创新精神，还得具有社会责任感。教师要注重引入生活案例或者社会热点问题等来引导学生展开分析，要注重引导学生在分析过程中做出理性判断，思考如何用所学的生物知识去解决实际遇到的问题，做一个乐于传播生物学知识和崇尚健康生活方式的先锋。

如今随着生物学科发展的日新月异，大量的生物学知识被运用在各个领域：人类基因组计划、基因芯片、杂交水稻的培育、微创手术的推广等，教师在课堂讲解以及学生在参与各类社会实践的过程中，领悟科技发展的神奇魅力，在感叹生物科学迅猛发展和生物技术不断进步的同时，我们也要清醒地认识到科技发展也会带来一些问题。如：克隆技术带来的伦理问题、转基因技术带来的食品安全问题；试管婴儿技术带来的性别歧视问题；生物武器带来的莫大灾难等。通过生命科学课程的学习，学生在了解许多健康、遗传、环保等知识之后，才会对社会有所担当并承担起力所能及的责任，如积极传播生物学知识,展开调查并进行社会实践,让生物学知识更好地服务于社会。

陶行知先生说"生活即教育"。生物教师在课堂教学中巧用实例,引导学生在原有生活经验的基础上建构科学知识,不仅能够使知识脉络因生活而灵动,也使生命在科学的解读中凸显出深远的意义和价值。同时,要以生活为出发点,提倡生活化的教学方式。如此,多管齐下,学生生命科学核心素养才能得到培养,也唯有这样,生命科学教学才算得上是有效的教学。

第二部分　生命科学学科课程图谱

一、生命科学课程结构

在使用好沪教版《生命科学》教材基础上,根据学校自身情况和课程发展情况,我们又开发了各类拓展、探究课程及学生综合实践活动等。根据生命科学核心素养以及各不同学段学生的学情分析,该课程有以下特点:

(一) 符合学校定位,体现校本特色

本校坐落于浦东新区联洋国际社区腹地,毗邻世纪公园,上海科技馆,区域内科技、人文资源与氛围明显高于他区,学校具备吸收便利资源的先天条件与视野;学生家庭背景文化层次较高者具备相当比例,学生科学、人文认识具备一定的认知起点,每位学生也有自己不同的追求和发展方向。各类课程的开发为学生的发展和成长创设了有利条件,学生可根据自身的需要和兴趣对课程进行选择学习和选择体验。基于学校的资源与学生的已有认知水平,学校具有落实发展愿景,开设生命课程的先决条件。刚刚建成的"绿色生态创新实验室",则为生命课程实施的提供了必要条件。

(二) 符合各年龄段学生学情,全面落实核心素养

六年级学生进入到初中科学课的学习,在课堂上接触到一些生命科学知识,在课程的设置上以教师传授,学生观察、初步的参与为主,在学习中,学生在知识的获取、方法的掌握、技能的形成,以及在生活中的运用方面渐渐入门,逐渐进入到科学探究之

中,为形成一定的生命观念奠定良好的基础。

七年级的学生具备一定的生命科学知识,自主实践和探究的欲望更为强烈,在七年级的课程设置中,充分挖掘教材,鼓励学生对相关板块的内容进一步进行资料收集和整合。同时开展《生活中的科学》等拓展课程,以培养兴趣为主导,保护兴趣爱好,发展个人特长,学会科学探究的方法。

八年级学生开始进行系统的生命科学课程学习,在本年级开设的课程中,增加了观察和思考,科学、社会、技术等课程,在传授知识的同时特别注意科学方法的培养,组织学生参加各类实践活动,促使学生有意识地保护生物,促进社会发展。

九年级学生相对来说,积累了比较丰富的学科知识及学科技能,故在课程设置上,鼓励学生参与各项社会实践活动,走进自然。与此同时,由于课业压力较重,学生可开展各项就地取材,和自身情况切实相关的调研和探究活动,用所学知识指导自己调整心态,劳逸结合,健康生活,实现生命的自我管理,同时具备一定的社会责任意识。

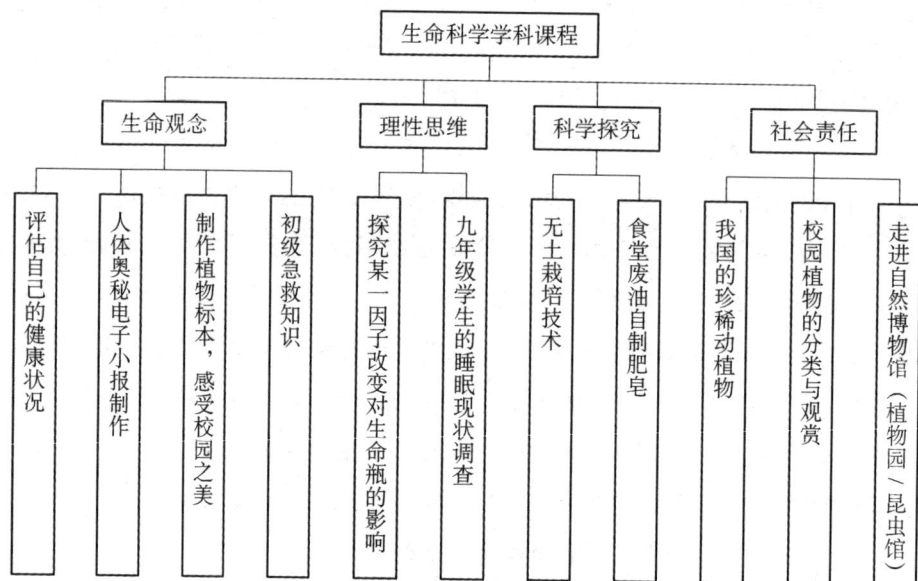

生命学科课程图谱

二、生命科学学科课程设置

生命科学学科课程设置表

分类 学期	生命观念	理性思维	科学探究	社会责任
六年级 (上)	生命的诞生与生长	简单的检索表的编制	拓展课：无土栽培技术	拓展课：我国的珍稀动植物
六年级 (下)	影响植物光合作用的因素	水质的检测	拓展课：认识"鱼菜共生系统"	水污染
七年级 (上)	评估自己的健康状况	拓展课：生物与生活	拓展课：生活中的科学	健康的生活方式
七年级 (下)	认识海洋生物	拓展课：生物与生活	拓展课：生活中的科学	全球性的环境问题
八年级 (上)	学生综合实践活动：人体的奥秘电子小报	测量人体的生理数据	探究课：寻找身边的酸碱指示剂	现代生物技术
八年级 (下)	学生综合实践活动：珍藏植物标本	探究某一因子改变对生态瓶的影响	探究课：食堂废油自制肥皂	校园植物的分类与观赏
九年级 (上)	常见的传染病及预防	家庭成员一天内体温变化情况	探究：联洋地区春天常见的草本植物	社会实践活动：走进自然博物馆（植物园/昆虫馆）
九年级 (下)	初级急救知识	调查：九年级学生的睡眠现状	探究：调查九年级学生早餐情况调查	生命的自我管理

（撰写：陶翔云 王娅）

第三部分 生命科学学科课程纲要

发展学生生命科学核心素养不是形而上的空泛理论,而是和课程教学紧密相关的实践。在初中生命科学教学中,不仅要从思想上树立学生发展意识,把发展学生的生物学核心素养放在首位,还要注重结合学生的身心特点,优化课程内容,创新课堂形式,渗透生命价值观,培养学生的理性思维和科学探究精神。

1 制作植物标本课程纲要

适用年级:八年级

◈ 一、课程背景

如今,生命科学已经进入日新月异、快速发展的时代,生命科学知识的使用价值和发展潜力逐渐被人们认识和重视。在初中阶段,生命科学这门学科在初二年级开设,而初二年级的学生相对学业压力较大,面对这样一门在初中阶段作为"副科"的学科,往往不太重视,学生学习目的不明确,学习主动性较差。与此同时,一些教师也缺乏动力,在教学手段和技术上固步自封,延续传统的照本宣科模式,这样的生命科学课堂教学只是"纸上谈兵",多了图片,少了实物;多了讲解,少了实验。生命科学的教学也逐渐开始与大自然渐行渐远。所以,学生要学好这样的一门自然学科,学校和教师就必须为学生营造良好的学习氛围,激发学生的兴趣。

在生命科学的教学中,植物是一个重要的知识体系,植物标本是经过特殊加工后仍能反应该种植物基本特征,可以长期保存的整株植物或者植物体的一部分,能够作为一个非常有利的教具,制作精良的植物标本能够避免部分植物具有区域性、季节性的限制,以便日后的重新观察与研究,也具有一定的收藏价值。同时,在对植物标本进行识别、采集、制作等过程中能培养和体现学生各方面的综合能力。我校环境优美,植物种类繁多,非常方便学生的取材,校园植物作为校园建设的一部分,也是校园文化的体现。

综上所述,我们开展了《制作植物标本,感受校园之美》这样的一门课程,以培养学生科学素养为宗旨,带领学生走出课本,走进校园及大自然进行学习,主动参与、发现、收集、整理、欣赏科学素材,实现自然科学资源的开发和利用。

本课程的理念是:关注并科学解读身边的生命现象。本课程意在培养学生在向书本学的同时,也向身边的大自然学习,并向周围的人传递观察自然的方法和热爱自然的理念。

二、课程目标

1. 通过认识、亲手收集、制作植物标本,即时发现即时实验等,体验到探究的过程和乐趣,从而激发学习的兴趣和热情。

2. 在探究实验时,通过感性的内容材料,并在活动中借助阅读、调查、观察、实验等多种途径,培养多渠道获取信息的能力。

3. 在制作过程中,通过与同学合作共同完成一些任务,个体间既有明确的责任分工,又有相互协作的学习方式,增强合作精神,增进同伴间的友谊。

4. 利用校园、社区、社会等现有的资源开展实践活动,在活动过程中讨论和解释科学相关的社会议题,提升社会责任感。

三、课程内容

本课程采用归类比较、实验探究、文献研究等方法,围绕植物标本制作的内容展开,共分为 5 个模块。

模块 1:认识校园常见植物

根据校园植物标本采集的目的和要求,确定采集时间。不同的植物有不同的生长季节和花期,应在采集前做好调查工作,收集校园的常见植物名录及其分布情况资料等。认识校园中常见的植物,应选择生长正常,无病虫害,保留植物完整结构的植株。注意爱护资源,不能破坏环境。

模块 2:学习采集植物标本的技巧

根据植物标本采集的目的和要求,确定采集时间和地点。不同的植物有不同的生长季节和花期,应在采集前收集有关采集地的自然环境与社会状况发展方面的资料。在教材学习的基础上进一步学习植物的基本结构,如被子植物的根(块根)、茎(球茎、鳞茎、块茎)、叶、花、果实、种子,裸子植物的孢子叶球等结构的辨识。学习采集植物标本的基本技巧和方法。

模块3:设计标签、确定和准备采集所需的用品

设计记录表格,用于观察记载。表格中包括项:植物俗名、学名、别名、采集时间、地点、生长环境,植物各结构的特点描述、采集人等;采集植物标本时,应按照设计的表格及时如实进行记录。并将标签挂于植物标本上。准备纸、采集袋、剪刀、标签、镊子、铅笔等相关用品。

模块4:植物标本的采集

按小组预定目标,在校园中选择合适要求的植株。

模块5:植物标本的制作和美化

通过查阅资料和反复实践,获取不同特点植株标本的制作方法,如腊叶标本:在短时间内压制使其迅速脱水干燥,使形态和颜色得以固定,长期保存;找到不同类型植物所适合的标本制作方法。对作品进行美化,配合简短的描述,将制作过程到呈现的结果视为一个整体,在这个整体中,主观化地展现植物的生命之美。

四、课程实施

本课程历时8周,主要利用每周的探究课时间进行开展,地点包括学校创新实验室以及校园内,在学生为主体参与的过程中,教师对整个活动进行指导和建议,具体实施方法如下:

(一) 小组合作法

课前教师对全班同学的学习情况进行一个全面了解和分析,在此基础上结合学生自由分组(4—6人一组)的情况,进行适度调整。组内成员推选一名组长,并明确记录员、汇报员、监督员等人选及具体职责;师生共同讨论确定评价方案。每小组通过查阅文献、学校植被情况的资料以及前期校园实地勘察,选择本组需要采集的一类植物,设

计记录标签和表格,确定采集工具,并且对后续合适的制作方式进行筛选和确定。

（二）操作实践法

对确立的植物标本进行单株的采集、初步修整、挂上标签、填上编号,并暂时放在采集袋中。在采集过程中要用肉眼或者借助放大镜对植物进行观察,开始于根,结束于花果,对植物各部分所处位置,形态、大小、质地、颜色、气味、是否有附属物等做全面细致的观察,并进行记录。

接着就是标本的压制和消毒环节。此过程中,应对事先的实验方案进行反复验证,直到选择最能还原植物自然形态以及保存时间相对较长且操作简单可行的方案。学生可选取一个角度进一步进行研究,形成自己的研究报告或小论文。

（三）成果展示法

小组汇报员根据本组学生的活动记录,将探究结果用简洁生动的方式展示出来,展示中对尚未解决的问题和一些生成性的问题,由点评组参与点评,教师适时进行追问、点拨、启发和引导,对课堂进行调控,并估计学生进行深层次的再研究。

五、课程评价

"制作植物标本,感受校园之美"是学校自主开发与编制的课程,具有选择开放性、民主性、主体参与性,满足学校特色化建设与学生个性化发展的需要。以对活动开展中各个过程作出价值判断并寻求改良的理念,制定了该课程的评价标准。

课程学生评价表

班级		姓名		得分		
内容			等第			
			A	B	C	D
1. 学生课前准备充分,准备好教材及学习用具						
2. 上课时遵守纪律,精神饱满						
3. 课堂上,学生主动参与时间长						

内容	等第			
	A	B	C	D
4. 善于倾听和思考,能够积极发言,表达自己的见解				
5. 积极参加以小组形式组织的学习活动,分工明确,有合作意识,并能完成任务				
6. 作业态度认真,参与讨论态度认真				
7. 能按实验方案完成实验和作品,有计划性和系统性				
8. 作品具备科学性和一定的美观性				
9. 具有创造性思维,能有自己独到的见解和认识,用不同的方法解决问题				
10. 在活动开展的过程中自身能力得到发展				

评价等第分为 A、B、C、D 四档,分别代表很符合、符合、不太符合及不符合,A 档得分为 10 分,B 档得分为 8 分,C 档得分为 6 分,D 档得分为 4 分。总得分分为优秀(90分及以上)、良好(75—89 分)、及格(60—74 分)、待及格(60 分以下)四个等第。

(设计:陶翔云)

第七章 艺术学科课程图谱

艺术感知能力、艺术审美情趣、艺术创意表达,作为艺术学科的核心素养,是艺术课程的轴心。艺术教育主要包括音乐和美术两门学科。自主音乐需要、音乐实践能力、音乐情感体验、音乐文化理解,是音乐学科的培养方向;图像识读、美术表现、审美判断、创意实践、文化理解,是美术学科的教学基准。艺术核心素养需要通过艺术课程进行实施落实,每一门艺术课程都有知识与技能的掌握和运用,同时伴随着情感态度价值观的提升和发展。

第一部分　艺术学科核心素养

第二部分　艺术学科课程图谱

第三部分　艺术学科课程纲要

第一部分　艺术学科核心素养

艺术教育主要包括音乐和美术两门学科，以下分两个学科进行阐述。

一、音乐学科的核心素养

（一）自主音乐需要

自主音乐需要是学生自觉进行音乐学习和音乐活动的基本动力，也是学生自主发展素养在音乐学科的具体体现。发展学生自主音乐需要有情感、认知和意志等不同层次。其一是对音乐产生兴趣爱好，将参加学习音乐和音乐活动作为获得快乐生活，满足审美需求的一种途径；其二是在有实际体验的情况下，主动将音乐作为保持心理健康和谐的工具；其三是把学习音乐作为提高文化修养、促进自我发展与完善的自觉追求，将参加音乐活动作为一种文明生活的方式。对于经过数年学校音乐教育的初中生来说，自主音乐需要主要表现在：能积极参加各类音乐活动；对音乐具有一定的兴趣爱好；能经常用音乐给自己带来快乐情绪；能主动选择合适的音乐活动调节情绪、平和心理；参加音乐活动时具有较主动的审美意识。

（二）音乐实践能力

音乐实践能力是学生音乐素养的重点。普通初中学生应具备的音乐实践能力主要包括音乐表达与表现能力、音乐欣赏与审美能力、音乐创造与想象能力、音乐交流与合作能力，其中最核心的是用音乐表达情感的能力。

学生掌握音乐实践能力应以用为本，围绕学生在校时和毕业后经常进行的音乐活动，重点培养选择合适作品进行表达和交流的能力，感受和表现优秀作品的能力，即兴表演和创作的能力等。音乐能力的基础源于音乐实践经验。因此，学生应具有较丰富的歌唱和聆听经验积累，应熟悉经典音乐作品的情感内涵，应熟悉各类常用的音乐活动形式。作为音乐实践活动的基本技能，学生应能够较准确地歌唱若干首中外著名歌曲和公共活动常用歌曲,能视谱歌唱或演奏简单作品,能较好地融入集体歌唱或演奏等表演活动,以便在需要音乐的场合选用合适的形式与作品参与音乐活动。

(三) 音乐情感体验

音乐情感体验是指学生在听、唱、奏、动等音乐活动中,通过直接体验(音乐感知觉直接产生的情绪体验)和间接体验(音乐表象及联想产生的情感体验),用音乐表达与抒发情感,或从音乐感悟与激发情感。这是音乐从音响形式转化为情感本质的关键过程。音乐情感体验能力是重要的音乐素养。

初中学生的音乐情感体验有三种主要实践形式:一是在音乐实践中体验美感;二是用音乐作品抒情咏志;三是通过音乐活动怡情养性。培养学生音乐情感体验能力应侧重高中阶段音乐课的实际育人功能:学生在兴致所至时能选唱昂扬、欢乐、抒情的音乐作品抒发自己向上向善爱美的志向与感情;在心理失衡时能选听励志、和谐、优美的音乐作品调节情绪和修养性情;在参加集体音乐活动时能有意识地从优秀音乐作品中感悟美德、陶冶情操;能对日常生活中尤其是网络、演出和影视中的音乐作出正确的价值评判。

(四) 音乐文化理解

音乐文化理解是重要的社会人文素养。初中学生对音乐作必要的文化理解,有助于学生从社会发展的角度认识音乐,也有助于学生从音乐发展的角度认识社会。音乐文化理解应包括认知音乐的艺术形式和文化特征;了解音乐与其他艺术的关系;理解音乐发展与社会发展的相互影响。考虑到学生初中毕业后参加音乐实践活动的实际需要,学生对音乐的文化理解应以四方面为重点:识别中国与世界音乐的主要种类与特征;认知音乐的主要形式、艺术特征与文化价值;了解音乐在舞蹈、戏剧、影视中的应用及它们的相互关系;知晓音乐发展的时代背景与社会意义。

二、美术学科的五个核心素养

(一) 图像识读

图像识读指对美术作品、图形、影像及其他视觉符号的观看、识别和解读。通过本课程的学习,学生能以联系、比较的方法进行整体观看,感受图像的造型、色彩、材质、肌理、空间等形式特征；以阅读、搜索、思考和讨论等方式，识别与解读图像的内涵和意义；从维度、材料、技法、风格及发展脉络等方面识别图像的类别；知道图像在学习、生活和工作中的作用与价值，选择、辨析和解读现实生活中的视觉文化现象和信息。

（二）美术表现

美术表现指运用传统与现代媒材、技术和美术语言创造视觉形象。通过本课程的学习，学生能形成空间意识和造型意识；了解并运用传统与现代媒材、技术，结合美术语言，通过观察、想象、构思、表现等过程，创造有意味的视觉形象，表达自己的意图、思想和情感；联系现实生活，结合其他学科知识，自觉运用美术表现能力，解决学习、生活和工作中的问题。

（三）审美判断

审美判断指对美术作品和现实中的审美对象进行感知、评价、判断与表达。

通过本课程的学习，学生能感受和认识美的独特性和多样性，形成基本的审美能力，显示健康的审美趣味；用形式美原理和其他知识对自然、生活和艺术中的审美对象进行感知、描述、分析、评价和判断；通过语言、文字和图像等方式表达自己的审美感受，用美术的方式美化生活和环境。

（四）创意实践

创意实践指由创新意识主导的思维和行为。通过本课程的学习，学生能养成创新意识，学习和借鉴美术作品中的创意和方法，运用形象思维，大胆想象，尝试创作有创意的美术作品。

通过各种方式搜集信息，进行分析、思考和探究，联系现实生活，对物品和环境进行符合实用功能与审美要求的创意构想，并通过草图、模型等予以呈现，与他人交流，不断加以改进和优化。

（五）文化理解

文化理解指从文化的角度观察和理解美术作品、美术现象和观念。

通过本课程的学习，学生能逐渐形成从文化的角度观察和理解美术作品、美术现象和观念的习惯，了解美术与文化的关系；认识中华优秀传统美术的文化内涵及其独特艺术魅力，形成对中华文化的认同感；理解不同国家、地区、民族和时代的美术作品所体现的文化多样性，欣赏外国优秀的美术作品；尊重艺术家、设计师和手工艺者的创造成果和对人类文化的贡献。

三、艺术核心素养与课程标准

艺术核心素养成为了思考艺术课程标准的起点和终点，艺术课程标准必须放在如何形成核心素养的整体中来加以思考。为此，根据艺术学科的知识与技能的掌握和运用是课程标准制定的重要抓手。

第一，知识与技能的获取方式。知识与技能的获取方式是多种多样的，虽然我们不排斥接受性方式，但研究性方式更值得重视。因为在这一过程中，观察、记忆、思考、想象、辨析和批判等能力都得到了锤炼。它们本身就是学科核心素养的重要组成部分。而且，学科核心素养对知识与技能是具有选择性的，因为并非所有的知识与技能都能成为素养的部件。知识与技能如果没有跟情景相结合，没有跟生活相结合，没有跟解决问题的需要相结合，就是死的，而死的知识最终也会被遗忘。我们从小学到大学，学习了那么多所谓系统的知识，最终剩下多少呢？只有跟我们的生活和工作密切相关的才有幸保留下来，参与到我们的生命进程之中，其余的如同我们常说的"全部还给了老师"。[1]

第二，知识与技能的运用方式。这也是核心素养形成的重要途径。《司马光砸缸》的故事大家都耳熟能详，这一故事生动地诠释了知识、技能与素养的关系。其中包含了几个要素：首先，问题情景，即"情急中救人"。其次，包含需要的知识与技能。如人在水中会被淹死、水往低处流、石头等硬物能够将水缸砸破，而且需要在极短的时间之内将石头砸在水缸适当的位置上，并将其砸破，让水流出来。再次，需要良好的心理素质，如沉着、冷静和果断。这一问题情景中解决问题的过程展现的心理品质、知识与技能构成了一个人的素养。综合上述两方面，我们认为知识与技能转化为核心素养的最有效的方式，是在问题情景中选择和运用知识与技能解决问题。

因此，选择和创设问题情境，并引导学生选择和运用知识与技能就成了我们最重要的课程标准。教师首先应该提示学生根据解决问题这一目标去选择知识与技能。

---

[1] 尹少淳：《尹少淳谈美术教育》，人民美术出版社 2016 年版，第 54—58 页。

所谓选择,即判断某种知识与技能对解决问题是否有用。知识与技能的获取方式,有的可以采用教师讲授、演示和示范的方法,也可以鼓励学生采用阅读、查找、相互学习的方法。当然,什么是有用或者无用的知识与技能,并不是一个具有单一答案的问题。相对不同的学生和问题情景,有的有用,有的没用,但关于方法的知识却有极大的用处。其次,知识与技能必须运用到解决问题的情景之中,才会具有生命力,对学科核心素养的形成发挥独特的作用。[①] 因此,美术教师在教学的时候,应该想方设法创设问题情景,让学生调动已有的知识与技能或者学习新的知识与技能,参与到解决问题的过程中来,并在这一过程中通过观察、思考、想象、研究、操作、合作等方式,逐渐地形成核心素养。围绕这一思想,项目驱动法、任务驱动法、合作学习法以及像艺术家那样创作都是不错的选项。但无论哪一种方法,情境、问题、探究、合作都是其中的关键词。

从学科本位、知识本位到育人本位、学生素养发展本位的根本转型,都注重为培养未来高素质的现代公民而努力。由此可见,艺术学科核心素养的提炼,是世界教育发展的趋势,是落实党和国家"立德树人"根本任务的具体体现。

四、艺术学科核心素养与课程实施

艺术学科核心素养如何在艺术课程中实施呢? 这是我校艺术组值得进一步思考和研究的问题。

未来以学科核心素养为本位的艺术教学,其常态可能是主题单元式的。因为对复杂的问题而言,仅一节课是难以应付的。由若干节课构成的单元课程,则能以更大的时空包容深度的问题解决过程。主题决定了问题的范围和取向,让艺术知识、技能的学习与社会性的议题或大概念相关联,从而使艺术知识、技能获得价值和意义。"解决问题"(包括解决艺术和生活中的问题)是艺术学科核心素养本位的艺术教学的核心,而问题需要在特定的生活环境和事件中加以呈现,而构成"问题情境"。要解决"问题情境"中的问题,就需要选择对"解决问题"有用的知识、技能,并运用自主、合作和探究

[①] 张华:《核心素养与我国基础教育课程改革再出发》,《华东师范大学学报(教育科学版)》2016年第 1 期。

等学习方式获取它们。接着,需要运用观察、讨论、思考、试错、实验、描绘、设计、制作和写作等程序和方法解决问题。最后,将解决问题后的成果、设计方案、艺术作品等进行展示与交流,并在此基础上进行反思与评价。

我校艺术教育在基础型教学的基础上开发了适合学生艺术发展的课程,结合艺术学科核心素养的培养目标,形成我校独特的艺术拓展探究型课程。

第二部分 艺术学科课程图谱

我们将艺术学科课程分三部分:艺术感知能力、艺术审美情趣、艺术创意表达。

(一) 艺术感知能力

艺术感知是学生通过多种感官,对生活、文化和科学等情境中艺术形式的感知和体验。学生在各类艺术的节奏、力度、色彩、结构等艺术语言的联觉中,形成艺术通感,探究各类艺术的独特性和关联性。已经开设的课程有:艺术设计(唐鑫澜),素描(王宗良),音乐剧、歌剧赏析(方瓯繁),电影音乐赏析(方瓯繁)。

(二) 艺术审美情趣

审美情趣是学生艺术修养的精神追求,是美感愉悦、优雅气质、生命关怀的心灵建构。学生在艺术与生活、艺术与文化、艺术与科学的情境中,感受艺术魅力,体现生活情趣,追求诗意人生。已经开设的课程有:管乐(沈清怡),弦乐(胡象丽),剪纸艺术(王宗良)。

(三) 艺术创意表达

创意表达侧重于理解想象、表现创造、反思评价等艺术活动。通过艺术与生活、文化、科学紧密相关的个性化艺术创作实践,学生提高创造性思维能力、动手能力与合作能力,并将艺术课程中获得的创意表达能力运用到其他学科和生活领域。已经开设的课程有:动漫设计(唐鑫澜),声乐表演(方瓯繁),合唱(胡象丽),彩铅技法(周佳云),奇妙的相框(周佳云),送你一杯水(王宗良)。

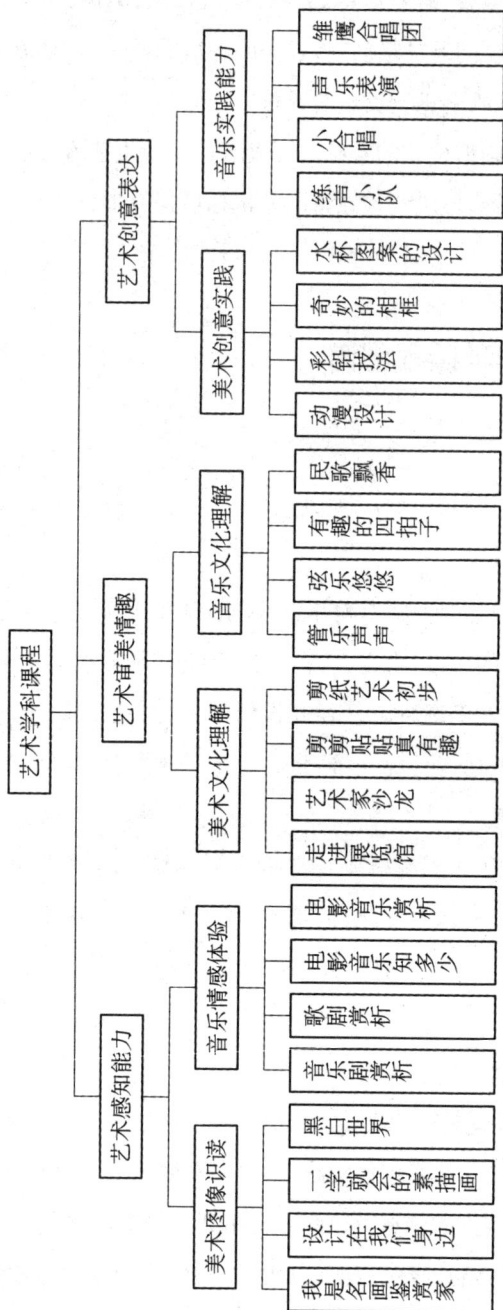

艺术学科课程图谱

艺术学科课程

艺术创意表达

艺术审美情趣

艺术感知能力

音乐实践能力
- 雏鹰合唱团
- 声乐表演
- 小合唱
- 练声小队

美术创意实践
- 水杯图案的设计
- 奇妙的相框
- 彩铅技法
- 动漫设计

音乐文化理解
- 民歌飘香
- 有趣的四拍子
- 弦乐悠悠
- 管乐声声

美术文化理解
- 剪纸艺术初步
- 剪剪贴贴真有趣
- 艺术家沙龙
- 走进展览馆

音乐情感体验
- 电影音乐赏析
- 电影音乐知多少
- 歌剧赏析
- 音乐剧赏析

美术图像识读
- 黑白世界
- 一学就会的素描画
- 设计在我们身边
- 我是名画鉴赏家

学校为课程安排专门的教学时间。拓展课在每周一、四下午第 6、7 节课；探究课在每周五下午第 5 节课；社团课程在每周二、三下午第 8 节课。学生在开学初进行选课。然后，在规定时间实行走班上课。

艺术学科课程实施表

分类\学期	艺术感知能力		艺术审美情趣		艺术创意表达	
	美术图像识读	音乐情感体验	美术文化理解	音乐文化理解	美术创意实践	音乐实践能力
六年级（上）	我是名画鉴赏家	音乐剧赏析	走进展览馆	管乐声声	动漫设计	练声小队
六年级（下）	设计在我们身边	歌剧赏析	艺术家沙龙	弦乐悠悠	彩铅技法	小合唱
七年级（上）	一学就会的素描画	电影音乐知多少	剪剪贴贴真有趣	有趣的四拍子	奇妙的相框	声乐表演
七年级（下）	黑白世界	电影音乐赏析	剪纸艺术初步	民歌飘香	送您一杯水——纸杯图案设计	雏鹰合唱团

（撰写：王宗良　胡象丽）

第三部分　艺术学科课程纲要

我校艺术教育课程品类丰富，从教学形式上可分为：拓展型课程、探究型课程、社团课程、活动类课程等。学科拓展型课程有素描、动漫设计、剪纸艺术、管弦乐、合唱、舞蹈等。学科探究型课程有画框设计、纸杯设计、电影音乐欣赏、歌剧欣赏等。社团课程有彩铅技法、艺术设计、小乐队等。每年 1 月、5 月学校举行的迎新年、艺术节等活动,与各类课程相辅相成,成为各类艺术课程汇报成果的平台。

1　彩铅技法课程纲要

适用年级:六、七年级

❖ 一、课程背景

彩铅画,是一种介于素描和色彩之间的绘画形式。它的独特性在于色彩丰富且细腻,可以表现出较为轻盈、通透的质感。这是其他工具、材料所不能达到的,只有充分利用了彩铅的独特性所表现出来的作品,才算是真正的彩铅画。

本课程的理念:认识色彩、运用色彩、提高审美情趣、锻炼动手能力。彩铅技法课程可以满足学生绘画学习的需要。初中阶段的孩子已经掌握了基本的造型能力,能够打出很好的轮廓,但是对于一幅完整的作品来说,上色是必须的。对于上色,很多学生掌握得不好,不清楚如何去画,用什么颜色,有什么技巧,因此开设此课程能够帮助学生解决绘画中的上色问题,更好地提高学生绘画作品的质量。

另外,彩铅比起其他美术上色工具更适合初中年龄段的学生,由于自身材质,非常适合画出质感和立体感、适合勾勒细节。油画棒色彩鲜艳,但是粗糙,不宜画精细的细节,适合小学;颜料工具复杂,学生携带不方便,且难度较大;彩铅携带方便,价格适中,并且鲜艳细腻,适合初中生的绘画水平。

❖ 二、课程目标

1. 学习基本掌握平涂、渐变、叠加、排线的彩铅涂色方法。

2. 学会用有粗细、疏密、轻重变化的线条,画出细腻、精致的插画作品,体会彩铅画的艺术魅力。

3. 在彩铅画学习的同时,加深对造型、色彩的理解,提高绘画作品的质量及对彩铅作品的欣赏能力。

🔷 三、课程内容

本课程以插画的形式呈现,工具采用彩铅进行。基本技法为平涂和渐变,可结合素描排线的方法来进行塑造。本课程共分 3 个模块,具体内容如下:

模块 1:材料工具的准备与辨识

油性彩铅:介绍彩铅的品牌以及大致分为几色。彩铅有 12、24、36、48、72 色等。对于学生来说,36 色就足够了,48 色最佳,不建议买 72 色以上的,有些颜色十分相近,而且对于学生而言价格偏贵。此外,不同品牌色彩分配比例不同,可根据自己需要选择色号。

水溶彩铅:水溶性彩铅的基础技法(本课程简单介绍水溶彩铅,注要以油性彩铅为主)。

纸张:纸张最好用比较厚的白卡纸或 A4 纸,由于初学,统一用 16 开的小铅画纸。

模块 2:线条画法的学习

画法,彩色铅笔的画法可以体现一个人的耐心与细腻,彩铅的画法有平涂、渐变、叠加、排线。切忌心浮气躁,需要耐心和毅力。排线的时候应该老老实实去排,线条和线条之间要紧凑些,并注意线条的轻重、疏密。本学期主要是学习画法,并运用不同的画法完成作品。

1. 平涂法:平涂的方法最简单,线条直接没有空隙,下笔重一些,色彩尽量鲜艳,注意不要涂到轮廓线之外。

2. 渐变法:渐变能够让画面层次更加丰富,是一种颜色或多种颜色从深到浅或由浅至深的过程。画渐变时,要注意用同类色去渐变,颜色之间差距不能太大,深色涂到浅色,浅色涂到深色,相互融合。

3. 叠加法:先涂浅色再涂深色,一层一层去画,能够增加画面的层次,丰富画面,增强表现力。

4. 排线法：结合素描的排线技巧，注意线条的轻重、间隔、疏密、粗细，线条"两头轻中间重"，并且直而顺。

以上几种方法可以一起用，甚至有其他更多的表现形式。

模块 3：色彩搭配的学习与练习

上色时需要选取合适的颜色进行涂色，但学生往往不清楚如何去选取颜色能够使自己的画面和谐美观。因此这里需要学习三原色、同类色、对比色、色调的知识。

色彩中不能再分解的基本色称之为原色，原色可以合成其他的颜色，而其他颜色却不能还原出本来的色彩。我们通常说的三原色，即红、绿、蓝。

对比色是人的视觉感官所产生的一种生理现象，是视网膜对色彩的平衡作用。指在 24 色相环上相距 120 度到 180 度之间的两种颜色，称为对比色。红绿、黄紫、蓝橙是三大对比色。

同类色指色相性质相同，但色度有深浅之分（是色相环中 15°夹角内的颜色），比如蓝、紫，黄、橙。

色调指的是一幅画中画面色彩的总体倾向，是大的色彩效果。在大自然中，我们经常见到这样一种现象：不同颜色的物体或被笼罩在一片金色的阳光之中，或被笼罩在一片轻纱薄雾似的、淡蓝色的月色之中；或被秋天迷人的金黄色所笼罩；或被统一在冬季银白色的世界之中。这种在不同颜色的物体上，笼罩着某一种色彩，使不同颜色的物体都带有同一色彩倾向，这样的色彩现象就是色调。

色调在冷暖方面分为暖色调与冷色调：红色、橙色、黄色为暖色调，象征着太阳、火焰。紫色、蓝色为冷色调，象征着森林、大海、蓝天。灰色、紫色、白色为中间色调。冷色调的亮度越高，其整体感觉越偏暖，暖色调的亮度越高，其整体感觉越偏冷，冷暖色调也只是相对而言。譬如说，红色系当中，大红与玫红在一起的时候，大红就是暖色，而玫红就被看作是冷色，又如，玫红与紫罗兰同时出现时，玫红就是暖色。

四、课程实施

本课程安排16课时。学习对象：六、七年级彩铅技法社团学生。教学工具：实物投影、电脑PPT、彩铅、铅笔、橡皮。组织形式：25人左右，独立完成作品。课程资源：站酷、花瓣、堆糖网站插画作品以及国内外艺术家的绘本作品。具体实施策略如下：

（一）欣赏彩铅作品

利用课余时间到图书馆、阅览室、书城收集彩铅或插画作品，在网络上收集相关的彩铅网站。将彩铅作品根据教学内容给定的主题汇总。课堂上学生集体展示欣赏收集来的作品，进行探讨研究，为作品打下基础。

（二）观看教学示范

观看教师的示范演示或观看网上的彩铅视频。对彩铅上色的先后顺序、线条的轻重疏密以及上色技法，重点讲解。

（三）临摹彩铅作品

临摹是绘画学习的必要手段。根据教学内容，分章节，分步骤，由易到难，由简单到复杂。

（四）创作彩铅插画

欣赏国内外有创意的插画作品，教师和学生共同讨论，研究出几个创作的主题。如："宠物类"、"蔬果类"、"花卉类"、"动漫类"、"森林系"、"城市类"等。根据作品的难易设计教学的创作时间、创作形式、创作方法等。

（五）作品展示交流

完成作品后进行班内的自评互评，最后在学校展板、大厅中展示作品。学期结束后选出5星优秀团员。

五、课程评价

本课程从构图造型、线条画法、色彩搭配三方面进行，评价结果分为自评部分

20％、互评部分 20％、师评部分 60％。

学习评价表

评价项目	评价标准			评价结果		
	优秀 （5 颗星）	良好 （4 颗星）	合格 （3 颗星）	自评	互评	师评
构图造型	构图是作品中艺术形象的结构配置方法。它是造型艺术表达作品思想内容并获得艺术感染力的重要手段。 构图是否主次分明，主题突出，赏心悦目，并且新颖，有创意。 造型能力强，线条顺畅，型很准。	构图饱满，没有偏大或偏小。没有空洞或太满的感觉。造型基本准确。	构图死板，画得太小或太满。画面每一个物体之前没有联系，将画面分裂。			
线条画法	线条有轻重、疏密，排线流畅，运用自如。并且运用了多种画法，如渐变、叠加。能够运用各种线条表现出事物的质感，如小动物毛茸茸的毛发用短线条表现；建筑则用硬朗的线条表现。	画面生动，能够运用一种画法进行绘画。	不能较好地掌握技法，线条生硬，看不出事物的质感。			
色彩搭配	合理运用对比色、同类色，整幅画面的色调和谐，或冷或暖，或中性。能够传递出画面的情绪，使人感同身受。	色彩搭配合理，不俗气。	没有考虑色彩之间如何搭配，画面杂乱或单一。			

（设计：周佳云）

2　剪剪贴贴学剪纸课程纲要

适合年级：七年级

◈ 一、课程背景

　　剪纸是一种平面的镂空艺术。其载体是纸张、金银箔、树皮、树叶、布、皮、革等片状材料。剪纸课程就是指学生在实践中，通过对现实和精神世界的体验，用剪纸的方式创作出具有学生审美特点的剪纸样式，从而达到认识、继承和研究剪纸一般规律的课程。

　　学生熟悉剪纸艺术的媒材和形式，运用学生的视觉语言，更多地介入信息交流和情感交流，共享人类社会的文化资源，积极参与剪纸艺术的传承，并对剪纸艺术的发展作出自己的贡献。

　　本课程的理念是：继承传统，动手动脑，发展创新。剪纸课程内容与不同年龄阶段的学生的情意和认知特征相适应，以活泼多样情境创设来呈现剪纸教育内容、形式和方式，激发学生学习剪纸的兴趣，并使这种兴趣转化成持久的情感态度，使学生更好地领悟剪纸艺术的独特价值。

◈ 二、课程目标

1. 学习运用剪纸的剪与刻相结合的方法，进行剪纸的创作。
2. 学习传统的剪纸技法，能够在学习传承的同时，有所创新。
3. 观摩剪纸优秀作品及创作过程，提高对剪纸作品的理解、欣赏能力。

◈ 三、课程内容

　　每一种艺术都有自己独特的艺术风格，由于剪纸材料（纸）和所用的工具（剪刀和刻刀)决定了剪纸具有它自己的艺术风格。剪纸艺术是一门"易学"但却"难精"的民间技艺,作者大多出于乡村妇女和民间艺人之手,由于他(她)们以现实生活中的见闻事物作题材,对物象观察,全凭纯朴的感情与直觉的印象为基础,因此形成剪纸艺术浑厚、单纯、简洁、明快的特殊风格。归纳前人和他人的经验,形成师生共同学习和研究的课程,内容共分为以下四个单元。

第一单元:剪纸的剪刻方法

圆点形剪纸:以《小老鼠的眼睛》为例,剪小圆孔时,首先对准圆孔中心空白处轻轻扎一个眼,然后顺着眼往边沿剪,即逆时针方向转360度。线条要流畅圆滑,不留茬口。

月牙形剪纸:以《美丽的公鸡尾巴》为例,"月牙儿"是剪刻时自然产生的各种弧形装饰,它以阴刻为主,主要表现人物的衣纹,或破坏大块黑的面积,根据个同物象的特征形状,可长可短,可宽可窄,可曲可直,能变化出各种不同的。

锯齿形剪纸:以《毛茸茸的毛发》为例,剪锯齿形时,要先剪直线锯齿形,然后剪弧线锯齿形,进一步再练习剪圆形锯齿形,由粗到细,由简单到复杂,最后把锯齿形装饰到各种剪纸画面上。

柳叶形剪纸:以《亭亭玉立——荷花》为例,柳叶形,顾名思义,其形状像柳叶。细长圆润的造型适合用柳叶剪的方法去表现,在制作时也可以考虑改变其构图方式以达到更好的艺术效果。剪时,从中间空白处下剪刀,自右往左剪,要求线条圆滑、简洁。

水滴形剪纸:以《鳞片闪闪大金鱼》为例,"柳叶剪"与"水滴剪"造型比较相似,但还是有其变化。"柳叶剪"形状如柳叶一般,较"水滴剪"而言更加细长,而"水滴剪"形状如水滴,较"柳叶剪"而言更加饱满。因此,两者间应加以区分,并适当运用于剪纸作品中去。

第二单元:剪纸的构图形式

二方连续剪纸:以《美丽的花边》为例,一个或一组单位纹样向上下、左右循环往复、无限延长的连续纹样称为二方连续。一般二方连续纹样呈带状,上下连续称为"纵式",左右连续称为"横式"。

扇面剪纸:以《西湖美景》为列,扇形的构图形式独特,在设计时更要考虑中心重点,远近关系,使得画面有疏有密、张弛有度。

圆形剪纸：以《公鸡剪纸》为例，在圆形的画面上设计安排公鸡的造型，让大家知道怎样的构图适合纹样的变化，要与给定的物体造型相匹配，产生装饰美感。

第三单元：剪纸的阴阳关系

阳刻剪纸：以《猴子》为例，阳刻保留形体造型线条，剪去或刻去线条以外的块面部分。

阴刻剪纸：以《可爱的小猫咪》为例，制作方法与阳刻剪纸相反。所以阴刻剪纸的特征是它的线条不一定是互连的，而作品的整体是块状的。其特点是黑白对比较强烈。

阴阳结合剪纸：以《小兔子》为例，外轮廓用阳剪，内部用阴剪。左手拿纸，右手拿剪刀，先剪内部再剪外部，这样作品不容易在剪刻过程中断裂。根据图形的特点，阴阳剪刻的刀法要统一，用圆润的剪法比较合适。

第四单元：剪纸的折叠方法

二分法剪纸：以《抓鸡娃娃》为例，将正方形的纸对折，画出图案的一半，左手拿纸，右手拿剪刀，剪刀基本不动，纸可以转动。

三分法剪纸：以《小花瓣》为例，为快速准确折纸，我们可以用胶片或卡纸做一个合折器，将正方形的纸平行或对角合折二次后展开，同折叠器60度角尖对齐折纸直角尖，折叠器平行底边对齐折纸底边，将下面折纸沿着折叠器斜边反折到折叠器上面，再将折纸沿着折叠器平行底边反折过去，抽出折叠器，即成三层单元，叫三分法。

五分法剪纸：以《五瓣花》为例，将正方形纸平行或对角合折二次后展开，72度角尖对齐折纸底边，将下面折纸沿着平行底边反折过去，即成五层单元叫五分法。

四、课程实施

课时安排：共需68课时，每周2课时，每课时40分钟，每学年为一个教学周期。上课地点：美术教室。学习对象为六、七年级对剪纸学习感兴趣的学生。班额以不超过30人为宜。课程资源为自编教材《剪纸艺术初步》，其他相关资料。

根据剪纸的创作规律和学生的学习能力认知习惯，由浅入深，层层递进地实施教学。具体实施方法如下：

（一）收集剪纸作品

利用课余时间到图书馆、阅览室、书城收集剪纸作品，在网络上收集相关的剪纸网站。将剪纸作品根据教学内容给定的主题汇总。课堂上学生集体展示欣赏收集来的作品，初步研究剪纸技巧，为下一步深入研究打下基础。

（二）观看教学示范

观看教师的示范演示，邀请社区剪纸高手给同学们表演剪纸技艺，在示范中逐渐将技法与艺术表现融为一体，明确技法是为艺术效果服务的。对剪刻的先后、主次、整体与局部等审美原则进行分类分析，重点讲解。

（三）临摹剪纸作品

剪纸艺术在我国历史悠久，尤其是在广大的民间群众中广为流传，大量的传承让剪纸技法逐渐成熟，形成一定的模式和规范的技巧。所以，学生在学习剪纸中临摹是必要的学习手段。根据教学内容，分章节，分步骤，由易到难，由简单到复杂。

（四）创作剪纸作品

现代生活中的学生，眼前满是可以表现的剪纸题材，经过临摹后，学生将掌握的剪纸基本技巧进行运用，创作学生喜闻乐见的剪纸作品，这个环节中，教师和学生共同讨论，研究出几个创作的主题。如："宠物类"、"蔬果类"、"花卉类"、"动漫类"、"城市风采类"等。根据作品的难易设计教学的创作时间，创作形式，创作方法等。

（五）剪纸作品的展示与交流

剪纸艺术是我国民间艺术宝库中的一块瑰宝，通过剪纸的展示可以让学生建立起民族自豪感。所以当学生设计好作品，我们会通过各种形式对学生的作品进行展示和发表，如：办学期末的剪纸作品汇报展，在校刊上发表，开展艺术节之剪纸比赛，用学生的剪纸作品作为学校的礼物赠送给国际友人和来校访问观摩的老师和学生。在此过程中让学生有成就感。

五、课程评价

根据剪纸作品的刀味纸感、装饰效果、提炼夸张等方面进行积分式的评价，分为三个等级。分别是优秀、良好、合格。具体内容见如下《学生剪纸评价表》：

学生剪纸评价表

评价项目	评价标准			评价结果		
	优秀 （5 颗星）	良好 （4 颗星）	合格 （3 颗星）	自评	互评	师评
刀味纸感	一幅优秀的剪纸应该用剪纸的语言来塑造艺术形象。作品剪切整洁，风格统一，变化丰富，有明确和清晰的刀刻感。作品内容和运用的纸张形式统一。剪纸的剪、切、撕等艺术表现明确。玲珑剔透地运用剪纸的镂空技巧。	1. 有较为明确的剪切痕迹，作品边角剪切整齐，无明显"跑刀"痕迹。 2. 有较为明显的纸张选择和实验意图，纸张和剪刻运用效果较好。	1. 基本剪刻出一幅剪纸作品。边角处理一般，缺少艺术风格和表现方法。 2. 纸张运用随意，缺少设计，与创作内容不搭界。			
装饰效果	一幅优秀的剪纸艺术作品应该强调装饰味，在构图平视、对称、画面均衡、美观大方，线条粗细相宜，色彩鲜明，柔和协调等装饰方面表现突出。能够娴熟地运用剪纸的特有技法（如"月牙"、"锯齿纹"等）。	能够简单运用一些剪纸技法进行装饰性的创作。	不太注重构图平视、对称、线条粗细等方面的装饰效果的运用，作品比较简单呆板。			
提炼夸张	剪纸艺术作品应该强调造型夸张和兼顾影廓的优美，任何物象都存在着一些美和丑的地方，艺术夸张的目的就是强化突出美的因素，缩小和简化丑的因素，经过夸张处理后的画面会使人赏心悦目。能够很好地运用这些理念创作剪纸作品。	对作品的影廓效果设计一般，运用夸张手法效果一般。	作品缺少夸张和设计上的美感。夸张后的作品本末倒置，给人不美的感觉。			

（设计：王宗良）

3 声乐表演课程纲要

适合年级：六、七年级

✦ 一、课程背景

声乐，亦称歌唱艺术。它将艺术化的语言与科学化的歌喉相结合，塑造出鲜明生动、悦耳动听的听觉形象，用来表现语意高度凝炼的歌词（诗或词）以及典型化、情感化的旋律音调和思想感情，并进行二度创作的一门音乐表演艺术。简言之，声乐就是用人声唱出的带有语言的音乐。

美妙的歌声总是能够给人们带来愉悦的心情，它可以抚慰受伤的心灵，缓解紧张的情绪，表达内心的情感。随着社会的发展，生活水平的不断提高，人们逐渐意识到全面发展在人一生中的重要性，同时也清晰地认识到教育不再是死读书，而是要解放学生的思想和意识，更重要的是要加强学生的素质教育。

我校地处联洋社区，学生们的家庭条件大都非常优越，很多孩子从小就学习音乐，尤其是声乐。随时随地想唱就唱，是孩子们快乐的来源。通过歌声能够自由自在地抒发情感，也能从歌声中感受到生活的美好，缓解学习带来的压力，慰藉疲惫的心灵。

本课程的理念是：学习科学的发声方法，体验歌唱的美妙。我们希望通过这门拓展课程的学习，学生能够掌握基本的科学发声方法，提高自身演唱的能力，较轻松地驾驭适合自己的声乐作品。通过比赛不断完善演唱技巧，积累丰富的舞台经验，增强学生的自信心。让美妙的歌声为他们带来美好的情感体验，从而带动他们学习的积极性和主动性。

✦ 二、课程目标

1. 通过学习掌握科学的发声方法，在学习的过程中逐步熟悉自己的声音条件，了解自己声音特点,能够做到根据自己的声音条件和特点调整演唱的方式、方法,并且能够完整地演唱能力范围内的作品。

2. 在对作品创作背景的分析、了解的基础上,能够将自身的情感体验和感悟融进演唱中,能够做到以情带声。

3. 在观摩、欣赏他人演唱时,能够结合对演唱艺术的理解,学习、欣赏他人的演唱技巧、表演风格,在观摩中,不断提高对声乐表演的鉴赏能力,以此提升个人音乐修养。

三、课程内容

本课程围绕声乐表演基本要求、规范展开教学,共分 6 个模块。具体内容如下:

模块 1:呼吸方法

本模块主要通过闻花式、吹灰式、呼气式三种方式来引导、训练学生掌握呼吸方法。闻花式呼吸,找一束百合花放在教室里,让学生闻着香气去找花,基本能够体会到深吸气的状态;吹灰式呼吸,把放在桌子上的纸片吹起来,纸片由薄到厚,基本能够体会到横膈膜力量的运用;呼气式呼吸,轻轻吐气直到体内没有气息了,快速放松,气息自然落入丹田,基本能够体会到如何控制气息。歌唱时的呼吸作为一种艺术手段,既要有一定的音量,又要有一定的力度变化,还要有长时间歌唱的能力,同时要求根据歌曲的需要,或长、或短、或强、或弱、或高、或低地有控制地输送气息。所以歌唱时的呼吸有它特有的一套规律和方法。

模块 2:练声方法

本模块通过母音练唱和音阶练唱来引导、训练学生掌握正确的发声方法。母音练唱,以标准音 a 音为准,发 a、ei、e、o、u,通过反复训练基本达到每个音都唱在同一个声音位置上;音阶练唱,通过 5 度内的上下行音阶、8 度内的跨音训练,基本达到准确地唱清楚每一个音。歌曲演唱中,对声音有所需求的各个技术环节,通过有规律、有步骤地发声训练,可以逐步提高歌唱发声的生理机能,调节各歌唱器官的协作运动,养成良好的歌唱状态,使歌唱发声的技术成为歌唱表现的有力手段,为达到声情并茂的演唱服务。

模块 3：咬字方法

本模块通过字头、字腹、字尾的咬合来引导、训练学生掌握正确的咬字方法。字头,它是由声母组成,都是辅音,在发音时通过上下唇的轻触来完成,轻触的速度要快,如闪电一般,声音基本达到短促、清晰;字腹,由韵母组成基本上是元音、开口音,在发音时张嘴至牙关打开,随后将音延长,进行"母音变形"以求得"腔圆",达到演唱中每一个字的饱满和清晰;字尾,在腔圆的基础上用气息轻轻将其收拢,以达到清晰完整的收音效果。歌唱中,字的三个部分至关重要,字头是出声的部分,要做到清楚有力;字腹是归韵部分,要做到字正腔圆;字尾,要求准确,收音到家,突出字尾在字音中的作用。用形象思维把每一个字都想像成是有形的,通过掺入其他母音成分,并伴随着正确的"声音"感觉,在统一的位置上完成。

模块 4：学唱作品

本模块通过识谱视唱和填词演唱来引导、训练学生学唱作品。视谱视唱,主要从音准、节奏、力度、速度等进行训练,把较难掌握的节奏单独拎出来反复训练,以基本能够达到正确演唱每一个音为标准;填词演唱,在音高的基础上调整好气息,参照模块 3进行训练,以达到同一个声音位置上完成字与字之间的衔接。

模块 5：歌曲的二度创作

本模块通过了解作品背景、自我理解和完整演唱作品来引导学生掌握好歌曲的二度创作。了解作品的创作背景,通过对曲作家和词作家生平的了解,以及作品创作意图的查询,以达到理解曲作家和词作家的创作意图,明白他们所要表达的意境;自我理解,体验生活中的各种情感,结合作品的意境,以达到自己的感悟和体验与作品高度融合;完整演唱作品,在充分理解和融合好作品的基础之上,再把整首作品完整地演唱出来,以达到给自己和听众带来美好的情感体验。

模块 6：声乐表演

本模块通过眼神、身体的动作来训练学生的表演。眼睛是心灵的窗户,通过眼神以达到传递情感的作用。身体是肢体语言,通过一系列动作的设计及训练达到增强歌曲表现力的目的。经过前面几个模块的学习,基本的歌唱技巧已经具备,在此基础之上根据歌曲的意境加上表演,把歌曲完整地呈现出来,形成自己独特的表演风格。

四、课程实施

本课程每周 2 课时，共 30 课时。作为拓展课，针对歌唱具有较强兴趣的学生。采用小班化教学，原则上 15 人左右。场地安排在有钢琴多媒体音乐的教室。具体实施方法如下：

（一）示范法

教学过程中，教师自己范唱歌曲《荔枝情》、《我像雪花天上来》。《荔枝情》是一首欢快活泼的歌曲，在范唱时教师要把轻快的咬字方法放慢速度清晰地让学生感受到。《我像雪花天上来》是一首非常深情的歌曲，在范唱时教师以情带声，让学生感受到饱满的情感能够让高音华彩部分表现得更加深情。教师那美妙动听的歌声充分激发起了学生学习歌唱的浓厚兴趣。在学习过程中，可以请学得最快最好的学生来进行讲解与示范，从而提高学习效率。学生在示范《我们的田野》的时候，科学运用气息，把每一个字都唱得清晰、饱满，将字与字之间自然地衔接起来，做到圆润通畅。教师和学生的现场示范可以让学生更加直观感受到整个声音的状态，更快地找到适合自己的歌唱方法。

（二）展示交流法

学生通过一个阶段的学习，每个人准备一首歌曲，在教室进行演唱，其他学生可以对演唱者进行点评，也可以对他演唱中不满意的地方再次进行演唱。在不断交流中大家可以逐步提升自己的演唱水平。期末的汇报展示，每名同学都要准备好服装，设计好造型，在舞台上进行演唱。这样的展示与交流能够让每个学生充分感受到声乐表演的艺术魅力。

（三）观摩法

学生在学习过程中，教师寻找一些名人名家的演唱视频，《党的女儿》、《运河谣》《木兰诗篇》进行观赏，再找一些声乐教育大家，如金铁霖、孟玲、邹文琴的教学光盘进行观摩学习。通过观摩，学生们开阔了眼界，提高了声乐演唱水平，从而提升自己的音乐修养。

五、课程评价

本门课程的评价采取过程性评价和展示性评价相结合的方式进行。

（一）过程性评价：50%

1. 学生认真参加每次学习，无缺席，满分 20 分。缺一次课扣 2 分。

2. 学生在学习过程中，有明显的进步，并能较好地完成演唱任务，满分 30 分。依照学生个体表现，具体给出相应分数。

（二）展示性评价：50%

在期中、期末分别举行班级歌会，通过演唱完整的声乐作品，展示声乐阶段学习成果。期中展示占 20％，期末展示占 30％。

最后，我们将学习过程评价与展示评价相结合，总分前十名，评为班级"十佳小歌手"。

（设计：方瓯繁）

4 艺术设计课程纲要

适用年级：六、七年级

一、课程背景

工艺美术品制作与设计、环境设计、平面设计、多媒体设计等都是艺术设计的范畴。它的研究内容和服务对象有别于传统的艺术门类，同时艺术设计也是一门综合性极强的学科，它涉及社会、文化、经济、市场、科技等诸多方面的因素，其审美标准也随着这诸多因素的变化而改变。艺术设计的最大的特点就是服务性。是对生活方式的一种创造性的改造，无论是在商业活动中信息传达的应用，还是日常生活行为方式中的应用，艺术设计能让生活变得更有品质，为生活增添光彩。

本课程的设计理念是：艺术走进生活、设计改变生活。

本课程意在让学生了解艺术设计的知识和一般方法，可以运用艺术设计的表现方法设计绘制生活中常用的物件，美化生活，感受艺术设计的情趣，激发学生的设计欲望，提高学生的设计创造能力和审美能力。

二、课程目标

1. 了解艺术设计的一般方法和专业知识，学习运用艺术设计的知识和表现方法独立设计绘制生活中的常用的物件，美化生活，从而感受艺术设计给自己的生活增添的情趣和快乐。

2. 通过欣赏优秀的设计作品和国内外优秀设计师设计的作品，感受优秀作品赋予的灵魂和创意，感受艺术设计带来的无穷魅力。

3. 通过学习艺术设计，培养绘画创造能力、艺术设计的表现能力、设计创造的动手能力以及提升艺术审美能力，激发对艺术设计的浓厚兴趣和设计创造的激情。

三、课程内容

本课程通过讲解艺术设计的一般方法和艺术设计的专业知识，使学生能初步运用艺术设计的知识和表现方法独立设计绘制生活中的常用的物件，不仅促进绘画创造能力、艺术设计的表现能力和相互合作的团队能力的提升，同时也提升学生的艺术审美能力和生活情趣。课程共分为 4 大模块进行。

模块 1：学习艺术设计的专业知识。初步运用专业知识和技法设计绘制作品。

模块 2：认识艺术设计的各种不同的材料和工具以及不同材料的表现方法，初步运用材料和工具设计绘制作品。

模块 3：欣赏国内外优秀艺术设计作品，感受优秀设计作品的魅力。

模块 4：展示学生艺术设计优秀作品，互相欣赏点评。

◈ 四、课程实施

招生对象：热爱艺术设计,有创造表现欲望的六、七年级学生。

学生人数：每班 25 人左右。

教学工具：实物投影、电脑 PPT、各式彩笔、铅笔、橡皮。

课程资源：各大设计网站、国内外优秀设计师设计作品图片、历届优秀学员优秀设计作品等。

实施策略：

(一) 设计学校艺术节的入场券

通过设计学校艺术节的入场券,学生能初步用所学到的设计知识和艺术表现方法来设计学校艺术节的入场券。通过对入场券外型、整体构图、艺术字体以及整体风格和颜色的设计,把设计运用到学生日常的学习和生活中去,激发学生的设计欲望和表现力,提高学生设计的综合运用能力和审美能力。

(二) 设计我喜爱的服装

通过服装设计的课程,学生能初步用所学到的手绘服装的设计表现方法和对各式材料的运用,运用到学生喜爱的春季服装的设计作品中去,彰显个性的同时,也是对其审美意识的提高和各式综合材料运用的动手能力的提升。让他们在初中学年段,接触一些有关服装设计的基础设计,开启他们的设计思路和创意思维,且对其综合审美能力的提升有很大的帮助。

(三) 我家的餐具设计

通过餐具设计的课程,学生不仅认识了各式各样的,不同形状和款式的餐具,也知道了餐具设计的起源和发展,了解了餐具一系列的发展,以及餐具的不同的表现技法和上色的技法。学生通过自己给自己家设计自己喜爱的餐具,提升学生我爱我家的绵绵情意和对艺术设计的浓厚情感,不仅拓宽学生的知识面,也开阔了学生的眼界,让他们感受艺术改变生活的乐趣。

(四) 我喜爱的首饰设计

通过首饰设计的课程,学生不仅了解了首饰的起源和发展,也欣赏了国内外知名的首饰设计师的优秀作品,感受珠宝设计的魅力。在小小的首饰上面凝聚了首饰设计师和手工艺人多少的心血和期望才会使小小的首饰花样别出,精致漂亮。学生通过首饰款式图的绘制和颜色的上色技法和画面材料肌理的表现,自己独立设计绘制创意首饰,不仅提高了绘画造型的表现能力,也激发了学生的设计创造能力和对首饰设计的浓厚兴趣。

(五) 我喜爱的零钱包设计

通过零钱包课程的学习,学生不仅欣赏到许多各式各样的零钱包,知道零钱包各种不同的构造,也了解了零钱包款式图设计的不同表现方法和材料肌理的画法。对于画面肌理的艺术表现,也是需要学生们掌握的一项比较难的手绘技法。学生通过对不同材质的表现技法的研究,学会了多种材料的处理方法(皮质的、绒线的、草编的、塑料的等)。学生也通过本课程的学习,潜意识养成节约和收纳零花钱的好习惯。

(六) 优秀设计作品欣赏和点评

通过本课程的学习,学生可以互相欣赏同学的优秀设计作品和国内外设计大师的作品,通过两种作品的比较分析讨论拓宽学生的视野,增长学生的眼界,也提升了学生设计艺术的审美品味。让他们在优秀作品和大师的作品中吸取灵感和养分,提升对设计作品的灵感和想法,通过对大师作品的深入研究和探索分析,提升作品的艺术表现力和自己的综合审美能力。

五、课程评价

课程评价说明:本课程评价分自评、互评、师评三部分组成。每种评价以 5、4、3 颗星给予评价,总评分的多少决定最后的成绩,50—60 颗星为优秀,40—50 颗星为良好,30—40 颗星为合格,30 以下为不合格。

艺术学科课程设置表

评价项目	评价标准			评价结果		
	优秀 （5颗星）	良好 （4颗星）	合格 （3颗星）	自评	互评	师评
构图	构图合理，大小位置适中，主次分明。	构图较合理，位置较适中，主次较分明。	构图位置不太合理，主次不分明。			
比例造型	物体比例准确、造型生动，作品画面造型感强。	物体比例较准确、造型较生动，作品画面造型感较强。	物体比例不准确、造型不生动，作品画面造型感一般。			
色彩搭配	画面色调和谐统一，色彩搭配合理。合理运用对比色同类色等色彩关系，能够巧妙处理画面的色彩关系。	画面色调较和谐统一，色彩搭配较合理。能够较合理地处理画面色彩关系。	画面色调不和谐统一，色彩搭配不合理。画面色彩关系处理一般。			
创造表现力	作品创造表现力强，设计构思巧妙，有感染力。	作品创造表现力较强，设计构思比较巧妙。	作品创造表现力一般，设计构思一般。			

（设计：唐鑫斓）

第八章 体育学科课程图谱

　　体育学科核心素养作为体育学科培养的重要目标,是以全面发展作为重要指向,以培养终身体育锻炼作为最终目标,以知识、能力、态度作为基础指标,以运动技能、运动兴趣、运动习惯为发展目标。不仅注重学生的运动能力的培养,还注重学生的运动习惯的培养,更注重学生的运动兴趣的培养,使学生在体育教学中培养终身进行体育运动的意识和爱好,从而促进学生的德、智、体、美、劳全面发展。

第一部分　体育学科核心素养

第二部分　体育学科课程图谱

第三部分　体育学科课程纲要

第一部分　体育学科核心素养

一、体育学科核心素养的内涵

一般地说,体育学科核心素养是以身体练习为主要手段,以学习体育与健康知识、技能和方法为主要内容,以增进学生健康,培养学生终身体育意识和能力为主要目标的课程。该课程呈现出"基础性",强调培养学生掌握必要的体育与健康知识、技能和方法,养成体育锻炼习惯和健康生活方式,为终身体育学习和健康生活奠定良好的基础。体育学科核心素养是由体育精神、运动实践、健康促进三大维度构成。从体育学科教学的功能价值体现看,这三个维度都能够在学科教学和学生的多元化培养中得以实现。其中,体育精神,是体育学科所特有的培养目标和学科培养价值体现,也是学生终身发展必备的。运动实践,重点集中在学生运动实践能力的形成上,一旦学生具有了运动实践的能力,不仅终身参与体育锻炼有了重要保障,而且,还能够为学生健康发展打下良好基础。健康促进这个维度,与运动实践相似,也主要集中在能力上,尤其是促进健康的能力。通过体育学科的学习,一旦具备了这种能力,身心健康就有了保障。为此,体育精神、运动实践、健康促进这三个方面缺一不可。如下图[①]:

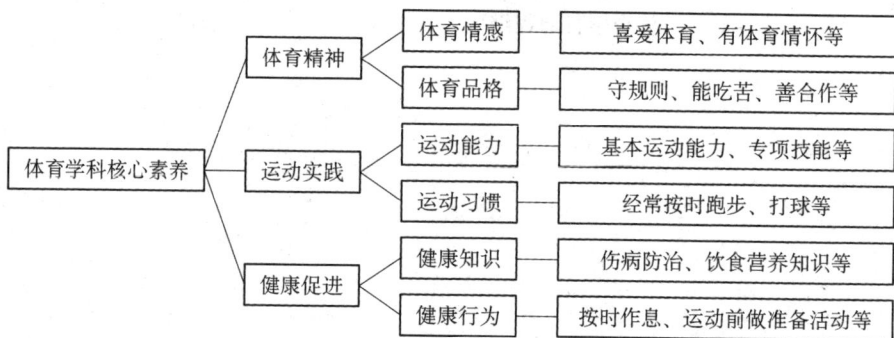

```
                              ┌─ 体育情感 ── 喜爱体育、有体育情怀等
                   ┌─ 体育精神 ─┤
                   │           └─ 体育品格 ── 守规则、能吃苦、善合作等
                   │
                   │           ┌─ 运动能力 ── 基本运动能力、专项技能等
体育学科核心素养 ──┼─ 运动实践 ─┤
                   │           └─ 运动习惯 ── 经常按时跑步、打球等
                   │
                   │           ┌─ 健康知识 ── 伤病防治、饮食营养知识等
                   └─ 健康促进 ─┤
                               └─ 健康行为 ── 按时作息、运动前做准备活动等
```

① 于素梅:《中国学生体育学科核心素养框架体系建构》,《体育学刊》2017 年 7 月第 24 卷第 4 期。

二、体育学科核心素养在初中体育课程中的体现

初中体育与健身学科课程核心素养的三要素始终贯穿于初中体育教学内容中,根据我校一线体育教师教学实践,体育学科核心素养在初中体育课程中的具体体现如下:

1. 体育精神。遵循青少年身心发展和认知的基本规律,科学选择学习内容;采用多种教学组织形式和方法,运用现代信息技术,融合其他学科相关知识,激发学习兴趣,满足健身需要;尊重学生的主体地位、个体差异和生活经验,加强师生、学生之间的互动和情感交流,创设良好的教学氛围。通过接受性学习和与研究性学习的结合,形成自主、合作和探究的学习方式,让全体学生掌握合适自身的体育健身知识、方法和技能。

2. 运动实践。依据动作技能形成和身体锻炼的基本规律,在体育健身实践中,倡导"动则有理、动则有方、动则有度",鼓励学生主动学习;讲究科学健身,关注健身过程,不断探索,勇于创新,寻求体育健身的最近发展区,提高强身健体的实效;指导学生正确评价学业,注重纵向评价,激发学生参加体育健身的积极性,形成终身体育意识、自觉锻炼的行为习惯和能力。

3. 健康促进。充分发挥体育课程教学的主渠道作用,培养团队合作的意识、克服困难的毅力和竞争进取的精神;不断拓宽教育时空,引导学生在参加课内外体育活动和家庭、社会体育实践的过程中,养成良好的体育品质,提高社会适应能力;重视体育文化的学习,提高体育素养和审美能力,弘扬体育人文精神,树立正确的体育价值观,为提高综合素质和生活质量奠定基础。

三、体育学科核心素养与体育课程实施的主要途径

(一) 体育情感与品格的培养

在体育情感和品格中,体育情感主要是围绕激发学生的运动兴趣,促使锻炼身体的自觉性和主动性,养成锻炼身体的习惯。首先需要肯定的是部分学生自发的对体育这门学科的兴趣、热情就很高昂,但是大部分学生而言,需要通过后天培养才能有所体现。兴趣的激发要讲究方法。首先,在中学体育教学中,教师要积极建立和谐良好的

师生环境,在轻松愉悦的氛围中使学生学习和掌握体育知识与技能,这样有利于教学活动的实现教学目标的达成。其次,体育教学内容要根据中学生的身心发展情况与特征来制定,选择符合中学生特点的、适应他们身心成长的体育活动与项目,同时,也要考虑到趣味性和娱乐性,贴近中学生实际,更好地吸引他们的注意力。再次,在体育教学的方法和锻炼的手段上,应该丰富多样化,单一刻板的教学方法不符合体育教育的特征,也容易使学生感到厌倦;体育品格主要倾向于体育精神,如吃苦耐劳、坚持不懈、顽强拼搏等。如体育教师在游戏比赛中对学生进行团结的集体主义教育,使学生树立关心他人,互帮互助的良好意识,学会与他人和睦相处,宽容他人的优秀品质;培养学生遇到困难时候要敢于面对、要坚持不懈,吃苦耐劳的可贵精神,培养学生果断、自信和超越自我的拼搏精神。

(二)运动能力与习惯的培养

在运动能力与习惯中,运动能力主要围绕学生基本运动能力和专项运动能力两个方面培养,如生活中的散步、慢跑、跳跃等基本运动能力以及可以作为终身锻炼或参加比赛的足球、篮球、游泳等运动技能。学生整体的运动能力如何,对教师形成更加有针对性的教学内容和手段将具有重要的参考价值。日常教学过程中,我们发现中学生的日常运动能力差距是很明显的,从身体的各项身体素质来看,一目了然。所以在课程选择以及设计的过程中就需要考虑学生运动能力的差异性,尽可能地选择分层教学和小组互助学习。走进课堂我们也不难发现,在每一节课上教师都会考虑到发展运动能力的具体措施,例如,在跳远课上,采用不同长度、远度以及长远度结合的形式,让学生获得不同层次的成就感以及挑战感。这些提高基本运动能力的练习方式,是经过有意设计并且科学、有计划实施的过程。形式多样,反复练习,其运动能力就能慢慢提高;同时长期练习也有利于学生养成运动习惯。首先,习惯不是一节课、两节课就可以养成的,它是通过一段时间,加上兴趣的刺激,并在业余时间进行加强锻炼所形成的。并且一个人的运动能力和习惯也有相辅相成的联系,学生在篮球上有很强的专项运动能力,他就极有可能将其发展成一生的体育锻炼习惯和爱好。但是这也不是绝对的,如果他只注重一时的运动能力的强弱,而没有坚持锻炼下去,也是无法形成运动习惯,达到终身锻炼的最终目标。可见运动能力与习惯是体育学生核心素养培养中最重要的指标要素,也是终极指标。

(三) 健康知识与行为的培养

在健康知识与行为中,健康知识主要围绕有利于健身的相关知识,比如人体的生理卫生常识、体育的人文知识以及体育锻炼的基本知识。又如实心球投掷时不能侧身进行投掷,要做到全身协调发力,一定要做好收腹动作拉回重心防止犯规等。健康行为指的较多的是有利于促进健康生活或运动中的具体行为。(也可称为健康促进行为)。比如早睡早起,保障优质睡眠,饭后不进行剧烈运动,保障身体器官不受无畏伤害等。通常学生掌握了哪些健康知识,掌握了解的程度如何以及对知识的运用情况都会与他的健康行为相对应。就比如体育课上,教师经常单方面强调安全,但是是否落实具体应该怎么做意义就不一样。准备活动做的是否充分是进行安全运动的前提保障,但是为什么要做准备活动,准备活动的安排和设计理由学生是否了解才是他们最终是否认真对待准备活动的一大关键因素。再比如球类课,很多学生习惯的是累了就把球当凳子坐,如果不小心球滑掉了,是不是就会有安全隐患了呢? 软是排球很轻、很有弹性,学生很喜欢把它们当炮弹一样瞎垫,就会有打到自己或者别人的安全隐患,很有可能导致受伤之类的影响。但是如果老师提前进行引导,进行提醒和教育,学生就会以意识引导行为,进行距离的拉开和合作练习等更安全的方式。所以,体育课上一定要加强安全、健康教育,让学生养成自我保护和保护他人的健康行为。

综上所述,这三个维度应该是密切联系的。任何一个都不直接等于素养,而是素养的某一方面的体现而已。并且在日常体育教学过程中需要不断的渗透,于有形和无形中促进学生体育素养的提高。在学校教育中,体育教育是其重要的组成部分。中学生正处于成长的关键时期,需要强壮、健康的体魄来保障他们的学习和生活[①]。因此,中学体育教育必须顺应时代的潮流,在素质教育思想的引导下,积极转变教育者的教学理念,更新教学内容,创新教学方法,提高学生对于健康知识和行为的进一步认识,使他们养成良好的体育锻炼的习惯,促进他们更好地全面发展。

---

① 上海市教育委员会:《上海市中小学体育与健身课程标准》,上海教育出版社 2002 年版,第 19页。

第二部分　体育学科课程图谱

一、体育学科课程结构

目前,我校体育课程在完成好国家基础课程的基础上,充分发挥学校体育特色项目的优势,聘请专业教练,对足球、乒乓球和排球这3个体育项目,开展专项校本化教学。为培养学生的体育兴趣,为学生的终生体育发展,我们开设了各类拓展课和社团课;为培养学生的团队意识和集体凝聚力,我们还根据学生不同年级,每学期定期举行各类丰富多彩的体育比赛;为培养学生的体育锻炼习惯和养成坚持不懈、顽强拼搏的体育精神,我校每天还进行阳光体育耐力跑活动。这些课程的开设和活动的开展,既丰富了学生的校园生活,又培养了他们的体育精神、运动实践、健康促进三大体育学科核心素养。

目前,除体育基础课程外,我校的体育课程设置如下(见下图所示):

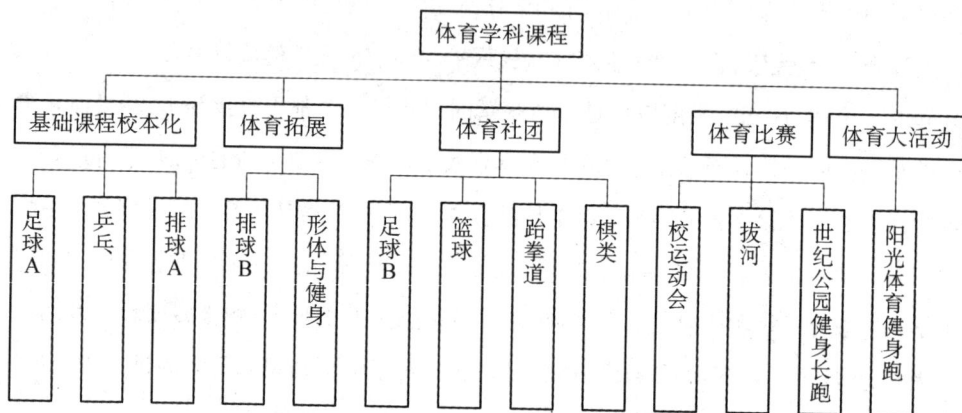

体育学科课程图谱

二、体育课程设置

我校积极贯彻中共中央国务院《关于加强青少年体育增强青少年体质的意见》精神,全面实施素质教育,大力推动学生体育工作的开展,充分落实中学生每天锻炼1小时的精神。除了基础类课程外,我校体育其他类课程见下表:

体育学科课程设置表

分类 学期	基础课程 校本化	体育拓展	体育社团	体育比赛	体育大活动
六年级 (上)	足球A	排球B 形体与健身	足球B、篮球、羽毛球、跆拳道、棋类	校运动会 广播操 拔河 世纪公园健身跑	阳光体育健身跑
六年级 (下)	足球A	排球B 形体与健身	足球B、篮球、羽毛球、跆拳道、棋类	草地排球 足球C	阳光体育健身跑
七年级 (上)	乒乓球A	排球B 形体与健身	足球B、篮球、羽毛球、跆拳道、棋类	校运动会 乒乓球C 拔河 世纪公园健身跑	阳光体育健身跑
七年级 (下)	乒乓球A	排球B 形体与健身	足球B、篮球、羽毛球、跆拳道、棋类	草地排球 足球C	阳光体育健身跑
八年级 (上)	排球A	/	/	校运动会 拔河 世纪公园健身跑	阳光体育健身跑
八年级 (下)	排球A	/	/	草地排球 篮球嘉年华	阳光体育健身跑

续表

学期\分类	基础课程校本化	体育拓展	体育社团	体育比赛	体育大活动
九年级（上）	中考体能与技能	/	/	校运动会 拔河 世纪公园健身跑	/
九年级（下）	中考体能与技能	/	/	/	/

注：排球 A 为排球基础型课程的校本化，排球 B 为排球拓展型课程，排球 C 为排球集体活动类课程。
足球 A 为足球基础型课程的校本化，足球 B 为足球社团活动，足球 C 为足球集体活动类课程。
乒乓球 A 为乒乓球基础型课程的校本化，乒乓球 C 位乒乓球集体活动类课程。

（撰写：周瑜　孙桂华）

第三部分　体育学科课程纲要

体育与健身课程，突出以身体练习为主要手段，关注全体学生身体的生长发育和体能发展，更关注通过对健身项目和运动项目的选择和学习，培养学生体育健身的爱好和运动特长，获得科学健身的方法，养成文明健康的生活方式，具备在不同环境中坚持体育健身的适应能力。以排球、足球、乒乓球等体育项目为引领，以自编操、跆拳道、棋类项目为特色，我校的体育课程显示了一校多品的优势。

1　排球与健身课程纲要

适用年级：六、七、八、九年级

一、课程背景

本课程依据教育部《体育与健康课程标准》的文件精神，在排球课程教学中除了传授基本技术、基本战术和基本知识以外,突出在促进学生身心健康的体育文化素养、终身体育思想和自我锻炼身体的习惯,以及对学生运动情感的熏陶,积极向上、勇于拼搏、团结协作精神等人文素质的培养。不少资料表明:经常参加锻炼的学生其身高、体重、胸围肺活量等各种指标都比一般学生高,说明其生长发育优于一般孩子。锻炼使中学生生长发育良好,也是发展学生身体素质的主要手段,身体素质的强弱也是体质强弱的重要标志之一。力量、耐久力、灵敏、柔韧等身体素质既是体质强弱的内容,又是日后提高运动成绩的基础,在日常工作生活中也有重要作用。此外,锻炼还能提高学生对自然环境冷热变化的适应能力和疾病的抵抗力,经常锻炼的学生上呼吸道感染等疾病的发病率明显降低,这也体现了锻炼对学生体质的增强作用。

本课程的理念是:练好基本功,做排球健身达人。排球项目在我校具有广泛的群众性。排球运动中表现出高度的技巧性、激烈的对抗性、严密的集体性和攻防转换性以及技术的全面性,深受学生的欢迎。因此,排球教学课对学生身心健康、个性化培养、团队精神以及素质教育具有良好作用。我校是上海市排球传统学校,有一支高水平的运动队,而且全校排球项目得到普及做到班班有一支排球队,在由此的基础上开设本课程,建设业余排球队为市区非专业比赛打下基础。

二、课程目标

1. 通过学习初步掌握排球运动的基本姿势,垫球、发球、传球、扣球、拦网等技术动作,基本了解排球运动和简单的战术与规则。

2. 通过模仿、互助学习、强化练习与拓展提高等教学方法,进一步掌握排球的基本技术和技能,提高对抗意识和观赏水平,懂得排球运动的健身功能。

3. 通过课程的学习,延伸排球运动对学习、生活健康所起的积极作用,感受快乐,增强自信心,提高抗挫能力,培养和形成积极向上的心理品质。逐步树立良好的团结合作意识,增强集体观念。

✦ 三、课程内容

本课程基于排球运动基本知识技能的普及，安排了 3 个模块的教学内容，具体如下：

模块 1：排球理论模块。包括排球理论知识、准备姿势与场上站位、简单战术与裁判规则等。

模块 2：排球技能模块。包括垫球技术、传球技术、发球技术、扣球技术、综合技术等。

模块 3：排球体能模块。包括移动素质、弹跳素质、力量素质、耐力素质、身体综合素质等。

✦ 四、课程实施

本课程要求学生人数 30 人左右，组成一个排球队。要求从年级中选择喜欢排球运动、身体素质较好、有一定排球基础的学生。上课时间为每周拓展课时间 2 节课连上。每周 2 课时，一学年约 60 课时。场地排球馆，设备器材需要电脑、音响、投影各一套，排球 50 只。

具体安排如下：

排球与健身课时分配表

模块	课时
模块 1　排球理论知识	1 课时
模块 2　排球运动基本技术	
1. 准备姿势与垫球	4 课时
2. 发球	4 课时

续表

模块	课时
3. 传球	4 课时
4. 扣球	4 课时
5. 拦网	4 课时
模块 3 战术、规则与身体素质	
1. 战术与规则	5 课时
2. 身体素质	4 课时

课程实施方法如下:

(一) 理论讲解,初步感知

在上课前,教师讲解关于排球运动的发展与我校排球运动的发展,让学生对排球有一个初步认知。并且讲解拓展课的注意事项及安全问题,要求学生一定要听从教师的安排,不做危险动作。

(二) 动作示范,模仿体会

上课,主要以教师示范、学生模仿的方式授课,学生熟练掌握基本动作后,可在教师的指导下,自主创编一些简单有效的练习手段、方法,使学生掌握一定的技能,会选择适合自己的健身方式。

(三) 合作交流,加深理解

教师提出问题,要求学生合作交流,解答问题。在解答过程中,教师指导,学生之间展开积极讨论,强化训练,加深对动作技术的理解,同时加强同学之间交流,增强学生处理人际关系、合作学习的能力。

(四) 运用多媒体,观摩欣赏

多媒体技术现在越来越多的运用到课堂教学中,同样,在排球拓展课上也可以借助多媒体进行辅助教学,教师找一些相关的教学资料,在课上与学生共同欣赏,以提高课堂教学效率。

⬡ **五、教学评价**

学生是课堂教学的主体,现在的课程标准要求体育教师在进行课堂教学时应努力激发学生学习兴趣,促使学生积极参与体育运动,让学生充分体验体育学习和体育运动的乐趣的同时,培养学生养成体育锻炼的习惯。

(一) 六、七年级:

评分标准

序号	内容	分值	备注
1	出勤率的统计	15分	
2	个人对墙垫球	20分	
3	对墙发球	20分	
4	"米字"跑	20分	
5	学习排球技术动作情况与态度相结合(师生互评)	15分	
6	附加分	10分	代表学校参加市区比赛同学适当加分
学生小结		教师总结	

(二) 八、九年级:

1. 上手连续自传球。

方法:在 1.0—1.5 米为半径的圈内自传。

要求:传球高度离传球者头部 1.5 米以上,凡不足高度的球不计数。越出界即是失误。

2. 连续对墙传球。

方法:离墙:男生为 2 米、女生为 1.8 米以外。

传球落点,在离地 2.5 米以上,宽为 2 米的范围里。要求:跨进距离线内传球和球越出范围均不计数。

3. 连续做对墙垫球。

方法和要求同对墙垫球。以上三种的考核标准:技评:击球清晰不犯规,动作协调。

标准:用百分制。连续传 10 个为 60 分及格。每多 1 个多 1 分。传 50 个球 100 分。

4. 移动后垫对场抛来的球(10 个球)。

方法:由底线移动至 6 号位区垫对场抛来的球。

要求:用双手垫球,垫起的球要高于网并落在 3 号位 9 m² 范围内。(见左下图)

5. 做二传(10 个球)。

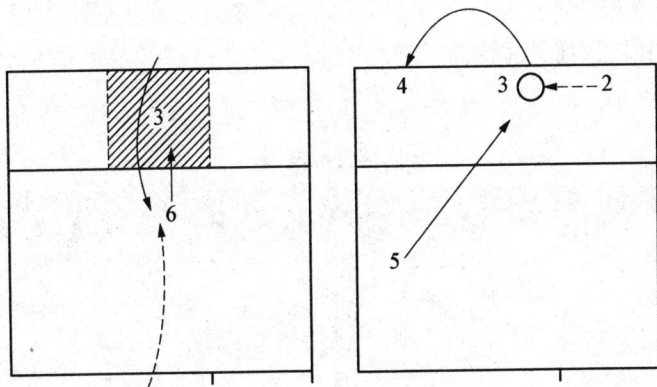

方法:站在偏 2 号位的位置上移动至 3 号位,将从 5 号位抛来的球做二传。

要求:球传至 4 号位,可供扣一般球。球落网上或离中线 2 米以外,太集中、太拉开,过低的球均作失败。(见右上图)

6. 发球(10 个)。

方法:女生正面或侧面下手发球。

167

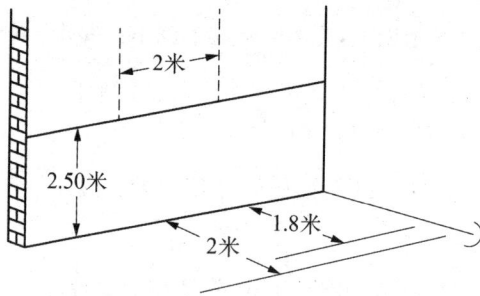

男生：正面下手或上手发球。

要求：发全场球或发左、右半场各五个球。

7. 扣球（10 个球）。

方法：4 号位助跑起跳扣球。

要求：扣一般球。

以上四种考核标准：

技评：动作协调连贯并符合要求。

评分标准

成功数	分数	成功数	分数
1	15	6	80
2	30	7	85
3	45	8	90
4	60	9	95
5	70	10	100

（三）身体素质考核：

用"国家体锻标准"的测验规则和评分表。并请选用 10×4 往返跑，中长跑，立定跳远，掷实心球、引体向上（男）、仰卧起坐（女）五项内容。

（设计：周瑜）

2　形体与健身课程纲要

适用年级：六、七年级

一、课程背景

随着我国经济的发展和社会的进步，人们对于自身综合素质的培养，给予了越来越多的关注。人的美分为内在美和外在美。内在美是美的核心，美的灵魂，它表现了人的思想、道德、情操、作风等最根本和最本质的东西；外在美主要给人在容貌、形体、举止等方面的感觉和印象。只有内在美与外在美的统一，才是真正的、完美的美。形体是人体外在美的重要组成部分，它包括形态美、姿态美和气质美。良好的形体美表现出一个人的青春活力和动人魅力。当然，形体的美不是与生俱来，一成不变的。我校地处上海市高档国际社区——联洋新社区。一流的社区更需要有一流的教育。学校的体育教学是全面提高学生综合素质的重要课堂，在体育课中，开展健身形体教育，组织学生进行形体训练，既丰富了体育课的教学内容，更有助于塑造学生健康美好的形体，培养学生的审美意识，提高学生的审美能力。

本课程的理念是：塑造健美的形体，培养优雅气质。

12—16岁左右的女学生正处于青春发育的最佳时期，因此在形体训练中根据学生的身心发展特点，有目的、有意识、有计划地选择练习内容和练习手段，促使全身的骨骼肌肉得到良好发育，使身体各部位匀称，从而改善形体自然状态的不足；同时根据学生实际情况，有针对性的发展相关的身体素质，提高生理机能水平，以此强健体魄；在进行姿态训练的同时，更要进行气质训练，使学生具有脱俗的气质。通过各种方法的形体训练，可以使她们成为气质高雅、躯干曲线柔和秀美、眼神机灵、充满自信、活泼、开朗的人。

⬡ 二、课程目标

1. 掌握形体训练的基础知识、基本技术与技能。

2. 在训练中,提升身体的协调、柔韧、灵敏、力量等身体素质和对音乐的感受力、理解力和节奏感。

3. 培养高雅的气质和优雅的举止,提高审美能力和团队合作能力。

⬡ 三、课程内容

本课程共 4 个模块,具体内容如下:

模块 1:身体方位和基本站姿。具体内容有:人体的基本方位、身体站立的基本姿态。

模块 2:芭蕾基本动作。具体内容有:芭蕾基本手形、手位、芭蕾基本脚位、擦地、小踢腿、吸腿、"半脚尖"。

模块 3:艺术体操基本动作。具体内容有:基本舞步、常用舞步、手臂和身体的基本动作。

模块 4:健身操。具体内容有:健身操的基本步伐、啦啦队基本动作、系列校园青春健身操的教学。

⬡ 四、课程实施

本课程选课,每班选派 2 名女生,共 24 人一个班。每周拓展课时间 2 节课连上。场地与设备器材:形体房;电脑、音响、投影各一套;啦啦球 50 个。课时分配:六年级第一学期 32 课时,第一学期 32 课时,共 64 课时。七年级第一学期 32 课时,第一学期 32 课时,共 64 课时。

课时分配表

六(上)	六(下)	七(上)	七(下)
模块1：身体方位和基本站姿1课时	模块3：常用舞步：跑跳步2课时	模块4：健身操的基本步法与手位共8课时	模块4：啦啦操基本步法与手位共6课时
模块2：芭蕾基本动作11课时	模块3：常用舞步：波尔卡步6课时	模块4：健身操成套共24课时	模块4：啦啦操成套共26课时
模块3：基本舞步6课时	模块3：常用舞步：华尔兹步10课时		
模块3：手臂和身体的基本动作6课时	成套创编与展示14课时		
模块3：常用舞步：变换步8课时			
共计32课时	共计32课时	共计32课时	共计32课时

课程实施说明：

六年级：本阶段主要是打基础，培养学生良好的坐、立、行姿态。形体训练的基础知识。（主要采用芭蕾基础教学内容，并结合艺术体操的基础内容）

七年级：本阶段主要进行健身操的教学练习。（主要采用系列校园健身操套路）

这两个阶段的教学，动作的难易是循序渐进的，同时一些比较好的常规练习始终贯彻在整个教学过程中的。（如乐感的培养、气质的训练、姿态的训练等）

五、课程评价

(一) 考核与评价的内容及方法

1. 成套动作或基本动作占每学期总分的30%。评定以学生动作完成的正确性、熟练性、身体姿态美感、表现力，音乐节奏感等。（过程性评价和结果性评价相结合）

2. 同学互评占每学期总分的20%。评定以学生动作完成的正确性、熟练性、身体姿态美感、表现力,音乐节奏感等。

3. 自我评价占总分的 20%,评定以学生动作完成的正确性、熟练性、身体姿态美感、表现力,音乐节奏感等。(过程性评价和结果性评价相结合)

4. 发展能力包括学生学习态度与行为、交往与合作精神、进步幅度等方面的评定,占总分 20%。

(二)有关考核与评价的若干规定

1. 评价采用百分制评分,折合成 A、B、C、D、F 等级,每学期评定一次。

2. 学生上课凡迟到或早退,一次扣 1 分,无故缺勤扣 3 分,所扣分数将在期末总分中扣除。

(三)各学期考核与评价项目的分配及分值(见下表)

各学期考核与评价项目分配及分值

项目	学期内容	第一学期 分值	第二学期 分值
教师评价	成套动作和单项动作技能	50	50
学生互评	成套动作和单项动作技能	20	20
自我评价	成套动作和单项动作技能	15	15
发展能力	学习态度与行为、交往与合作精神,进步幅度	15	15
总计		100	100

学生成绩分数和等级

分数	90—100	85—89	82—84	78—81	75—77	71—74	66—70	62—65	60—61	补考及格	59分以下
等级	A	A-	B+	B	B-	C+	C	C-	D	D-	F

(设计:孙桂华)

第九章　思想品德学科课程图谱

　　思想品德学科是一门具有思想性、社会性、实践性、综合性突出的学科。思想品德课应充分发挥独特的育人优势，使学生不仅学到知识，更是由此实现核心能力的提高和核心素养的形成。思想品德课担负引导学生在课堂学习和社会实践活动中获得思想政治基础理论知识的责任，让学生学会理论联系实际的学习方法和辩证思维方法，培养学生观察、分析和处理实际问题的能力，正确做出价值判断和选择的能力，主动参与社会生活的实践能力，培育健全人格，弘扬民族精神，初步树立中国特色社会主义的理想信念，逐步形成正确的世界观、人生观和价值观。

第一部分　思想品德学科核心素养

第二部分　思想品德学科课程图谱

第三部分　思想品德学科课程纲要

第一部分　思想品德学科核心素养

　　思想品德学科是一门具有思想性、社会性、实践性、综合性突出的学科,引导学生在课堂学习和社会实践活动中获得思想政治基础理论知识,学会理论联系实际的学习方法和辩证思维方法,培养观察、分析和处理实际问题的能力,正确做出价值判断和选择的能力,主动参与社会生活的实践能力,培育健全人格,弘扬民族精神,初步树立中国特色社会主义的理想信念,逐步形成正确的世界观、人生观和价值观。因此,思想品德课应充分发挥独特的育人优势,学生不仅学到了知识,更是核心能力的提高和核心素养的形成。

一、思想品德学科核心素养的内核

　　核心素养是学生在接受相应学段的教育过程中,逐步形成的适应个人终身发展和社会发展需要的必备品格与关键能力。[1] 核心素养并不是与生俱来的,是可培养的、可塑造的、可维持的,它可以通过各教育阶段的课程设计与教学适时加以培养。作为一门以育人为主旨的学科,思想品德课可以帮助学生形成良好的心理和道德品质,养成遵纪守法和文明礼貌的行为习惯,增强爱国主义、集体主义思想情感,逐步树立中国特色社会主义共同理想,从而为学生形成正确的"三观"奠定基础。

　　一般地说,[2]思想品德学科基本的核心素养主要包括国家认同、道德认知、法治意识、公共参与、自我管理。因此,为充分发挥学科的育人功能,在教学过程中,培育思想品德学科核心素养则成为推进课程改革与建设的指导思想。

---

[1] 林崇德著:《21世纪学生发展核心素养研究》,北京师范大学出版社2016年版。
[2] 刘红梅:《中学政治学科核心素养的培育》,《中学政治教学参考》2015年11期。

（一）国家认同

国家认同就是人们对其存在其中的国家的认可与服从，其反映的是人与国家的基本关系，包括价值认同与政治认同两个方面。价值认同就是能够对本国、本民族具有强烈的情感认同和心理归属，表现为对本国的核心价值、主流价值的认同。政治认同就是对本国当前的社会制度和意识形态的认可和赞同，其中包括对国家的发展目标、发展道路和现行根本制度的认同。具体来说，初中学生作为中国公民，要热爱祖国，忠于祖国，要有中国立场、中国情怀，自觉维护国家尊严和利益，增强民族自尊心、自信心和自豪感，能以中国公民的身份自觉遵纪守法维护社会秩序，了解中国的国情，理解和自觉拥护国家的路线方针政策。如在《党的基本路线》的教学中，对于党的基本路线的核心内容，不仅要让学生理解掌握，还得引导学生理解坚持党的基本路线的必要性，从而认同我国的社会主义制度，认同自己作为社会主义国家的国民身份。

（二）道德认知

道德认知是主体对社会道德现象的认识、知觉、体会、理解、把握，从而内化为自身的价值观、信念、理想。[①] 所以，道德认知是自觉、自省、自主、自律的过程。道德认知能够有效地增进道德修养，提升道德境界，加强道德信念。道德理想、道德信念、道德修养能够在一定条件下转化为道德行为的动机，直接触发主体的道德行为。当前社会经历着社会经济、思想文化、价值取向的广泛变革，社会生活呈现出前所未有的复杂性和多样性，中学生面临更多的利益与道德的冲突。思想品德课作为学校教育体系中唯一系统性、理论性的道德教育课程，需要帮助学生澄清头脑中存在的文化、道德、价值的混乱，形成正确的道德认知，对现实进行理性反思，从而形成科学的价值观和坚定的道德信念，使学生更有效地融入到社会的道德规范体系中去。

（三）法治意识

法治意识就是人们对法律的认可、尊重和遵从，其实质就是确立法律至上和依法治国的理念。对初中学生需要加强纪律教育和法治教育，引导学生认真学习法律知

---

① 窦炎国：《论道德认知》，《西北师大学报（社会科学版）》2004年11月第41卷第6期。

识,自觉树立法治观念,强化规则意识和秩序意识,积极行使法律赋予自己的权利,自觉履行法律规定的义务,学会运用法律武器保护自己的合法权益,能够促进初中生依法自律,养成自觉遵纪守法的良好习惯,预防和减少中学生违法犯罪现象,促进中学生身心健康发展。

(四)公共参与

公共参与重在处理好自我与他人、社会(自然)、国家、世界的关系,养成现代公民所必须遵守和履行的道德规范,促进个人价值实现,推动社会进步,成为有责任担当的人。① 培育"公共参与"核心素养,是促使初中生个体适应社会和实现个人价值的根本保证。

(五)自我管理

自我管理是个体有意识、有目的地对自己的思想、道德、行为进行转化、控制和管理的能力。即个体能够充分了解自己的性格特征、心理状况、学习状况,寻找自身的优势和劣势,扬长避短;能懂得控制自己的情绪,懂得自我约束,自行纠正偏差行为,从而使思想和行为有利于目标的实现,有利于他人和社会的自律活动。自我管理的核心在于能够科学管理自己的学习、生活和人生,重在认识和发现自我价值、发掘自身潜力、促进自我精神、确立适应社会发展要求的自我发展目标,使个人行为符合社会规范要求,符合法律和道德要求,自觉适应环境、适应社会,促进个人社会化发展。

教育是一种慢的艺术,是一种等待的艺术。学生核心素养的培养不是一朝一夕,一堂课就能解决的事情。学科核心素养的培育,应该是植根于学科的核心素养,是关注学生基础素质培育的素质和能力要求。作为思想品德课的教师需要积极投入到新一轮的课程改革,逐步改变原有的课堂教学模式,关注课堂生态,不断渗透学科核心素养的理念,探索出一条适合当下社会环境的培养教育方式。

思想品德学科核心素养与思想品德课程的目标和内容直接相关,对于理解思想品

---

① 郭淑琴:《思想品德课程与学生发展核心素养之间的关系》,《中学政治教学参考》2016 年第 7 期。

德学科本质,设计思想品德学科教学,以及开展思想品德学科评价等有着重要的意义和价值。

二、思想品德学科核心素养与思想品德课程建设

《义务教育思想品德课程标准(2011 年版)》指出:为适应初中学生的成长需要,思想品德课程融合道德、心理健康、法律、国情等相关内容,旨在促进初中学生道德品质、健康心理、法律意识和公民意识的进一步发展,形成乐观向上的生活态度,逐步树立正确的世界观、人生观和价值观。①

《初中思想品德课程标准》核心素养中着重强调了法律与规则意识、伦理道德、健康素养、沟通与交流能力,这与思想品德课程四大教学内容——道德教育、心理健康教育、法律教育、国情教育有较高的契合度,只是国家认同素养的提及次数稍显欠缺。法律与规则意识素养,与贯彻落实中共中央全面依法治国战略布局,进一步加强青少年法治教育的需要是保持一致。

《课程总目标》的陈述,依然着眼于"知识与技能"、"过程与方法"、"情感态度与价值观",但通过两个思路进行整合:一是通过实践活动进行整合;二是通过学习过程进行整合,通过活动与过程达成目标,而不是只讲内容与结果,从而体现了学科核心素养改革的意义所在。

具体目标以核心素养为框架,即"国家认同"、"道德认知"、"法治意识"、"公共参与"、"自我管理",内容上相互交融,逻辑上相互依存,构成一个有机的整体。"国家认同"决定了学生的成长方向,是"道德认知"、"法治意识"、"公共参与"、"自我管理"的共同标识,"道德认知"是达成国家认同,形成法治意识,实现公共参与的主观性要求。

总的来说,从三维目标到核心素养的整合就是:在国家认同上,要培养一个有立场、有理想的中国公民;在道德认知方面,培养有思想、有理智的中国公民;在法治意识方面培养有自尊、守规则的中国公民;在公共参与方面培养有责任、有担当的中国公

---

① 中华人民共和国教育部:《义务教育思想品德课程标准(2011 年版)》北京师范大学出版社 2012 版。

民；在自我管理方面，培养有约束、有成长的中国公民。

尽管现行的《初中思想品德课程标准》使用的时间不长，但以学生发展核心素养的视角来审视，有些方面亟待调整。新的《初中思想品德课程标准》在培养学生核心素养方面，应特别注重以下三点考虑：

1. 整体上，注重核心素养培养的全面性中国学生发展核心素养的总体框架以培养"全面发展的人"为核心，包括文化基础、自主发展、社会参与三个方面，这三个方面在学生的发展过程中，作为一个有机整体发挥作用。初中思想品德作为学校道德教育和人格养成的重要基石，理应承担起全面培养学生核心素养的责任，其课程标准建设也必须重视体现所有的核心素养。

2. 横向上，注重义务教育学科之间核心素养培养的整合性核心素养为学生发展提供基础性的引擎与动力，高于单一的学科知识，是综合性、跨学科的。"核心素养将学生视为完整的生命个体，关注个体成长所需的必备素质和核心能力，试图通过各学科协同的'共同作用'，让学生成长"①。因此，基于核心素养的思想品德课程标准建构应十分注重与义务教育阶段其他各学科之间的横向整合与协调，既要增加本学科相关素养培养的权重，又要克服学科本位的不良倾向，注重各学科共同承担的综合素养的培养，如创新与创造力、计划组织与实施、问题解决能力、生涯发展与规划、冲突解决能力、反思能力等，让学科间核心素养的渗透与融合落到实处。对义务教育乃至整个基础教育阶段都十分重视的工具性素养，如学习素养、科学素养、语言素养和实践素养，在初中思想品德课程标准中也应提高到足够的位次。

3. 纵向上，注重初高中教育阶段核心素养培养的衔接性初中思想品德与高中思想政治具有非常相近的课程性质，都是对中学生进行现代公民基本素养和思想品德教育的德育课程，承担着共同的德育任务。虽然二者是分阶段进行的，各自培养的学科核心素养不尽相同，但是它们又是一个相对完整的教育过程，相互之间是连续的、顺畅的、贯通的。因此，初中思想品德与高中思想政治关于核心素养的培养要充分考虑到学生身心发展的承续性和学科内容的衔接性，不能出现因相互之间的跨度过大而导致

---

① 李晓东：《学科核心素养的"通"与"同"》，《中国教育报》2016 年 5 月 25 日第 9 版。

衔接上存在一些障碍,甚至是某种程度上的割裂。对于高中思想政治重点培养的核心素养,如学习素养、问题解决能力、科学素养、价值观和公民意识等,在初中思想品德课程标准中不仅要有所提及,还要提高关注度,提高培养的要求,打好相应的基础,以确保初中学生对未来高中思想政治课程学习的适应性。

三、思想品德学科核心素养与思想品德课堂教学

(一) 巧设问题情境,培育学生观察社会问题的能力

观察社会问题的能力是提升初中学生思想品德学科核心素养的重要途径。其中,观察能力不但是一种目的性强和计划性强的知觉能力,更是学生对现实问题的一种感性认识。我们将这种思维称之为"思维的直觉"。但是这种思维直觉并不是学生与生俱来的,而是需要老师在日常教学过程中应用合理的方法进行指导。然而由于思维起源于疑惑,所以这是一个不断提问、不断解答和不断提升的过程。因此,老师在初中思想品德课程教学过程中应合理创设问题情境,充分激发学生的求知欲望,从而促使学生能够更加全面认真观察生活,深入体验社会。[1]

(二) 借助多媒体教学,让思想品德课堂充满生趣

多媒体教学设备具有图文并茂、声色俱全的特点,所以将多媒体教学设备合理融入到初中思想品德课程的教学过程,能够在一定程度上改变传统单一的教学模式,充分激发学生的学习兴趣,让他们能够将注意力始终集中在课堂教学中。因此,老师在初中思想品德课程的实际教学过程,应立足于学生的生活体验,着眼于学生在今后社会发展过程中的需求,合理选择思想品德课程的教学素材。这样将学校生活、家庭生活、社会生活灵活融入到视频素材中,能够更好地为初中思想品德课程教学服务,全面提升学生的核心素养。

(三) 创新课堂教学方法,强化学生理性思维

初中思想品德课程的教学内容中涉及的道德要求、法治要求、小康社会的概念和生命的价值等内容,如果学生缺乏对这些概念知识的直观认识,而只是一味地将书本

---

[1] 李琴:《利用红色文化推进大学生思想政治教育研究》,山西大学出版社 2013 年版。

中的知识告知学生,则很容易让学生对课堂学习失去兴趣,严重影响学生对思想品德课程知识点的认识,制约学生核心素养的培养。通过应用良好的教学方法,能够充分调动学生的自主探究欲望,最大限度提高初中思想品德学科的教学水平,有效增强学生的核心素养。

(四)重视教学评价,发展学生核心能力

课堂教学评价不仅仅是学生在学习中的重要指挥棒,更是老师创新教学方法的一种重要依据。因此,在初中思想品德学科的教学过程中,为了更好地培养学生的核心素养,便需要老师重视学生在思想品德课程学习中的综合性评价,评价的内容应该由单方面的学习成绩评价转向对学生学习结果和学习过程的评价。然而,评价机制必须全面细致,不但应该评价学生对知识的掌握情况,而且还需要深入了解学生在日常学习中的道德行为;评价方法则主要由传统的终结性评价向过程性形成评价转变。全面了解学生在长时间学习过程中对思想品德知识的掌握程度,以及学生核心素养的培养情况,充分利用多元化学习方法,设计科学教学步骤,能够引导学生逐步形成正确的道德观念,促使学生逐步增强自身的核心素养。

第二部分　思想品德学科课程图谱

思想品德课程以社会主义核心价值体系为导向,旨在促进初中学生正确思想观念和良好道德品质的形成和发展,为使学生成为有理想、有道德、有文化、有纪律的社会主义合格公民奠定基础。

一、思想品德学科课程结构

初中思想品德课以初中学生逐步扩展的生活为基础,以学生成长过程中需要处理的关系为线索,有机整合道德、心理健康、法律、国情等方面的内容,进行科学设计。

初中学生逐步扩展的生活,尤其是处在青春期的初中学生的身心发展特点是思想品德课程设计的基础,课程从学生的生活实际出发,直面他们成长中遇到的问题,满足他们发展的需要。初中阶段的学生需要进一步学习正确处理自我、与他人和集体,以及与国家和社会的关系。这三组重要关系依次构成了本课程的三大内容板块。每一内容板块中均涉及道德、心理健康、法律和国情等方面。

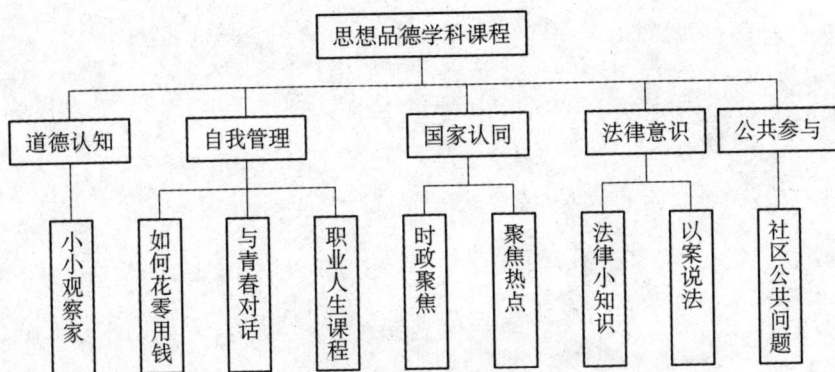

思想品德学科课程图谱

二、思想品德学科课程设置

在初中四年的学习中,各学段每个年级都设置思想品德课程。由于思想品德核心素养、核心能力的培养在学生不同的年龄段中的侧重点有所不同,因此,我校各年级思想品德拓展课程安排如下:

在六、七年级安排了《小小观察家》、《学做理财小能手》、《与青春对话》、《时政聚焦》、《法律小知识》、《社区公共问题》等课程和"牢记历史、勿忘初心"小报、"中学生时政竞赛"等综合实践活动。

对于八、九年级学生,设置《与青春对话》、《职业人生课程》、《以案说法》等课程和"牢记历史、勿忘初心"小报、"中学生时政竞赛"等综合实践活动。

我们将以核心素养为纲,在明确课程价值定位的基础上,在现有课程的基础上不断完善学校课程的系统设计。

除了基础类课程外,我校的思想品德课程设置如下表所示:

思想品德学科课程设置表

学期＼分类	道德认知	自我管理	国家认同	法治意识	公共参与
六年级（上）	《小小观察家》	《学做理财小能手》	《时政聚焦》	《法律小知识》	
六年级（下）	《小小观察家》	《学做理财小能手》	《时政聚焦》	《法律小知识》	
七年级（上）			《时政聚焦》		《社区公共问题》
七年级（下）		《与青春对话》	《时政聚焦》		《社区公共问题》
八年级（上）		《与青春对话》	《时政聚焦》	《以案说法》	
八年级（下）		《职业人生课程》	《时政聚焦》	《以案说法》	
九年级（上）		《职业人生课程》	《时政聚焦》		
九年级（下）			《时政聚焦》		

（撰写：王婷　周燕）

第三部分　思想品德学科课程纲要

在使用好教材的基础上，根据我校课程发展情况，我们开发了系列思想品德拓展课程和思想品德探究课程，和基础课程互相渗透、互为补充、多向融合，旨在更好地满足我校学生的需求，用来作为原有教材的补充，更好地贴合我校学生的实际，更好地贴合我校的办学理念：为每名学生的卓越发展服务。

1　时政聚焦课程纲要

适合年级：六、七、八、九年级

一、课程背景

　　根据《上海市普通高中学生综合素质评价方案（试行）》精神，上海市中学生时政大赛被纳入学生综合素质评价体系的学科类竞赛项目中，每年上半年都会举行上海市中学生时政大赛，学生获奖结果将记入"上海市普通高中学生综合素质纪实报告"。为了提高我校学生在时政大赛中取得好成绩，每次比赛前都会给参赛学生进行培训，关注一年来国家在政治、经济、国防、外交、科技、文化、教育、体育等各方面取得的重大成就；关注国际的热点问题，并积极思考，提高分析问题的能力；关注上海日新月异的城市变化，以催人奋进的上海精神激励我们的成长。

　　本课程的理念是：胸怀家国，放眼世界。通过课程教学，学生逐步树立中国特色社会主义的道路自信、理论自信、制度自信，自觉将个人理想与祖国发展紧密联系，自觉将社会主义核心价值观内化为自身精神追求，坚定理想信念，拓宽视野胸怀。

二、课程目标

1. 积极关注民生，心系天下，充分认清我们国情与当代世界格局，增强自爱国情感；
2. 深化对当今焦点问题的认识；
3. 增强自身的辩证分析能力、语言表达能力以及分析问题解决问题的能力。

三、课程内容

　　本课程共 6 个模块，具体内容如下：

模块 1：国际时事

具体内容涉及一年内发生的国际热点问题，背景资料、相关链接和时事扫描。

模块 2：国内时事

具体内容涉及一年内发生的国内新闻，背景资料、相关链接和时事扫描。

模块 3：关注上海

具体内容涉及一年内发生的上海日新月异的城市变化。

模块 4：法律·道德

具体内容涉及一年内新的法律的立法背景、背景资料和第一现场。

模块 5：科技·军事

具体内容涉及一年内我国的科技进步和军事实力，热点话题。

模块 6：文化·体育

具体内容涉及一年内我国的文化教育和体育的时事新闻及相关背景和人物。

四、课程实施

课时安排为每周 1 课时，教学场地可利用有多媒体的班级教室。教学工具和手段为多媒体课件、视频资料、互联网等。实施方法如下：

（一）课前时政演讲（随堂交流）

1. 启发讲授。各任课教师在各自任课班级介绍时政演讲活动，即在课堂上让学生用五分钟左右的时间，以演讲的方式向全班学生和课任教师发布新近发生的国际国内重大时政事件，或社会关注的热点、焦点问题，要求演讲的学生简明扼要地交代事件的背景情节，以及给我们什么启示，或有什么影响和作用，并运用所学知识适当加以评述。

2. 资料收集。每位同学在老师的启发宣传后收集并整理相关资料，并制作 PPT。

3. 课堂交流。

（二）时政小报展评（年级展评）

1. 启发讲授。各任课教师在各自任课班级介绍本课题由来，鼓励学生胸怀家国，放眼世界。

2. 资料收集并整理。每名同学在老师的启发宣传后收集并整理相关资料。

3. 汇总与交流互评。每名同学制作"聚焦热点,点亮梦想"小报,教师汇总并互相交流,评选优秀小报。

(三) 时政达人赛(全校、全区竞赛)

1. 宣传与动员。各任课教师在各自任课班级介绍时政达人赛的意义,鼓励学生要多关注当下的时政热点,积极参加比赛。

2. 资料收集准备。每名同学在老师的宣传动员后收集并整理相关资料,并认真复习。

3. 教师辅导。分析上海市中学生时政大赛初赛试卷、简答题解题思路。

五、课程评价

(一) 时政演讲评价

从六个方面进行评价,考评按照自评、互评、指导教师评价相结合的原则进行,权重比例为 2∶3∶5,最后形成综合评定等级。

评分内容	评价要求	评分区间	得分
1. 演讲材料	① 内容能紧紧围绕近期的国际国内重大时事热点,能体现时代感,材料真实,观点鲜明正确。 ② 新闻数量至少要有 2 个。	20 分～40 分	
2. ppt 制作	内容清晰、色彩对比鲜明、背景与文字搭配合理。	10 分～20 分	
3. 语言表达	语音规范,吐字清晰,演讲表达准确、流畅、自然。语速恰当,语气、语调自然、严肃,能熟练表达所演讲的内容。	5 分～10 分	

续表

评分内容	评价要求	评分区间	得分
4. 仪表形象	衣着整洁,仪态端庄大方,举止自然、得体,体现朝气蓬勃的精神风貌。	5分~10分	
5. 时间掌握度	要求在5分钟之内完成演讲。	5分~10分	
6. 演讲效果	演讲具有较强的吸引力、感染力和号召力,台下同学能营造良好的演讲效果。	5分~10分	
总分合计			

说明:

因态度不认真或自己的疏忽,导致演讲没能按时进行,可以提供下一周再演讲的机会,但机会只有一次,且不耽误下周演讲同学的正常顺序,评分起分从满分100分降至80分。

(二)时政小报评价

从四个方面进行评价,考评按照自评、互评、指导教师评价相结合的原则进行,权重比例为2:3:5,最后形成综合评定等级。

评价类目	参照标准	评价分数
主题和内容(30分)	资料翔实,主题突出,资料丰富,切合当前形势。	
手段和方法(20分)	所用的手段和方法符合内容需要,面向全体同学。	
语言(20分)	语言文明,条理清楚。	
作品美感度(20分)	作品美工(文字编排、图片的修饰、背景的选取等)。	
总评分		评价等第:

说明:学生评价等级分为优、良、合格与待合格四级。80分及以上为优秀,70—79分为良好,60—69分为合格,60分以下为待合格。

(三)时政达人赛评价

通过参加校、区及市的比赛来作评价。

1. 校初赛,本校组织比赛时间是每年 2 月—3 月,以《当代学生》杂志增刊——《上海市中学生时政知识大赛专辑》为初赛材料,初赛成绩由各年级政治教师负责统计、汇总。

2. 区复赛,结合校初赛比赛成绩,从各年级中选拔 12 人参加区复赛。

3. 市决赛,在区赛复赛基础上,区按照参加复赛人数 10% 比例,选送参加市决赛。

(设计:周燕)

2 学做理财小能手课程纲要

适合年级:六、七年级

一、课程背景

我们学校的学生大多来自联洋国际社区,家庭条件大都不差,作为父母也很疼自己的宝贝儿女,孩子们大多都可以拿到不菲的零花钱。这就造成相当一部分学生手中有了钱,就大把大把地乱花,由此带来许多不良行为习惯,如为了玩电脑游戏会买很多的游戏点卡充值;买一些生活奢侈品,男生经常会邀请自己的"兄弟"吃饭,而女生通常会送自己的"姐妹"小礼物;这些都是他们拿了自己父母的血汗钱,作为"人情"花在不该花的地方。

本课程的理念是:学会理财,绿色消费。随着人们的生活水平不断提高,尤其是一些个体工商业者家庭收入剧增,金钱代替了对孩子的教育。独生子女家庭,往往又是"缺什么也不能缺了孩子的花用"。再加上市场上的商品为了促销,不断迎合孩子的心理。这对学生良好行为习惯的形成和学校、班级的管理带来很大的负面影响。

上述不良消费倾向的存在,严重影响了学生的学习和良好道德品质的形成。所以学生不良消费心理问题,是我们亟待探究解决的实际问题。为了规范学生的消费行为,正确引导消费方向,更好地为学生的健康成长服务。本活动设计着重引导学生根据家庭经济条件实际情况,学会记账,有计划地合理使用零花钱。并养成理智、求实的消费心态和有节制使用零花钱的心态。

二、课程目标

1. 学会运用调查表，了解自己及同学们的零花钱使用情况。

2. 通过这门课程，认识自己手中零花钱，学会理财，养成良好生活习惯。

3. 通过这门课程，能感受到父母工作的辛苦，从而增强合理使用零花钱的意识。

三、课程内容

本课程以学会理财、绿色消费主题，分4大模块，具体内容如下：

模块1：发动学生、制作调查问卷，具体内容包括：让学生初步认识探究课的意义和方法；提出本次探究的主题；让学生了解本次探究活动的大致过程；制作问卷调查的要点。

模块2：收集资料，确定小课题，具体内容包括：指导学生如何选择有利用价值的资料；指导学生确立小课题。

模块3：进行资料整合，完成探究报告，具体内容包括：教师提供辅助探究材料；指导学生如何进行资料的有效整合。

模块4：探究报告交流与评价，具体内容包括：组织学生进行探究报告（PPT）的交流；对每一组的探究报告（PPT）进行点评；总结本次探究活动的成果。

四、课程实施

本课程总计10课时。以自主学习教师提供的探究资料以及网上资料，并与团队小组成员合作开展主题探究（题目自拟），通过系列的实践活动，最终以PPT方式呈现和交流，完成本课程的实施。

第一阶段：发动学生、制作调查问卷。

1. 自由分组（每组6—8位同学），并给自己小组起一个响亮的名字。

2. 小组合作制作调查问卷。

3. 完成同学互评。

第二阶段：收集资料，确定小课题。

1. 学生把收集所得的资料进行讨论、汇总得出自己下一步探究的主要方向：

组一：用图表表示零花钱的来源和数额，并对此数据进行分析。

组二：把做的调查用图表学生零花钱的主要用途和对零花钱的态度。

组三：用图表表示零花钱最应该花在哪儿，是否为父母花过零花钱。并对此数据进行分析。

组四：组员都应记录好每天的零花钱使用情况；组长负责督促检查自己和组员的记录情况；记账感言。

组五：收集资料了解乱花零用钱的危害。

2. 完成同学互评

阶段学习案例分析：我们分了三组是做调查活动的，有一个组是在学校范围内调查，还有一个组是出乎我的意料，他们利用周末的时间到大拇指广场去做调查，这个组得到的数据是最多的，最后调查结果也是最为全面的。第三组就不尽如人意了，调查范围很小，且最后没有得出什么调查结果，只是草草在网上搜索了一些材料应付了事。所以从三组学生对探究活动的热情来看，最后所收到的成效也是不一的。

第三阶段：进行资料整合，完成探究报告。

1. 上网查询资料

组1：做一些个人访谈，访谈个别学生或家长给孩子的零花钱的来源和数额，做好记录。从网上找一些关于现代中学生零花钱方面的信息，可以找各大城市的数据。

组2：在网上找资料，展示一些国家或者一些城市的中学生，把零花钱主要花在了哪里？

组3：在网上找资料，父亲节、母亲节，父母生日以及自己的长辈都可以用自己的零花钱孝敬父母。

组4：零花钱该怎么花？学会理财。

组5：在网上找资料，世界各国对零花钱的处理方法。

2. 小组合作完成探究活动报告(PPT)

3. 完成同学互评

第四阶段：探究报告交流与评价。

1. 每一小组派两名代表上台交流探究报告(PPT)

2. 完成学生自评

3. 完成同学互评

4. 评出最佳互动报告和最佳组员

阶段学习案例分析：探究环节中，有一个组是做记账活动。这个组的成果展示是出乎意料的好，每个组员都展示了自己一周或者一个月等的记账情况，并且还附加自己记账后的感言，这个活动应该是对他们来说印象深刻，而且对未来也会颇有帮助，帮助他们学会预算零用钱，合理支配好零用钱。

五、课程评价

1. 考评按照自评、互评、指导教师评价相结合的原则进行，最后形成综合评定等级。其中，自评权重为 20%，互评权重为 30%，指导教师评价权重为 50%。

2. 学生评价等级分为优、良、合格与待合格四级。80 分及以上为优秀，70—79 分为良好，60—69 分为合格，60 分以下为待合格。

学生自评项目

项目	经常	有时	很少
1. 你是否对本课题的探究一直感到很有兴趣？			
2. 你是否每次都准时参加小组活动？			
3. 你是否主动参与小组讨论，并给出自己的意见？			
4. 你是否主动承担小组工作，并取得成果？			
5. 通过本次小组探究活动，你是否掌握了探究学习的方法和技巧？			
6. 你在本次探究学习中是否获益不少？			

同学互评

互评内容	方式
1. 小组成员合作是否愉快？	每一次主题活动结束后，小组成员集体讨论，用描述性评价方式对以上内容进行评价。
2. 你们在活动中遇到哪些困难或问题？	
3. 你们是怎样合作克服困难的？	
4. 你们认为下次活动还应从哪些方面加以改进？	

（设计：周燕）

第十章　历史学科课程图谱

　　作为人文学科中重要的一门学科,唯物史观、时空观念、史料实证、历史解释、家国情怀是历史学科的五大核心素养。历史课程从历史唯物主义出发,明确历史教育的核心指导思想,在学习生活中,利用校园、社会、网络等多方面资源,创设历史学习情境,开展专题探究,引导学生客观地理解历史,通过构建历史思维能力,融入家国情怀,拓宽国际视野,探索实现多元化评价体系。

　　　　第一部分　历史学科核心素养
　　　　第二部分　历史学科课程图谱
　　　　第三部分　历史学科课程纲要

第一部分　历史学科核心素养

2016 年 9 月 13 日,教育部发布《中国学生发展核心素养》,以"培养全面发展的人"为核心,分为文化基础、自主发展、社会参与三个方面。综合表现为人文底蕴、科学精神、学会学习、健康生活、责任担当、实践创新六大素养,具体细化为国家认同等 18 个基本要点。遵循"坚持科学性、注重时代性、强化民族性"的原则。

核心素养是党和国家的教育方针的具体化,是连接宏观教育理念、培养目标与具体教育教学实践的中间环节。教育方针通过核心素养这一桥梁,可以转化为教育教学实践可用的、教育工作者易于理解的具体要求,明确学生应具备的必备品格和关键能力,从中观层面深入回答"立什么德、树什么人"的根本问题,引领课程改革和育人模式变革。

一、历史学科核心素养的内涵

历史学科核心素养是学生在学习历史过程中逐步形成的具有历史学科特征的思维品质和关键能力时历史知识、能力和方法、情感态度和价值观等方面的综合表现,《普通高中历史课程标准(2017 版)》①将历史学科核心素养具体分为以下五个方面:核心理论(唯物史观)、核心思维(时空观念)、核心方法(史料实证)、核心能力(历史解释)、核心价值观(家国情怀)。

唯物史观:是揭示人类社会历史客观基础及发展规律的科学历史观和方法论,是学习和探究历史的核心理论和指导思想。如:了解唯物史观的基本观点和方法,理解唯物史观是科学的历史观,能够正确认识人类历史发展的总趋势,能够将唯物史观与运用于历史的学习与探究中,并将唯物史观作为认识和解决现实问题的指导思想。

时空观念:在特定时间和空间中对事物进行观察、分析的意识和思维方式,是了

---

① 中华人民共和国教育部:《普通高中历史课程标准(2017 年版)》,人民教育出版社 2017 版,第 4、5 页。

解历史和理解的基础,是认识历史所必备的重要观念。如:知道特定的史实是与特定的时间和空间相联系的。能够在不同时空框架下理解历史上的变化与延续、统一与多样、局部与整体,并据此对史实做出合理解释。特别是在认识现实社会时,能够将认识的对象置于具体的时空条件下进行考察。

史料实证:指对获取的史料进行辨析,并运用可信史料努力重现历史真实的态度与方法,是学习历史和认识历史所必备的思维品质,是理解和揭示历史的关键能力与方法。如:能够知道史料是通向历史认识的桥梁,了解史料的多种类型,掌握搜集史料的途径与方法。能够通过对史料的辨析和对史料作者意图的认知,能够从史料中提取有效信息,作为历史叙述的可靠证据,并据此提出自己的历史认识。

历史解释:是指以史料为依据,对历史事物进行理性分析和客观评判的态度、能力和方法,是在形成历史理解与认识的基础上叙述历史的能力,是检验学生的历史观和历史知识、能力与方法等方面发展水平的主要指标。如能够客观论述历史事件、历史人物和历史现象,有理有据地表达自己的看法,面对现实社会与生活中的问题,能够尝试以全面、客观、辩证、发展的眼光加以看待和评判。

家国情怀:是学习和探究历史应具有的社会责任和人文追求,体现了对国家富强、人民幸福的情感,以及对国家的高度认同感、归属感、责任感和使命感,是学习历史和认识历史在思想、观念、情感、态度等方面的重要体现,是实现历史教育育人功能的重要标志。如:对祖国的认同感,以爱国主义为核心的民族精神,对中华民族发展历程和中华民族优秀传统文化的认同感,充满民族自信心和自豪感,对世界多元文明的存在及发展的认同感,拓展国际视野,积极地人生态度和健全的人格,正确地认识历史与现实。

二、历史学科核心素养实施之途径

(一)明确将唯物史观作为历史教育教学的指导思想

《全日制义务教育历史课程标准》(2011 年版)[①](以下简称《课标》)"前言"指出:历史课程是人文社会科学中的一门基础课程,对学生的全面发展和终身发展有着重要

---

① 中华人民共和国教育部:《义务教育历史课程标准(2011 年版)》,北京师范大学出版社 2012 年版。

的意义。义务教育阶段的历史课程，是在唯物史观的指导下，弘扬以爱国主义为核心的民族精神和以改革创新为核心的时代精神，传承人类文明的优秀传统，使学生了解和认识人类社会的发展历程，更好地认识当代中国和当今世界。

因此，《课标》明确指出了必须以唯物史观为主，对人类历史的发展进行科学、正确的阐释，客观分析历史人物、历史事件和历史现象，对历史问题进行实事求是的解释和评述。这里的客观分析，就是遵循通常意义上的"论从史出、史论结合"原则。其一，符合核心素养的第一条坚持科学性的原则。其二，落实"唯物史观、时空观念、史料实证、历史解释、家国情怀"五个方面的培养。

不同于文学重审美，数学重逻辑，哲学重思辨，历史学科最突出的就是它的时空性。唯物史观认为人类社会是一个连续不断发展的过程，必须联系历史来观察和分析问题。所以在义务制教育的初中阶段，需要在教师引导下了解历史事件发生的时代，尽可能通过各种手段和资源，获取历史信息，如文献材料、历史遗址、图片、文学作品等，不仅学会观察历史信息，更需要注重材料的来源与立场，认识历史材料对历史解释的作用。如在沪教版教材中，七年级上第四课《商周文化的瑰宝》一课中，以"青铜器"一目为例，通过计算制作的工匠人数，引导学生理解青铜器作为商代文化瑰宝的理由，通过对"利簋"上文字的解读，理解青铜器在中国历史发展史的重要作用。引导学生站在历史的角度，科学地评价。

（二）在自主学习、合作探究下完善历史课堂设计

无论是基础型课程，还是拓展、探究型课程，还是综合实践课程，我们在教学实践中，倡导在学生自主学习的基础上，合作探究，形成观点。教师在课堂设计中，常常利用创设情境的方法，在具体目标指引下，能够通过分析、理解、归纳等策略达成目标的空间学习环境，它具有一定的针对性、启发性、新颖性、趣味性、互动性。创设问题情境能够激发学生探究问题和解决问题的积极性和创造性的思维活动，真正促进学生变被动学习为主动学习，由"学会"向"会学"的学习方式转变，是实现培养与发展学生核心素养的有效手段。在教学实践中，首先要认准"问题情境"这个切入点，创设形式多样的问题情境，挖掘学生的潜能，以提高学生对问题探究的内驱力，培养学生的求异思维和创新精神。

仍以基础型课程为例，我们创设的情境是"穿越式的体验"，引导学生理解绘画作品《清明上河图》也是一个非常重要的史料，通过自主浏览"清明上河动态图"，引导学生以一个画中人的视角，观察并描绘当时城市里的居民的衣食住行，体验北宋年间开封的风土人情以及城市风貌。并在学生自主学习的基础上，倡导小组合作探究，结合前朝历史，感悟历史时代的变迁，进一步加强历史理解。

三、探索历史核心素养多元的评价体系

《课标》中指出：教学评价的主要目的是全面了解学生学习历史的过程和结果，激励学生学习，促进学生的学业进步和全面发展。对学生的历史学习进行评价，是历史课程实施的重要环节。在一线的教学实践中，义务教育阶段的历史课程，属于考查科目，不少学生在学习的时候受大环境的负面影响，对历史学习重视程度很一般，更有甚者完全忽视学习。他们的认知误区是：学习历史等于背历史人物名字、历史事件名称及发生年代；自我评价等同于最后一次考试的成绩；忽视平时的课堂教学中参与课堂的过程；学习历史没有什么用，评价是什么无所谓。

历史价值观的核心素养，要求学生能够从对历史真实和历史意义的追求中凝练出来一定的价值取向，我们认为这是落实核心素养的落脚点。而价值观的取得不仅仅依靠学习而得，更重要的是需要在长期的实践中体悟。因此培养学生的历史实践能力对学生至关重要。在评价这个环节中，要将这个重点牢牢抓住，既符合"核心素养"培养的科学性，又通过过程评价符合了时代性原则。为促进学生的全面发展，教师要建构一种多元的评价模式：评价目标的多元化、评价主体的多元化、评价方式的多元化和评价标准的多元化。面对现今教学中存在的学生的认知误区，要注重学生对历史的感知、理解、探究等方面的发展变化，发现并鼓励学生在学习过程中的进步。只要是实事求是、言之有理的观点，作为教师都应该予以鼓励并肯定，并及时记录在册，作为过程性的评价的一个重要手段，引导学生通过学习、参与课堂并逐渐明白，学习历史并不是所谓的死记硬背，也无需记住这些枯燥乏味的内容。只有教师坚持了正确的思想导向和价值标准，尊重学生的个性表现，关注和把握学生在情感、态度以及观点、信念上的变化与发展的趋向，从实践中感悟民族精神。

核心素养不是先天遗传,而是经过后天教育习得的。因此,它是可学习、可培养、可塑造、可测评的。就历史学科而言,初高中阶段均有不同范畴的学习,因此我们认为,核心素养的培养也需根据学生的心理认知水平,逐步养成,也许核心素养的五个方面在初中阶段无法全部养成,或者在教学实践中无法均衡实现这五个核心素养,但是,以学生核心素养推进教育改革与发展已成为当今世界教育领域的潮流。我国提出的核心素养体系,这既是实现从知识本位到学生素养发展本位的转型,也是"育人文化"的理性回归。因此,在把握好核心素养原则和内涵的基础上,有效学习并实践好《课标》是每一位一线历史教师的职责所在。

第二部分 历史学科课程图谱

基于上述历史学科素养和课程目标,我们学校历史教师认识到:初中学生历史核心素养,要求学生运用历史学习的基本方法了解历史核心知识,学会运用时空观念和史料实证的方法正确认识历史,树立"史由证来,论从史出"的证据意识,从历史唯物主义和辩证唯物主义的基本立场、观点和方法客观地理解历史,构建历史思维能力,融入家国情怀,拓宽国际视野,形成积极健康的人格和人生态度,从历史的发展中把握现实中的社会现象。

一、历史学科课程结构

上海二期课改明确提出,上海市十二年一贯制普通中小学课程体系由基础型课程、拓展型课程和研究型课程组成,而研究型课程在九年义务教育阶段成为探究型课程。以此为指导,在充分使用上海市历史学科教材的基础上,以学生核心素养为目标,结合我校课程发展情况和学生生源特点,我们学校对历史学科课程结构进行了设计和开发,形成了以基础型课程为主体,拓展型课程、探究型课程和学生活动实践型课程为补充的多样化课程结构,其中基础型课程为国家统一课程,后三种课程都是对基础型课程的有效补充、深化、完善。

基础型课程为全体学生的必修课程,学生通过教材系统学习中国历史和世界历史,知道历史上重要的历史事件、历史人物和历史现象,了解人类历史发展的历程,学会学习历史的基本方法,形成初步的证据意识,促进学生基本素质的养成。

拓展型课程设计的出发点是为了满足学生的个性化学习要求,由基础型课程延伸的学科课程内容组成,力求激发和发展学生对历史学科的兴趣爱好,因此在选择课题时,要从学生的生活、社会热点及社会现象中寻找契机,找到学生的兴趣点。

探究型课程面向全体学生,是在学生对历史学科内容有了基本的学习,掌握了历史学科基本的学习方法的基础之上开展的,对学生的学习能力提出了更高层次的要求,重点培养学生能够运用研究性学习方式,提升如何发现问题和解决问题的能力,以及学生独立学习与合作学习的能力。学生自己从生活、兴趣和社会热点出发,选择探究主题,开展探究活动。

学生活动实践课程也是面向全体学生开设的,结合教材内容确定活动主题,运用电子设备或是手工操作的方式开展,我们做得比较多的是电子小报和手工小报的制作比赛、征文和讲故事比赛、演讲比赛。

基础型课程以外,我校的历史学科课程结构见下图所示:

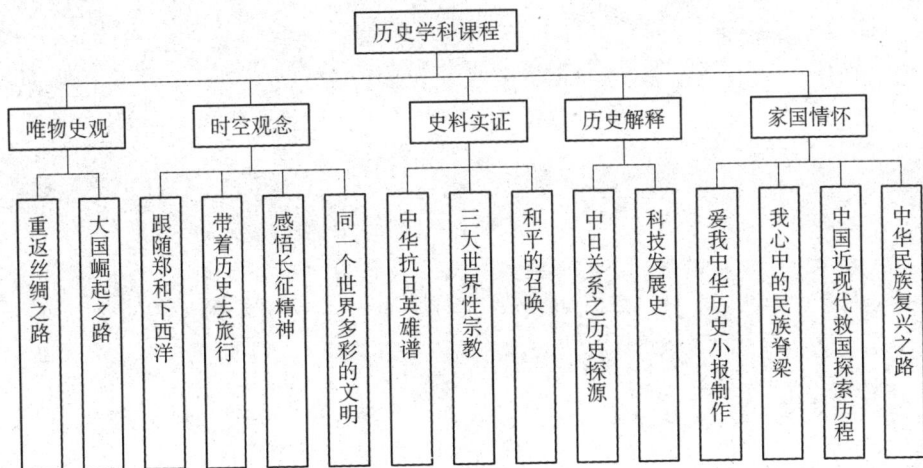

历史学科课程图谱

二、历史学科课程设置

历史学科课程的设置以初中历史教材为依据,坚持做到以学生为本,充分考虑学生的年龄特点、智力水平和心理特征。以此更好地满足我校学生的学习需求,更好地实践我校"为每位学生的卓越发展服务"的办学理念。上述课程中有一部分课程已经初步开发,并在实践中不断积累经验加以完善;还有一部分课程的开发正在进行中,在今后的教学工作中,我们将继续以核心素养为目标,在明确课程价值定位的基础上,不断修订学校课程系统的设计,以期丰富我们的课程资源。

初中历史教学安排在七、八年级两年进行,除了基础类课程外,结合历史核心素养在学生不同的年龄段中的侧重点的不同,我校的历史课程设置见下表所示:

历史学科课程设置表

学期 \ 分类	唯物史观	时空观念	史料实证	历史解释	家国情怀
七年级（上）	重返丝绸之路	跟随郑和下西洋			爱我中华历史小报制作
		带着历史去旅行			我心中的民族脊梁
七年级（下）		感悟长征精神	中华抗日英雄谱		中国近现代救国探索历程
					中华民族复兴之路
八年级（上）	大国崛起之路	同一个世界多彩的文明	三大世界性宗教	中日关系之历史探源	
八年级（下）			和平的召唤	科技发展史	

（撰写：师伟　唐凌炎）

第三部分　历史学科课程纲要

　　围绕学生核心素养的培养,结合我校的教学资源和校情、学情,历史课程开发形成基础型课程、拓展型课程、探究型课程、活动实践型课程多位一体的课程结构。既有对历史知识的系统学习,同时也满足了学生个性化的学习需求。内容丰富、形式多样的历史课程,帮助学生学会学习历史的基本方法,同时也提升了学生对历史学科的兴趣,促进学生基本素质的养成。

1　同一个世界,多彩的文明课程纲要

适用年级:八年级

◈　一、课程背景

　　世界各地的文明是多样共存的,不同文明之间的对话、交流、融合,汇成了人类文明奔流不息的长河。多元文明虽然存在着差异,但却没有优劣之分,各种文明都包含有人类发展进步所积淀的共同理念、共同追求,都以自己独特的方式为全人类文明进步做出了积极贡献,对人类社会的历史和现实产生了深远的影响。在多样中求同一,在差异中求和谐,在交流中求发展,是人类应有的文明观。

　　历史学科既是弘扬和培育民族精神的主阵地,同时又是了解世界多元文明的一个窗口。本课程结合八年级第一学期第一单元的教学内容和国际理解教育读本第三部分"文明的见证"中"多样的文明"而展开,教材中世界古代的主要区域文明的内容,正好与国际理解教育读本中多样的文明中的相关内容契合。结合当今世界上文明融合与冲突的具体事例,如何从历史的角度来看待多元文明的存在?学生对此充满了探究

的兴趣,也具备探究的空间。

对于初中学生来说"国际理解教育"首先强调的是对民族精神的弘扬和培育,其次强调的是国际胸怀与视野。经过七年级一年中国历史的学习,学生已经对中华文明的产生、发展,以及文明的成就和特征有了初步的认识,也初步掌握了一些历史学科的学习方法,初步具备了进行探究型学习的条件。

因此,本课程具备了运用探究课的形式开展教学的条件。学生可以在教师的指导下,尝试通过独立学习与合作学习的学习方式,学会自己去发现、提出问题和解决问题。

本课程的理念是:合作探究多元文明。为学生创设开放、和谐、民主的氛围中,通过自主、合作的方式探究世界文明形成的多样性,形成正确的文明观。

二、课程目标

1. 初步了解各区域文明诞生的环境,知道各区域文明的主要文明成就及特点,明了各区域文明对世界文明发展做出的贡献。

2. 通过自主学习与小组合作学习的尝试,初步掌握查找历史资料的途径,筛选、归纳和总结资料的方法,以及运用PPT演示文稿的方式进行归纳总结的交流方式,培养独立思考能力,逐步树立合作意识,提升语言表达能力。

3. 初步尝试运用研究性方式来学习历史,基本掌握其步骤和方法,逐步树立正确的文明观,科学地看待今天的世界。

三、课程内容

本课程围绕古代世界文明的多样性展开,按照地理分布共分为4个模块,具体内容如下:

模块1:亚洲古文明探究

探究内容包括古代中国文明、古印度文明、古西亚文明,从三个亚洲古代区域文明产生的地理环境、经济特点、政治制度和文明成就四个方面进行梳理,感受大河文明的共同特征及对世界文明做出的贡献。探究为什么说黄河是中华民族的母亲河? 印度种姓制度的前世与今生如何? 佛教产生于印度传播于世界,为什么后来在本土却又衰落下去了? 解读石柱上的法典,犹太教与犹太人的命运等,走进耶路撒冷等。

模块 2:欧洲古文明探究

探究内容包括古希腊文明、古罗马文明,从两个欧洲古代区域文明产生的地理环境、经济特点、政治制度和文明成就四个方面进行梳理,感受海洋文明的特征及对世界文明做出的贡献,探究"迷宫"和"米诺牛"的神奇之处在哪里? 伯里克利与雅典民主政治的鼎盛,奥林匹亚运动会的由来,"狼孩"的传说与罗马的命名,屋大维为什么不称帝,他与凯撒的区别在哪里? 罗马大竞技场背后的故事等。

模块 3:非洲古文明探究

探究内容包括古埃及文明、西非、南非古文明,从三个非洲古代区域文明产生的地理环境、经济特点、政治制度和文明成就四个方面进行梳理,感受具有非洲特色的古代文明及对世界文明做出的贡献,探究金字塔的内部构造与象征意义,埃及人的来世观念及表现,穆萨金光闪闪的黄金之行,大津巴布韦遗址的神秘。

模块 4:美洲古文明探究

探究内容包括玛雅文化、阿兹特克文化和印加文化,从三个美洲古代区域文明产生的地理环境、经济特点、政治制度和文明成就四个方面进行梳理,感受独具特色的印第安人文化,探究印第安人名称的由来,玛雅文化在非常繁荣之后衰弱下去的原因,玛雅金字塔型建筑与埃及金字塔的区别、印加人的山地文化。

❖ 四、课程实施

本课程总计 9 课时。场地安排:尽量选择多媒体教室,每组学生围坐在一起,便于合作学习和讨论的开展。教学形式:主要采用阅读与讨论、实践体验与展示分享并存的综合实践模式。具体实施如下:

（一）阅读讨论法

教师提供阅读材料，并结合材料介绍世界文明多样性的涵义与基本内容；给出世界文明冲突与文明融合的几个小例子，让学生思考，提出课题；测试一下同学们对世界文明多样性的理解，从而激发学生探究的兴趣。学生讨论，选择探究方向。

（二）分组探究法

教师指导学生成立探究小组。根据探究课题，结合教材预设小课题，按照"组内同质、组间异质"的原则进行分组，原则上以 5—6 人为一组，学生选举组长，确定本组探究小课题。教师说明本次探究课程的任务及方法。探究任务，即采用小组合作的形式，能够围绕探究课题，通过查阅资料等探究方法，经过材料收集、筛选、分类、整理等探究活动，对人类古代区域文明的文明成就进行探究，完成 PPT 演示文稿的制作，并进行交流。探究方法：采用资料收集、归纳比较等方法。探究小组组长以探究任务为依据，结合组员的兴趣爱好与能力特点，按照自愿申报与推荐的原则，与组员共同完成组内任务分工，确定具体探究内容和小组探究计划。

（三）材料搜集与汇总法

教师督促小组组长关注组员的探究过程，小组组长督促组员按照分工安排完成各项探究任务，教师深入各个探究小组，了解并指导学生对材料的搜集和汇总。

1. 材料的搜集与梳理

（1）教师提供材料搜集途径和材料筛选与梳理的原则与方法。

（2）各组组长按照小组探究计划，各组围绕小课题，收集并梳理资料。通过搜索网络和查阅书籍，收集包括文字、图片和视频资料在内的相关资料。组长负责组织探究活动，及时发现资料搜集和梳理过程中的出现的问题，与组员商讨共同解决或寻求教师的帮助予以解决，其中文字资料的梳理是指导的重点。

2. 材料汇总

（1）教师提出资料汇总的原则和具体要求（材料突出主题，表达全面、准确，文字不宜过多）指导学生将搜集、梳理的相关资料进行初步汇总。

（2）探究小组组长按照探究任务，组织学生交流材料汇总的情况，了解汇总过程中出现的问题及解决的办法；探究小组对搜集的资料进行初步筛选并汇总，组长负责审核，并对材料进行整理，形成子课题初稿。

（3）教师指导并补充完善。教师将各组搜集的资料与同学们交流，引领学生共同发现在探究的过程中遇到的问题，通过讨论的方式，发挥组员的积极性，共同探讨解决的办法。

（四）成果汇报法

由探究小组组长负责汇集小组成员的探究成果，组织组员将本组内搜集、整理并进行初步汇总的材料再次进行分析、诊断，小组成员根据诊断，补充、完善探究成果，提出子课题的论点，形成比较完整的课题相关材料包。教师提出本次探究活动成果汇报的形式要求为 PPT 演示文稿，PPT 制作具体要求为：版面图文并茂、主题突出、整体美观协调，排版合理，字体颜色和大小设置适当等。探究小组组长组织组员完成子课题交流的 PPT 演示文稿制作，教师深入各个探究小组，了解学生出现的问题，提供方向性的指导。组长负责组织小组成员共同确定成果汇报的发言人、确定展示方式，为成果汇报的交流做好准备。

教师提出成果汇报交流的要求。要求交流者语言表达清晰、准确、流畅；仪态自然大方；观点鲜明、材料丰富；PPT 演示文稿制作效果好；与观众学生互动良好。要求观众学生认真聆听、思考和互动，懂得欣赏。各个探究小组按照抽签顺序进行交流。关注观众学生倾听交流中的反应，为下次探究准备资料。教师对汇报交流情况进行总结点评。

◈ 五、课程评价

本课程采用了两种评价方式，侧重于过程性评价。教师和学生根据整个探究过程中自己的表现，进行组内自评和教师评价，组内自评以等第方式呈现，教师评价采用积分制和等第相结合的评价方法，旨在对学生的探究活动给予客观的评价，具体评价指标参见附表。

"同一个世界,多彩的文明"探究活动组内自评表

项目	经常	有时	很少
1. 你是否对本课题的研究一直感到很有兴趣?			
2. 你是否每次都准时参加小组活动?			
3. 你是否主动参与小组讨论,并给出自己的意见?			
4. 你是否主动承担小组工作,并取得成果?			
5. 通过本次小组研究活动,你是否掌握了探究型学习的方法和技巧?			
6. 你在本次探究学习活动中是否获益不少?			
7. 你是否能及时发现并改正在探究学习中出现的问题?			
评价等第			

"同一个世界,多彩的文明"过程性评价量规表

评价指标	好【20,16】	一般【15,12】	需要改进【12,0】	教师评价
(评价指标1)(20分)**小组分工**小组分工是否考虑到组内成员的能力水平。每位成员是否清楚自己的任务。小组分工是否合理。	非常清楚自己的任务,能胜任,并能对有困难的同伴提供帮助。	基本清楚自己的任务,基本胜任自己的任务。	不清楚自己的任务,不能胜任自己的任务。	
(评价指标2)(20分)**学习资源**信息来源渠道是否多样。收集到的内容信息是否全面,紧扣主题。	信息来源渠道多样,内容全面,紧扣主题。能熟练地运用网络、图书、音像资料、访谈等方法获取信息。	信息来源渠道多样,内容较为全面,紧扣主题。能较为熟练地运用网络等方法获取信息。	信息内容较为全面,基本上能紧扣主题。只能运用网络途径获取相关信息。	

续表

评价指标	好 【20,16】	一般 【15,12】	需要改进 【12,0】	教师评价
（评价指标3）（30分） **探究态度** 对自己承担的任务是否认真对待。 是否积极参与组内交流。 组内合作及与他人配合是否默契。	积极参加小组活动；合作意识强，耐心听取导师的意见并及时改进；思维活跃，有自己的想法。	参加小组活动比较积极；有合作意识。	能参加小组活动，无合作意识。	
（评价指标4）（30分） **探究成果** 是否收集到与主题相关的知识。 是否对相关的知识有进一步地认知与了解。 能否在成果汇报中清楚有条理地表述与呈现。	PPT演示文稿主题明确、图文并茂，资料丰富，汇报表达清楚、准确。	有展示探究成果的PPT，主题明确，但内容较单一，表达比较清楚。	资源收集不到位，主题不明确，汇报不完整。	
总分和等第				

（设计：师伟）

2　中日关系之历史探源课程纲要

适合年级：八年级

一、课程背景

本课程归属于历史探究课程范畴，但在中学历史教材中没有现成的内容。追其课程基础，可在七、八年级教材"遣唐使"、"大化革新"、"明治维新"、"甲午战争"、"二战"、"南京大屠杀"等个别章节中所见一斑。总体说来，缺乏系统性，且有更多的知识需要课外补充,有一定的开发空间。

从学生情况看,八年级学生通过近两年的历史学习,对历史的脉络有了初步的了解,对历史学习的基本方法有了一定的接触,在资料查找能力、语言表达能力及组织能力方面都具可操作性;从资源来看,中日关系是一个热点话题,网络、书籍乃至来自于亲友的各类信息,为探究提供了丰富的资源。

鉴于目前中日关系紧张局势和学生的关注点,本课程适宜以探究课的形式开展,即在教师的指导下,学生联系自己的实践,运用研究性学习方式,发现和提出问题、探究和解决问题。

本课程的理念是:学会从历史的角度对社会热点进行分析,树立忧患意识与和平意识。

二、课程目标

1. 了解本探究主题"中日关系之历史探源";通过自主学习,初步解决自己所提出的疑惑即小课题;以小组为单位完成子课题探究;形成完整的"中日关系之历史探源"课题资料。

2. 增强独立思考能力;通过查找资料,知晓体验历史资料获得的多种途径、学会对资料进行甄别筛选的处理方法;学会归纳整理,提升思辨总结能力;通过小组交流、班级交流,展示自我,提升交流表达能力。

3. 学会合作、懂得承担责任;培养学习热情、求实精神;培养团队协作能力、增强集体荣誉感;懂得尊重他人劳动。

三、课程内容

本课程以中日关系之历史探源为主题,分为 4 大模块,具体内容如下:

模块 1:古代史中中日关系探究

探究古代史阶段中日关系,包括:秦始皇是不是派人去日本了?汉朝时日本是不是中国的附属国？隋唐时日本派遣唐使到中国学了什么？鉴真东渡，日本人被称为"倭"的原因和日本人对"倭"的看法。中日古代史阶段有战争吗？归纳中日古代史关系主流。

模块 2：近代史中中日关系探究

探究近代史阶段中日关系，包括：琉球问题，《中日北京专条》是怎么回事？甲午战争爆发原因？日俄战争为什么在中国东北土地上打？五四运动与争回山东权益等。归纳中日近代史关系主流。

模块 3：二战时期中日关系探究

探究二战时期中日关系，包括：日本侵华战争的发起，所谓的"神风战队"，南京大屠杀，中国军民的抗日战争，国际社会对抗日战争的态度，归纳中日二战时期关系主流。

模块 4：二战后中日关系探究

探究二战后中日关系，包括：日本二战后的认罪态度，二战后美国为何充当日本的靠山？钓鱼岛问题的由来？靖国神社是怎么回事？二战后中日双边政治关系的发展、中日关系的走向？归纳中日关系友好的必要原则。

四、课程实施

本课程总计 8 课时。场地安排，最好为多媒体教室。教学工具、手段为自编教材、互联网等。本课程适用对象为对本课题有兴趣的学生。组织形式为 30—40 人，根据实际需要分组。教学形式采用独立学习与自主学习相结合，探讨式学习方式。

课程实施方案（一）

专题：课题产生
活动过程
实施前：教师确立第一阶段预期探究目标（知识层面——对本探究主题"中日关系之历史探源"初步了解；能力方面——增强独立思考能力；情感方面——学会合作、懂得承担责任）。

续表

	活动过程
实施中	1. 教师以"钓鱼岛争端"、"安倍参拜靖国神社"、"日本为神风特攻队申请世界记忆"等热点话题引入,激起学生热烈反响;又从"中日关系历史上一直是这样吗?"、"日本为何会走上今日之路?"等视点切入,自然导入课题"中日关系之历史探源"。 2. 教师对探究课内涵解析,对本探究主题概述介绍。 3. 学生思考,每人提交一个"中日关系中你最想知道的一个问题"。 4. 教师进行课题分类原则的辅导。 5. 聘用学生小助教,利用多媒体,在课堂上当场将学生所提问题全部展示,师生一起对问题进行合并归类,进而产生由问题引发的小课题。 6. 师生一起将小课题归于若干子课题名下,产生相应子课题。 7. 组织成立探究小组,推荐组长、设计组名;由组长组织召开小组会议,确立探究方案。
实施后	1. 各探究小组组长汇报本组探究活动情况。 2. 小组成员依照分工进行的课后探究活动。 3. 教师针对探究情况进行指导。

课程实施方案(二)

专题:课题实施

	活动过程
实施前	1. 教师确立第二阶段预期探究目标(知识层面——学生通过自主学习,初步解决自己所提出的疑惑即小课题;能力方面——知晓体验历史资料获得的多种途径、学会对资料进行甄别筛选的处理方法;情感方面——培养学习热情、求实精神)。 2. 学生依照小课题分工,完成课后探究活动。 3. 学生将成果填写至《知道单》,将尚未解决的问题、希望提供的帮助及指导填写于《还想知道单》。
实施中	1. 探究小组组长主持探究活动(根据实际需要,多次)。小组成员依次汇报课后探究情况(过程、疑惑、成果等)。 2. 教师巡视、关注各组整体交流情况(要求:交流成果的同时还要交流探究过程;提出明确观点的同时也能为自己的观点寻找史实依据)。 3. 教师以小组成员身份深入小组,参与交流过程。 4. 小组成员根据《还想知道单》情况,为学生提供帮助、就问题进行诊断(提议、争论、解决方案等)。 5. 老师根据《还想知道单》情况,为学生提供指导。
实施后	1. 各探究小组组长汇报本组探究活动情况。 2. 学生根据小组集体诊断,补充、完善探究方案,开展新一轮课后探究活动。 3. 教师针对各探究小组组长汇报情况进行指导。

课程实施方案(三)

专题:课题成果总结	
	活动过程
实施前	1. 学生根据小组诊断,补充、完善探究成果。 2. 教师确立第三阶段预期探究目标(知识层面——以小组为单位完成各子课题探究;能力方面——学会归纳整理,提升思辨总结能力;情感方面——培养团队协作能力、增强集体荣誉感)。
实施中	1. 教师提出本次活动资料汇总、整理要求(要求:观点全面、正确;多媒体版面整体协调、美观,排版合理,字体颜色和大小设置适当)。 2. 探究小组组长主持探究活动(根据实际需要,多次)。汇集小组成员小课题成果,征求组员意见,对资料进行整理,形成子课题初稿。 3. 教师活动过程巡视、关注各组整体活动情况。向薄弱小组倾斜,投入更多关注与指导。 4. 探究小组组长组织组员在子课题的基础上进行总结,寻找规律性或差异性,提出本子课题的论点。 5. 探究小组组长组织组员完成子课题交流的多媒体制作。 6. 学生推荐本组发言人、确定展示方式,各就各位为班级层面的交流做准备。
实施后	1. 各探究小组组长汇报本组探究活动情况。 2. 各小组进一步完善"成果交流"事宜。 3. 教师针对汇报情况进行版面的设计、交流方式方面指导。

课程实施方案(四)

专题:课题成果汇报	
	活动过程
实施前	1. 各小组完成"交流成果"准备。 2. 教师确立第四阶段预期探究目标(知识层面——形成完整的"中日关系之历史探源"课题资料;能力方面——敢于展示自我,提升交流表达能力;情感方面——尊重他人劳动)。
实施中	1. 教师提出本次交流要求(要求:发言人能准确、流利、清晰地提出本队观点,仪态大方;多媒体演示效果好;队员为本组加油鼓劲,氛围好)。 2. 以探究小组为单位进行班级层面交流。 3. 与学生一起享受"交流成果"(要求:学会欣赏,为站在讲台上勇敢的他或她鼓掌,为坐在座位上善于聆听的自己鼓掌)。 4. 关注交流者表达方式、仪态。 5. 关注观众反映,寻找进一步探究的热点。

续表

	活动过程
实施后	1. 形成完整的"中日关系之历史探源"课题资料。 2. 学生对本次探究活动得失梳理、反思,完成"评价"、"感言"。 3. 教师进行总结反思。

五、课程评价

评价说明:采用"过程性评价量表"和"鼓励性评价表"两张评价表,评价实施主体结合自我评价与相互评价,旨在建立过程与结果、管理型与激励性相结合的综合评价体系。

"中日关系之历史探源"过程性评价量规表

评价指标	评价标准描述			评价	
	好【A】	一般【B】	需要改进【C】	自评	互评
探究内容	1. 知晓历史资料获得的途径,并运用已掌握的历史知识甄别、处理有关材料,正确地提取历史资料。 2. 完整回答所探究的问题。	1. 知晓历史资料获得的途径,并运用已掌握的历史知识甄别、处理有关材料,提取历史资料不够全面。 2. 回答所探究的问题不够完整。	1. 知晓历史资料获得的途径,对所获取的历史资料没有进行甄别、处理。 2. 回答部分所探究的问题。		
合作学习	1. 高质量完成分工任务,表现出较高学习热情。 2. 善于聆听小组成员的交流,主动为小组成员提供帮助、出谋划策。	1. 基本完成分工任务,有一定的学习热情。 2. 主动参加小组活动,能倾听小组成员的交流。	1. 完成部分分工任务,学习热情不高。 2. 参加小组活动不够主动,小组成员交流时不够专心。		

续表

评价指标	评价标准描述			评价	
	好【A】	一般【B】	需要改进【C】	自评	互评
多媒体制作	1. 版面整体协调、美观，排版合理。 2. 字体颜色和大小设置适当。	1. 版面较美观，排版较合理。 2. 字体颜色和大小有一些变化。	1. 版面、排版不够合理。 2. 缺少字体颜色和大小设置。		
课堂交流	1. 能简单汇报探究过程。 2. 能准确、流利、清晰地提出自己的观点。	1. 能简单汇报探究过程。 2. 能比较清晰地表达自己的观点，但内容不够完整。	1. 能简单汇报探究过程。 2. 无法清晰地表达自己的观点，部分表述错误。		
总体评价					
感言					

（设计：陈琦）

3 和平的召唤课程纲要

适合年级：八年级

一、课程背景

1964年，加拿大学者马歇尔·麦克卢汉首次把世界唤作"地球村"。这一形象而贴切的说法迅速获得了全人类的传诵与认可，成为全球化时代到来的一种命名和勾勒。

上海是中国改革开放的龙头，正在努力建设成为国际化大都市，浦东也力争站在国际化进程的前沿阵地。浦东未来经济和社会发展的全局性定位是"创新浦东、和谐浦东、国际化浦东"。经济的全球化,都市的国际化,急需国际化人才的培养与储备。我校地处联洋国际社区,国际理解教育正在逐步展开。

本课程的理念是:珍惜和平,远离战争。作为历史教师,我们正在探索如何使历史教学与国际理解教育实现自然整合与有机渗透。八年级历史教材中涉及两次世界大战和第三次科技革命,为探讨和平问题提供了一定的基础知识和技能。

二、课程目标

1. 了解两次世界大战的惨重损失;认识现代战争的可怕后果,以及人类依然面临着各种各样的全球性危机;懂得联合国的宗旨和集体安全机制。

2. 通过去图书馆、上网查阅相关资料,体验文献研究法;走访战争幸存者,体验行动研究法。

3. 认识战争的危害与罪恶;深刻认识科学技术是一把双刃剑,在心灵深处构建捍卫和平的屏障。

三、课程内容

本课程内容共分 4 个模块,即四个子课题探究的内容所在,具体内容如下:

模块 1:两次世界大战给世界带来的变化

在本模块的探究中,引导学生从政治、经济、文化等众多方面,查询事件、数据、图片等多方面的资料,搜集人证、物证,说明两次世界大战各给世界带来了哪些变化,同时印证两次世界大战给人类带来的巨大灾难。

模块 2:现代战争的可怕后果

围绕现代战争这个议题,探究二战结束以来,随着第三次科技革命的蓬勃发展,信息技术、核能开发使得现代战争的形式较以往发生了哪些深刻的变化,通过比较,分析现代战争对人类生命与健康的伤害及对生态环境的破坏远远超过以往的常规战争。

模块3：当今世界依然动荡因素

通过对当今世界动荡不安诸多因素的探索与分析，让学生了解，经过世界人民半个多世纪的共同努力，和平与发展已经成为当今世界的时代主题，但是，人类依然面临着各种各样的全球性危机。据设在布鲁塞尔的国际协会联盟统计，至今世界面临的难以解决的问题已经超过了1万个。我们面临的是一个不确定的未来。

模块4：国际组织在世界和平中发挥的作用

通过对以联合国为首的国际组织的作用探究，认识战争的残酷，认识世界和平的可贵。但是和平需要人们付出努力去争取、去捍卫、去维护。认识到以联合国为首的国际组织发挥了重要作用。

◈ 四、课程实施

本课程总计9课时。选择多媒体教室，最好为活动桌椅，便于每组学生围坐在一起，开展合作学习和讨论。本课程实施过程中主要采用阅读与讨论、分组探究与过程干预和成果分享的综合实践模式。具体实施如下：

第一阶段：阅读与讨论

教师通过介绍课题的意义，推荐阅读材料，明确需要探究的内容：在今天这个全球化的时代里，地球村的村民们面临许多问题，其中最根本的问题就是和平与发展问题。和平是人类幸福生活的前提和保障，没有和平，我们最起码的生存权利就得不到保障。和平也是人类进步和发展的保障，没有和平就没有发展。因此，实现世界和平是全人类共同的心愿，也是我们此次探究的课题——和平的召唤。学生在阅读的基础上，在四个方面探究内容中，确定自己的探究方向。

第二阶段：分组探究

成立探究小组：经过第一阶段的动员，同学们对探究目的、探究领域和探究步骤有了初步的认识，接下来的工作是成立探究小组。这一阶段充分发挥历史课代表和历史兴趣爱好者的引领作用，由他们在四个子课题中任选一个，遇有两人同时选中同一子课题时，则由大家协商讨论决定。探究小组不是按照行政小组来划分，而是由课题组长招募组员，要求组员发扬互助精神，认真参与合作与分享。

第三阶段：过程干预

根据四个方面的探究内容，4个探究小组分别成立。组长协调安排每位组员的探究任务。探究课有利于调动学生的主动性、积极性，使他们真正成为知识的探索者，而不是被动的接受者。在这一过程中，教师的角色是探究的引领者、参与者，适时对各小组探究情况进行了解，对探究进行比较困难的小组及时提供帮助，并对探究的阶段成果进行点评，有效干预，保障4个小组同步推进探究进程。在探究实施阶段，教师经常联系课题组长，询问探究的进度、遇到的困难。教师查看学生尚不成熟的演示文稿，提出改进意见，并向学生提供必要的文本或网络素材。在探究成果定稿阶段，教师审看学生的演示文稿，要求学生反复演练，直至熟练。

第四阶段：成果分享

各小组按时按要求完成演示文稿并依次汇报。各小组之间开展互评，教师进行综合点评。

第1组汇报"两次世界大战的惨重损失"：几十万、上百万的伤亡数字以及战场上堆积如山的尸体使同学们深受震撼，认识到战争的残酷。集中营里一堆堆瘦骨嶙峋的尸体使同学们触目惊心，认识到种族优越论的荒谬，理解了《联合国宪章》关于"在人们的心灵深处构建捍卫和平的屏障，是消灭战争的根本办法"。

第2组汇报"现代战争的可怕后果"：从化学武器到生物武器再到核武器，同学们深刻认识到科学技术真是一把双刃剑！一旦全世界核按钮全部开启，等待人类的将是地球被几十次的毁灭！

第3组汇报"当今世界不太平"：和平与发展是当今世界的时代主题，但这两个问题一个也没有解决，人类正面临着能源与资源、宗教与民族主义以及恐怖主义等众多危机。一些热点、焦点地区不断爆发局部战争或区域冲突，阿富汗战争和伊拉克战争就是各种矛盾冲突的集中体现。

第4组汇报"和平的种子深深扎根"：2001年9月7日，联合国大会通过决议，决定从2002年开始，将每年的9月21日定为世界和平日。大会宣布，世界和平日为全球停火和非暴力日，并呼吁所有国家和人民在这一天停止敌对行动。联合国维和部队为维护世界和平做出了重要贡献,中国的维和战士也为维护世界和平献出了宝贵的生命。

最后是教师小结:在联合国教科文组织巴黎总部的石头墙上,用 10 种语言刻着《教科文组织法》序言中的第一句话:"战争起源于人之思想,故务需于人之思想中筑起保卫和平之屏障。"1970 年 12 月 7 日,联邦德国总理勃兰特的一跪被称为"欧洲约一千年来最强烈的谢罪表现"。这种对战争的深刻反省不是每个国家、每个人都能做到的。越南妇女潘金福从战争灾民到和平友好大使,她说:"我原本只是'照片里的女孩',是个受害者。然而我要让心灵复活,让爱和饶恕成为战胜仇恨和死亡的良药。"我们这次探究课的目的就是让同学们从思想上认识战争的罪恶和危害,珍惜和平,远离战争。

五、课程评价

采用问卷调查表形式,了解学生探究过程中的表现与收获,问卷内容的设计包含了对自我的评价和对他人的评价。

问卷调查表

1. 此次探究活动,你参加的是几组?

第 1 组□　　　第 2 组□　　　第 3 组□　　　第 4 组□:

2. 你在组内的角色是什么?

组长□　　　　组员□　　　　其他(请写明具体角色)□

3. 你参加小组活动的态度是什么?

积极参加□　　偶尔参加□　　与我无关□

4. 你领受的探究任务是什么?

上网搜集资料□　　　查阅文献档案□　　　　走访亲戚朋友□

其他(写明具体任务)□

5. 你在此次探究活动中遇到的最大困难是什么?

资料太多难以取舍□　资料太杂难辨真伪□　多媒体技术障碍□　其他(请写明具体困难)□

6. 你是怎么克服困难的？

独自解决□ 　　　小组合作解决□ 　　　其他(请写明具体解决方法□)

7. 探究小组成员合作愉快吗？

愉快□ 　　　　不太愉快□ 　　很不愉快□

8. 四个小组的汇报中,哪个小组的材料最典型、最充分、最能印证他们的观点？

第 1 组□ 　　　第 2 组□ 　　　第 3 组□ 　　　第 4 组□

9. 哪个小组的演示文稿制作最有效果？

第 1 组□ 　　　第 2 组□ 　　　第 3 组□ 　　　第 4 组□

10. 哪个小组的汇报语言最生动、最能打动观众？

第 1 组□ 　　　第 2 组□ 　　　第 3 组□ 　　　第 4 组□

11. 本次探究活动,你学到了那些探究方法？

分析与综合□ 　比较法□ 　　　计量法□ 　　　其他方法(请写明具体方法)□

12. 对于本次探究主题,你还有哪些困惑？你对以后的探究性学习有什么建议？

(设计：林凡)

第十一章　地理学科课程图谱

　　地理课程研究地理事物的空间分布和空间结构,阐明地理事物的空间差异和空间联系,并致力于揭示地理事物的空间运动、空间演变的规律。学校地理课程不仅要赋予学生区域知识和地图技能,更要致力于训练和培养学生地理空间思维能力,帮助学生建立人地关系意识,逐步树立人地协调、和谐共生的观念,进而培养学生具有全球视野和爱国情感的现代公民价值观。

第一部分　地理学科核心素养
第二部分　地理学科课程图谱
第三部分　地理学科课程纲要

第一部分　地理学科核心素养

一、地理学科核心素养的内涵与构成

地理学科素养是指学生通过地理学习而获得的地理知识、技能、方法与观念，或者说是学生能够从地理学的角度，运用地理思维来观察事物且运用地理学的知识、技能来解决问题的内在涵养。地理核心素养与先前的三维目标相比，更适合当今社会，是国家地理教育目标的具体化，是课程和教学目标制定的依据。它比三维课程目标更具关键性、情境性、情感性、动态性和终身性。核心素养实际上是三维目标要求在学生身上的综合体现，二者都是指向于促进人的全面发展。综上所述，地理核心素养应是地理学中最具学科本质的东西，是不能通过其他学科的学习而获得的，是学生借助地理学习过程而形成的解决实际问题所需要的最有用的地理知识、最关键的地理能力、最需要满足终身发展所必备的地理思维。[①]

依据众多专家、学者的探讨，结合我校多年地理教学的工作实践，我们认为地理学科的核心素养应由以下6个方面构成：

1. 提出问题的能力。通过地理课程的学习，掌握地理知识与方法，具有解决地理问题的能力。

2. 学会获取和表达地理信息能力。通过地理课程的学习，学生应具备从地理素材中获取有价值的地理信息，并能够正确与完整的表达地理信息的能力。

3. 提高地理实践能力。通过地理课程的学习，掌握简单的地理观测、地理实验、地理调查等技能，才能在真实的地理环境中，获得有用的信息，帮助解决实际生活中的地理问题。

---

① 牛超、刘玉振：《试论地理核心素养的内涵、特征及其培养策略》，《天津师范大学学报》2015年10月第16卷第四期。

4. 形成地理空间能力。通过地理课程的学习,以及通过真实地理环境中的实践体验,积累丰富的地理表象,增强学生的空间定位、空间联系的能力。

5. 形成家国情怀与全球意识。通过地理课程的学习,关爱家乡的发展、尊重不同国家的文化与传统,增强民族自尊、自信的情感,懂得国际合作的价值、初步形成全球意识。

6. 形成环境保护意识。增强对环境、资源的保护意识和法制意识,初步形成可持续发展的概念,逐步养成关心和爱护地理环境的意识与行为习惯。[①]

二、地理核心素养在初中地理课程中的体现

地理核心素养的六个方面始终贯穿于初中地理教学内容中,我们在课堂教学中就应抓住地理核心素养与教学内容结合紧密的知识点有针对性地进行培养,以落实在课堂主渠道培养地理核心素养的目标与任务。下面,我们结合多年的初中地理教学实践,用与知识点相关的形式来归纳地理核心素养在初中地理教学的课程中的集中体现。具体分析如下:

(一) 学会获取表达地理信息素养的体现(对地图技能有集中体现的知识点):地图三要素,经纬网地图,等高线地形图,七大洲四大洋的分布,世界的气温、降水分布特点,世界主要气候类型分布及其规律,根据气温年变化曲线与逐月降水柱状图来判读该地的气候特点等。

(二) 提出问题能力的素养与尊重自然、与自然和谐相处的素养:河流对城市发展的作用,东南亚为何盛产稻米,西亚(中东)为何冲突不断,西欧居民饮食为何偏好乳肉制品,日本的工业布局为何是临海型而俄罗斯却是资源型的,中国的位置、地形、气候特点对生产、生活的影响,影响中国产业布局的主要因素分析等。

(三) 关爱家乡、关爱祖国、形成全球意识素养的体现(对空间视觉有集中体现的知识点):认识地球,各种聚落的区位与形态,城市分布的规律,各大洲、各代表性地区

---

① 王勇著:《新版课程标准解析与教学指导　初中地理》,北京师范大学出版社 2012 年 7 月第 1版,第 59 页。

与国家的地理位置,北美地形对气候的影响,中国行政区划,中国气温、降水地理区域,中国铁路干线分布与铁路枢纽等。

（四）可持续发展的素养与人口、资源、环境道德素养及对人地关系有集中体现的知识点:生活中的地理,人口分布与地理环境的关系,世界人口问题与对策,非洲的人口、资源、环境问题,巴西的热带雨林保护,中国的土地资源、水资源利用与保护,黄土高原与云贵高原的水土保持工作,西北地区的土地荒漠化问题等。

（五）提高地理实践能力素养的体现:课堂中的学生最美家乡地理展示以及学科拓展课中的走进世遗、去远方、地球一小时、我眼中的舌尖美味,探究课中的上海最美马路、低碳生活、中国最美十大古村落、平面图的制作等。

三、地理学科的核心素养在初中地理学科课程实施中的主要途径

地理课堂是培养学生地理核心素养的主阵地,利用课堂采取有效教学,对学生进行地理核心素养的培养,是地理教师主要教学工作。那么,我们应该怎么做呢?

（一）教师心中应有培养地理核心素养的意识。在初中地理课堂教学中,要关注并做到下面三点:

1. 熟读课标,关注并利用教学内容中相关知识点培养学生地理核心素养。

2. 全面地教,因为某些知识点不是考试重点内容而简略处理,而放弃素养有利的培养时机。

3. 充分利用教学配套工具:地图。这是地理学科最大的特色,也是地理素养最基础、最核心的部分,课堂上经常对地图的使用是培养学生空间思维的重要的途径,应该鼓励学生多用地图。[1]

（二）合理、有效的课堂提问是激发学生形成地理核心素养的重要途径。要在课堂上培养学生的地理核心素养,就是要培养他们运用地理知识解决问题的技能、能力和思维。在这个过程中,首先要让学生尽快掌握基本地理知识。这就要求我们在初中

---

[1] 颜江淮:《如何在初中地理课堂培养学生的地理核心素养》,《文教资料》2016 年第 22 期,第 175—176 页。

地理课堂教学中合理设计问题,有效地对学生进行提问。通过问题引导学生更快、更好地掌握相关地理知识。这其中有两个关键点要把握好,即问题的设计与提问的方法、技巧。

1. 问题的设计应有趣味性、带有层次性和开放性。问题的趣味性是指问题设置带有生活体验或有足够的情境创设,提出问题自然,应允许有不同角度的尝试。这样学生对教师提出的问题才会积极思考,敢于回答;教师也才能由问题导向结论,实施启发与发散思维教学,让各个层面的学生都学有所得。

2. 有效地提问是指不同难度的问题应抛给不同层面的学生,从而保护好学生回答问题的积极性。设计一系列的问题,最好能从学生的生活体验入手,激发学生回答问题的兴趣,由简入繁、由易入难,充分调动各层次的同学参与问题的讨论与回答,把对学生地理核心素养的培养真正落到实处。

(三) 设计、选择有趣的活动是培养地理核心素养的有效途径。能力与思维的培养是在参与解决问题的实践、操作过程中逐步形成的。因此,初中地理教材中有许多的活动内容,它们与文字、图像内容共同构成了教材的主要部分,发挥着重要的作用:活动内容是文字内容的深化与补充,更是图像内容的延伸与发展。学生参与活动就是课堂上实施解决问题的过程。通过活动内容的开展,能使学生的动手操作、动眼观察、动脑思考、动口讨论等诸多能力得到训练与发展,从而提高学生运用地理知识解决地理问题的能力,促进地理综合思维的全面发展,是落实地理核心素养培养的有效途径。

比如,在"中国的行政区划"教学中,我们根据教材内容的提示设计了"认知中国行政区拼图板比赛"的活动。首先出示各个省份的轮廓图,给学生时间,发挥想象,进行记忆。在这一过程中,学生必须全神贯注,反复熟悉 34 个省级行政区的名称、外形轮廓、相对位置、分布情况,最后完成电子拼图比赛,看谁时间用的最少。这对培养学生的地图技能、空间思维能力是一种有效的途径,对比传统的反复做填图练习来说,学生更乐意接受、参与。

培养学生具备地理核心素养是对初中学生综合素养发展的要求之一。要培养未来活跃的、负责任的、具有地理核心素养的公民,教师就必须深刻认识地理学科素养的内涵与结构,结合教学内容做好教学设计,利用课堂主渠道落实好地理核心素养的培养,使教学能够以发展学生的学科素养为目的,培养学生的学科素养,使学生成为具有地理素养的公民。

第二部分　地理学科课程图谱

初中学生地理核心素养,使学生获得可发展的地理基础知识、技能和能力,体验地理学习的过程;掌握地理学习的基本方法,学会地理思维,了解探究地理问题的基本过程和手段;树立环境伦理观念,形成全球意识和爱国情感,积累科学素养和人文素养。

在使用好上海市地理教材的基础上,根据学校课程发展情况,我们又开发了系列地理拓展、探究课程,和国家课程互相渗透、互为补充、多向融合。用来作为原有教材的补充。

这系列课程的开设基于以下三点考虑:

一、区域知识和地图技能与公民基本素养

区域知识和地图技能,是学生正在构建的现代科学文化基础知识体系的有机组成部分,是学生发展自我、创造价值和高质量生活必不可少的基本素养。具备区域知识和地图技能,便于沟通横向学科领域,促进相邻学科的学习;有利于提高衣食住行、休闲娱乐的质量,提高日后从事社会建设的能力和效率。区域知识和地图技能也是进一步深入研究地理学科的重要基础。

二、地理空间思维能力与公民处事能力

地理学不仅研究地理事物的空间分布和空间结构,而且阐明地理事物的空间差异和空间联系,并致力于揭示地理事物的空间运动、空间演变的规律。判断和描述地理事物的空间方位,综合分析地理事物之间的空间联系及结构,评价和预测地理事物的发展变化等地理空间思维能力的训练和培养,对形成空间想象力、提升空间思维能力有着非常重要的作用,地理教学在这方面承担着重要的责任和义务。

三、人地关系意识与现代公民价值观

中学地理是中学各课程中唯一以人类的可持续发展、人类赖以生存的地理环境为基本内容的课程。地理学研究的核心问题决定了中学地理课程内容的主线。同时,也赋予了中学地理教育培养学生人地关系意识的重要使命。人地关系意识的内涵十分丰富,它包含了因地制宜、因时制宜的观点,包含了人地协调、和谐共生的观念,也蕴含着全球视野和爱国情感。学生在中学地理课程学习中所获得的区域知识、地图技能以及空间思维能力,是支撑人地关系意识形成的基础。

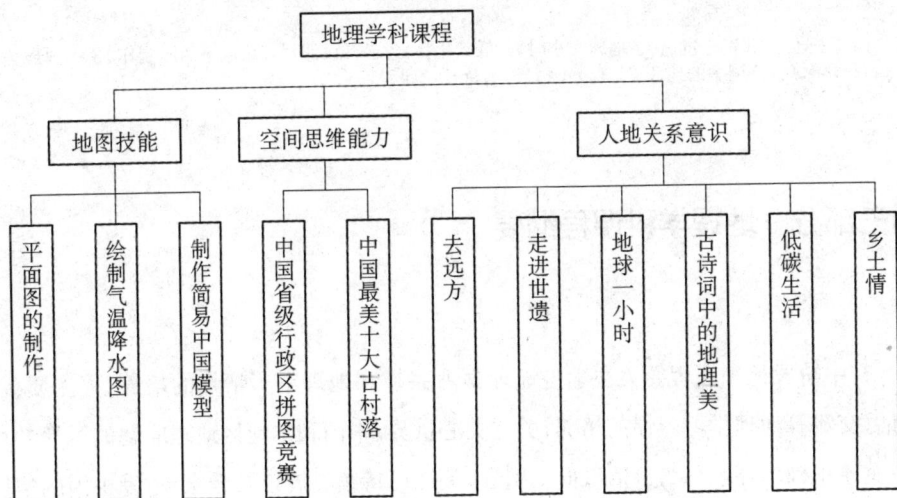

地理学科课程图谱

地理学科课程实施安排表

分类 学期	地图技能	空间思维能力	人地关系意识
六年级 (上)	平面图的制作		去远方
			走进世遗

续表

分类 学期	地图技能	空间思维能力	人地关系意识
六年级 （下）	绘制气温降水图		地球一小时
			走进世遗
			低碳生活
七年级 （上）	制作简易中国模型	中国省级行政区拼图竞赛	古诗词中的地理美
七年级 （下）		中国最美十大古村落	乡土情

注：《去远方》、《走进世遗》、《地球一小时》、《低碳生活》为已开设课程，《区域平面图制作》、《中国最美的十大古村落》、《古诗词中的地理美》、《乡土情》等为待开设课程。

（撰写：翁郁　唐晓峰）

第三部分　地理学科课程纲要

　　初中阶段地理课程要关注学生地理学习兴趣和地理审美情趣的培养；关注质疑、对话、交流等地理学习习惯的培养；关注关心世界、中国和本地区地理问题的习惯的培养；关注正确的环境行为价值取向的引导，关注可持续发展以及爱家乡、爱祖国的情感的培养。这正是学校校本地理课程的开发和实施的方向。

1　古诗词中的地理美课程纲要

适合年级：六、七年级

◇　一、课程背景

　　地理课程标准的前言部分特别强调，让学生感受不同区域的自然地理、人文地理的特征,从地理视角认识和欣赏我们所生存的这个世界,从而提升生活品味和精神体验层次。在情感态度和价值观等方面培养学生的审美情趣。基于地理课程目标设置的需求,在我校的校本课程中开设了"古诗词中的地理美"这门探究课,不仅培养学生的地理审美情趣,古诗词中的地理美更能陶冶学生的情操并激励学生学习地理的兴趣,使学生觉得地理是一门很有趣味和很有意义的课。

而中国古诗词是我国五千年灿烂文化的精髓,千百年来一直为人们传诵不衰。相当部分的诗词作品对自然和社会进行了大量的描写,其中蕴含着非常丰富的地理元素,不乏描述地理现象,揭示地理规律的诗词。这些诗词对增强我们的地理审美观、正确地理解地理规律、激发学生学习地理知识的兴趣、提高学生的人文素养等方面有很大帮助。中国历代诗人、文学家,抒发喜怒哀乐之情,表现旨趣,往往借助于祖国的名山秀水。许多诗歌中不仅反映了一些气候特点、地质地貌状况,也反映了一些地理生态环境的变化现象。古诗词中的地理知识,拥有丰富深远的人文素养的教育资源,尤其在陶冶人格、开阔视野、开拓创新等方面都能够对学生发挥重要作用。

本课程的理念是:在诗词中感悟地理美。初中学生作为一个现代公民,应当具备现代社会所需的人文素养,尤其是审美情趣的培养。所以在地理这样一门基础学科中,如果在教学中,充分利用古诗词赏析进行地理知识的探究,既可以提高学生的学习兴趣,又能培养学生热爱生活、热爱祖国山河的情操,从而大大提高学生的地理学习效率和审美能力,更好地促进学生形成良好的环境意识,最终提升学生公民的人文素养的提高。在这方面,"古诗词中的地理美"课程显然能发挥其独特的魅力。

二、课程目标

1. 通过对琅琅上口的古诗词的诵读学习与赏析,知道古诗词中表现我国山、水、气候等地理知识点的经典古诗词内容,并能够收集相关资料,进一步了解到古诗词中蕴含着的丰富地理元素,增强地理审美观、正确地理解地理规律、激发学习地理知识的兴趣,提升个人的人文素养。

2. 学会网上浏览、收集、筛选、提炼有效信息,把所学习到蕴含地理现象、地理规律的古诗词知识通过图文并茂的PPT"我眼中的诗词地理美"、实地采风考察(寒暑假期)等活动的开展与交流,提高探究学习、合作学习能力,提高发现、分享古诗词地理美的能力。

3. 通过学习,初步了解我国是一个历史悠久、拥有众多古诗词的国家,感悟到古诗词作品中的地理之美,进一步增强民族自豪感、增强热爱家乡、热爱祖国的情感。

⬡ 三、课程内容

本课程学习内容主要以"古诗词中的地理美"的学习为主,在诗词中感悟地理之美。本课程共分为2个模块。

模块1:围绕我国古诗词中的山、水、气候之美展开诵读与赏析

通过教师精选的李白《关山月》、苏轼《题西林壁》、杜甫《望岳》山之篇主题经典古诗词的诵读与赏析,以及相关地理视频的欣赏,共同感悟到"明月出天山,苍茫云海间"大气磅礴的山之美。

通过教师精选的曹操的《观沧海》、李白的《将进酒》、张若虚《春江花月夜》水之篇主题经典古诗词的诵读与赏析,以及相关地理视频的欣赏,共同感悟到"东临碣石,以观沧海"浩瀚深沉的水之美。

通过教师精选的王之涣《凉州词二首·其一》、赵师秀《约客》、岑参《白雪歌送武判官归京》气候篇主题的经典古诗词的诵读与赏析,以及相关地理视频的欣赏,共同感悟"羌笛何须怨杨柳,春风不度玉门关"我国气候多样性的气候篇,了解中国古诗词中的气候之美。

模块2:"我眼中的诗词地理美"制作与汇报

通过模块一的学习,教师和学生共同分析古诗词地理之美的分类(山、水、气候、地貌、地球运动、农业、城镇……)以唐朝王之涣的"羌笛何须怨杨柳,春风不度玉门关"为例,与学生共同探讨古诗词的珍贵性和揭示地理规律的美感,以及诗词地理的丰富性。并开展拓展活动,探讨"我眼中的诗词地理美",并制作汇报PPT。

四、课程实施

本课程总计 16 课时。每一讲或每一个活动为 2 课时,共计 16 课时。以自主学习教师提供的拓展资料(PPT、视频欣赏)以及网上资料,并与团队小组成员合作开展主题拓展(题目自拟),通过系列的实践活动,最终以 PPT 方式呈现和交流,完成本课程的实施。教学场地建议:多媒体教室。

(一) 专题赏析法

通过教师精选的古诗词山之篇、水之篇、气候篇的诵读与赏析,以及相关视频的欣赏,悟到古诗词中所揭示的地理现象与规律,并从中感受到诗词中描述的地理现象与规律之美。

通过对古诗词中地理知识的进一步分析,知晓山、水、气候这些自然的地理现象与规律,在诗人深厚人文情怀的描述下,如何构成了一首首美好又蕴含地理美的文学作品,提升学生诗词地理的审美意趣。

(二) 主题探究法

自主学习教师提供的古诗词材料、视频结合网络资料的收集,与同学合作探讨选择探究交流的主题篇目。(唐诗篇、宋词篇、山、水、气候、城镇、关塞……)

活动要求:我眼中的诗词地理美(PPT 制作汇报)

1. 初步选择自己探究的古诗词内容。教师指导学生如何选题、美工(PPT)。

2. 围绕"哪一首?"、"哪一类?"、"为什么?"、"你觉得美在……"每位同学交流自己的探究主题。

3. 学生作业首次交流作品、学生、教师共同给出建议修改。

4. 学生二稿完成,并进行展示交流,师生共同评分。

(三) 成果展示法

在课程的实施过程中,通过对经典古诗词的诵读与欣赏,结合地理相关风景等视频以及教师的讲解、学生的讨论,最终选出自己需要探究的古诗词主题,进行了解与学习,并将所学的成果制作成 PPT 进行展示与汇报,在此基础上,进行师生互评,给予分数。

五、课程评价

本课程的评价主要依据是过程中,学生参与度的过程评价以及最后成果通过学生自评、互评和教师点评相结合。其中,过程评价占 20%(教师完成),最终成果完成度的质量高低评价占 80%。(最终成果评价中,自评占最终成绩比为 10%,互评占最终成绩比为 30%,指导教师评价占最终成绩为 60%。总分为 100 分制。)

学生拓展成果的评价表

评价类目		评价分数	参照标准
评价指标	目的和内容(30分)		古诗词选题彰显地理知识,资料丰富,有创造性,有自己的编辑加工,能体现古诗词中的地理美。
	手段和方法(20分)		作品制作所用的手段和方法符合内容需要,简洁明了,对他人有一定的借鉴启发。
	语言(20分)		语言文明流畅,条理清楚。
	演示操作(20分)		操作熟练、正确、设计合理。
	作品美感度(10分)		作品美工:图文并茂(文字删选、图片的清晰度、图文位置的合理性等)。
总评分:			

(设计:翁郁)

2 乡土情课程纲要

适用年级:七年级

一、课程背景

根据《上海市中学地理课程标准》的要求,在学校拓展课程中安排乡土地理的教学内容。本课程从地理的视角向学生展示家乡的自然与人文特征,以及改革开放以来的巨大变化,激发学生了解乡情、热爱家乡,参与祖国建设的热情和志向。

　　进才实验中学的学生来自五湖四海,根据班级学生的实际情况,本课程的教学可以讲授本地区的地理,也可以是广泛的教学资源,利用学生各自搜集到的多种家乡地理的材料,选择一个切入点开展乡土地理学习。另外,乡土地理的学习要强调实践性,结合我校班级特色社会实践活动开展一次社会调查活动。

　　《乡土情》这门课程,让学生熟悉家乡的地理环境,尽可能多地收集有关家乡各方面的资料,同时要求学生具有一定的地理实践能力。本课程的理念是帮助学生认识学校或故乡所在地区的生活环境,引导学生学以致用,培养学生实践能力,树立可持续发展的观念,增强爱国、爱家乡的情感。

二、课程目标

1. 运用地图,描述家乡的地理位置。
2. 利用图文材料说明家乡主要地理事物的变迁及其原因。
3. 了解家乡的发展规划和家乡的未来发展,树立建设家乡的意愿。

三、课程内容

　　本课程围绕家乡所在的地区的自然、经济、社会发展实际,突出区域地理特征,体现人地关系协调和可持续发展的观念,共分 3 个模块。

　　模块 1:我的家乡在哪里? 用科学规范的地理语言对家乡的地理位置、自然环境、人文特色进行描述,掌握学习乡土地理的有效方法。培养学生的地理描述能力,让学生面对图像"说话",过程中老师的组织、点拨、评判具有促进作用。

　　模块 2:夸夸我的家乡美。最生动、最有个性展示"家乡美",评选"最佳家乡代言人"。学生自主选择具有地方文化特色的内容,给其他同学带来直观感受或通过已有的生活经历体验传统的地方文化特色,如民居、服饰、饮食等。拓宽渠道获取有用的地理信息,展示独具特色的地域文化与自然环境的关系。

模块 3:躬身实践察乡情。开展社会实践是乡土地理实践活动的重要形式。认识家乡,巩固所学知识,使学生从土壤植被、地形地貌、人文特征等方面展开社会调查,同时培养学生的地理学习方法,无论是知识、能力的获得,还是热爱家乡感情的培养,都为将来投身家乡建设打好基础。

◈ 四、课程实施

本课程总计 10 课时,第 1 课时《家乡的地理位置》,第 2 课时《家乡的自然环境》,第 3 课时《家乡的人文特色》,第 4 课时《夸夸我的家乡美》,第 5 课时《拓宽渠道获信息》,第 6 课时《评选最佳"家乡代言人"》,第 7—10 课时《躬身实践察乡情》(开展社会实践活动共计 4 课时)。

教学场地:地理拓展课教室,根据实际情况确定社会实践地点。

具体实施方法如下:

(一)启发讲授法

教师提供各种地图,让学生用科学规范的地理语言描述地形、河流、交通线、居名点等,教师指导学生切合图像,描述合理,语言简练、准确。举例分析自然资源、自然灾害对家乡社会、经济等方面的影响,让学生从具备读图技能到会归纳总结地理事物的分布,并进一步掌握地理环境各要素间的因果规律,实现由学会使用工具到明理的转变。

(二)资料收集法

教师充分调动学生的积极性,让学生拓宽各种渠道,尽可能多地获取家乡的图文材料、人口资料等有用的地理信息,指导学生比较地理变化,说明家乡主要地理事物的变迁及其原因。培养学生的信息获取和处理能力,为合作学习汇报学习成果做好准备。

(三)展示分享法

分组讨论如何最生动、最有个性展示"家乡美",介绍的方式、形式不限,歌舞、表演、话剧均可,鼓励贴近家乡风格、有特色的展示方式。分享本组收集到的家乡的优美风景和丰富多彩的传统地域文化,以及文化特色与自然环境的关系。举办"最美家乡"评选活动,评选"最佳家乡代言人"。

(四)实践体验法

结合学校实际和班级特色活动,开展体验式学习,组织一次社会调查或社会实践。让学生走出校门,融入自然,亲身体验地理知识的产生过程,增强学生的观察、思考和判断能力。

五、课程评价

本课程评价分为成果性评价和过程性评价。具体操作方法如下:

(一)成果性评价

1. 举办"最美家乡"评选活动,评选"最佳家乡代言人"。

(1)每组确定代表上台介绍自己小组展示信息的成员和彼此分工,派出的上台的人数不限。

(2)每组选出1名"热辣名嘴",负责在其他组分享后代表本组提问,其他组内同学可以贡献智慧,思考最尖锐、最犀利问题,但不可代表本组发言。

(3)抽签或按照自愿顺序,各自依次上台分享,并接受其他组别"热辣名嘴"的提问。

(4)分享本组收集到的家乡的优美风景和丰富多彩的传统地域文化,以及文化特色与自然环境的关系。

(5)介绍的方式、形式不限,歌舞、表演、话剧均可,鼓励贴近家乡风格、有特色的展示方式。

(6)每组汇报时间4分钟,接受和回答其他组提问时间2分钟,老师负责计时。

(7)每人1票,评选"最美家乡",且只能投给本组以外的小组。

(8)每人1票,评选"最佳家乡代言人",且只能投给本组以外的小组。

2. 社会实践记录。

社会实践记录表

姓名	班级	时间
主要考察地点	考察的主要内容	考察记录(听到、看到、想到,以及照片等)

每位同学均要撰写实践报告,并和实践记录进行评比,评选优秀作业。

(二) 过程性评价

本课程对学生的过程性评价分别从"考勤、学习表现、课程考核"三方面进行综合测评。其中,考勤权重为 30％,学习表现权重为 30％,课程考核权重为 40％。

"考勤"为平时出勤情况。"学习表现"包括提问检测、课堂表现。"课程考核"即期末考评,按照自评、互评、指导教师评价相结合的原则进行。其中,自评权重为 20％,互评权重为 30％,指导教师评价权重为 50％。

学生评价等级分为优、良、合格与需努力四级。80 分及以上为优秀,70—79 分为良好,60—69 分为合格,60 分以下为需努力。

《乡土情》学习评价表

评价指标	分值	评价			
		自评 (20％)	互评 (30％)	指导教师评价 (50％)	综合评价
调查与收集信息	10				
小组角色职责完成情况	10				

评价指标	分值	评价			
		自评 （20%）	互评 （30%）	指导教师评价 （50%）	综合 评价
平等分享	10				
与组员的合作	10				
社会实践	30				
交流演示	30				
总分					

（设计：唐晓峰）

第十二章 信息学科课程图谱

有人说:"给我一台联网的电脑,我能撬动整个地球!"互联网就在那里,它渗透进每个人的生活,影响着世界、改变着世界。作为互联网技术的基础课程——信息技术,将致力于培养学生的信息素养,帮助学生掌握计算机和网络的基本知识,并让每一个学生拥有独立自主的学习能力与创新能力。今天,迅速地筛选和获取信息、准确地鉴别信息、创造性地加工和处理信息,将是所有学生应具备的、如同"读、写、算"一样重要的,终身受用的基础能力之一。

第一部分　信息技术学科核心素养

第二部分　信息技术学科课程图谱

第三部分　信息技术学科课程纲要

第一部分　信息技术学科核心素养

一、信息技术学科核心素养

信息技术学科核心素养包括信息意识、计算思维、数字化学习与创新、信息社会责任。[①]

信息意识是指个体对信息的敏感度和对信息价值的判断力。具备较强信息意识的学生能够根据解决问题的需要，自觉、主动地寻求恰当的方式获取与处理信息；能敏锐感觉到信息的变化，获取相关信息，采用有效策略对信息来源的可靠性、内容的准确性、指向的目的性做出合理判断，对信息可能产生的影响进行预期分析，为解决问题提供参考；在合作解决问题的过程中，能与团队成员共享信息，实现信息的最大价值。

计算思维是指"个体在运用计算机科学领域的思想方法形成问题解决方案的过程中产生的一系列思维活动"。具备计算思维的学生在信息活动中能够采用计算机可以处理的方式界定问题、抽象特征、建立结构模型、合理组织数据；通过判断、分析与综合各种信息资源，运用合理的算法形成解决问题方案；总结利用计算机解决问题的过程与方法，并迁移到与之相关的其他问题解决之中。其表现为：形式化、模型化、自动化、系统化。

数字化学习与创新是指个体通过评估和选择常见的数字化资源与工具，有效地管理学习过程与学习资源，创造性地解决问题，从而完成学习任务的能力，形成创新作品的能力。具备数字化学习能力的学生能够认识到数字化学习环境的优势和局限，适应数字化学习环境，养成相应的学习习惯；掌握数字化学习系统、学习资源与学习工具的功能和用法，并用来开展自主学习、协同工作、知识分享与创新创造。

信息社会责任指信息社会中个体在文化修养、道德规范和行为自律等方面应尽的

---

① 李艺、钟柏昌：《谈"核心素养"》，《教育研究》2015 年第 5 期。

责任。具备信息社会责任的学生具有一定的信息安全意识，能够遵守信息法律法规，信守信息社会的道德与伦理准则，在现实空间和虚拟空间中遵守公共规范，既能有效维护信息活动中个体的合法权益，又能积极维护他人合法权益和公共信息安全；关注信息技术革命所带来的环境问题与人文问题。对于信息技术创新所产生的新观念和新事物，能具备积极的学习态度、理性的价值判断能力和负责的行动能力。

信息技术学科核心素养的各个部分内容之间既相互联系，又相互区别，统一于信息技术学科核心素养发展的始终。信息社会责任是学科素养之上的概念，主要强调信息社会中学生品德的培养，对学生在信息道德、责任担当方面有所发展，是学生发展及其社会化的必然要求，是其他核心要素的终极归宿。数字化学习与创新注重人与技术之间的相互关联，体现数字化资源及环境在促进学生问题解决中，计算思维的运用，也是其他要素在学习中的具体体现。信息意识是信息客观映像的主观反映，它包含了信息采集、信息鉴别、信息处理、信息交流等内容，其处在学生对问题的"感应层次"，需要学生具有感知、分析、应变的逻辑定式。计算思维是基础教育阶段信息技术学科的本质体现，计算思维将信息社会责任、数字化学习与创新、信息意识牢牢地联结在一起，形成相互作用的统一整体，构筑信息技术学科核心素养体系，隐含于信息技术学科之中。

计算思维是信息技术学科核心素养培养的核心，对于提升信息技术课程的"思维性"及"基础性"具有重要价值。科学地认识信息技术核心素养仅仅是一个开端，通过设计有效的课程体系，开展教学实践，构建有效的评价体系，才能达到教育教学的真正目的。

二、核心素养与信息课程标准

在《上海市中小学信息科技课程标准修订稿》(2013 年 11 月 14 日)中，将核心素养融入课程标准。在课程的性质中指出：信息科技学科着重提升学生的信息素养，帮助学生掌握信息技术基本知识与技能、增强信息意识、发展计算思维、提高数字化学习与创新能力、树立正确信息社会价值观和责任感的基础课程。其内容亦改变为：信息科技基础知识和基本技能，用信息技术解决问题的能力，以及信息化社会中的行为规范。

其中用信息技术解决问题的能力是提高信息素养的关键能力。表现形式由技术操作、软件使用、技术,到贴近生活的项目学习、科学、原理。

修订课标中其一就是落实"立德树人"的根本任务。立德树人是发展中国特色社会主义教育事业的核心所在,是培养德、智、体、美全面发展的社会主义建设者和接班人的本质要求。标准修订就是要将"立德树人"的根本任务落实到信息科技课程中,培养具备信息素养的公民,体现了民族性的基本原则。

其二标准修订适应信息社会发展需要。信息技术变革加快了现实空间与虚拟空间的融合,形成了一个全新的信息社会生态环境,重塑了人们沟通交流的时间观念和空间观念,深刻影响着人们的生活、工作与学习。课标修订针对新技术环境下信息社会发展需要而进行,加强了学生在信息社会的适应力与创造力方面的目标和内容。

其三,满足学生发展的需求。伴随数字化工具成长起来的"数字土著",天生具备信息技术应用的优势,但在数字化环境中也会表现出自我约束力弱、沉溺网络游戏、不负责任地发布网络信息等问题。因此不能让"数字土著"野蛮生长,而应养成现代公民所必须遵守和履行的道德准则和行为规范,增强社会责任感。[①] 这方面课标进行了相应的补充。

根据学生核心素养的主要内容与表现形式,结合学科内容与特点,将学生本学段核心素养的目标更加具体化,加入描述性语句,加强了针对性、可操作性,便于观察评价。并且根据培养的素养和学科内容的特点进行有针对性的教学建议,加入示范案例,以促进学生核心素养的形成。

三、核心素养与信息课程实施

在核心素养的引领下,基于信息科技利用学科自身特征并伴随技术门槛的降低,一些新的课堂形态如游戏(机器人、人工智能)、设计(电子刊物文本型、3D打印服装制作型、计算机编程型)、创作(绘画、编曲、动画、影视短片)等纷纷出现,这些原本被学校忽视或无法实现的学习方式将会焕发出勃勃生机。究其原因,在于这些学习方式更加

---

① 曹培杰:《重新定义课堂:核心素养视角下的教学转型》,《现代教育技术》2017年第07期。

真实、自然、综合化,更加符合核心素养引领下的育人实际,不仅有助于学生在完整情境中完成知识的习得,而且通过鼓励学生运用所学知识解决实际问题,可以实现从已知到未知的飞跃。未来的课堂将知识学习与社会实践、社区服务、参观考察、研学旅行等结合起来,构建以面向真实、富有个性、深度体验为特征的新型课堂,让学生的学习成为"建构世界"(认知性、文化性实践)、"探索自我"(伦理性、存在性实践)和"结交伙伴"(社会性、政治性实践)的三位一体的实践[①]。

在"核心素养"引领的教学中,做中学和玩中学是最好的教学方式。随着核心素养的全面实施,课堂形态可能会发生深刻变化,未来的教学将打破固定的课时安排,跨学科地开展面向真实生活的主题学习。值得注意的是,不管育人目标和教学方式发生怎样的变化,面向知识的学习仍然处于极其重要的位置——任何教学活动只要脱离了知识,便会成为无源之水、无本之木。重塑教学方式的本质不是弱化知识,而是用更生动、更深入、更灵活的方式强化知识的学习。学校教育一旦脱离基础知识和基本技能,仅仅追求花哨的教学形式,那么学生核心素养的培养最终只会成为"镜中花、水中月"。

第二部分　信息技术学科课程图谱

课程依据上海课程标准要求是:理解信息科技的知识,具备独立进行信息收集、处理、传输、表达的技能和能力;善于总结信息技术工具操作和使用的规律;了解各种信息技术工具及其功能在信息处理和支持学习中的用途和特点;学会选择和使用合适的信息技术工具,支持学习以及解决较为复杂、真实、开放的问题,并能根据特定的目的,批判性地鉴别、分析和评价信息的准确性和可靠性,创造性地筛选、组织、加工与表

[①] 任友群、李锋、王吉庆:《面向核心素养的信息技术课程设计与开发》,《课程·教材·教法》2016 年第 07 期。

达信息。基础型课《信息技术基础》，考虑教材的适用性，内容的难度主要以普及为主，往往偏于简单，只是针对学生普遍应掌握的和应具备的基本知识能力，缺乏对学生个性化发展和特色需求的满足，还不能完全达到课程标准所规定的目标要求。另一方面，信息科技课是一门理论与实践联系密切、发展迅速、实践性强、应用广泛的学科。没有一门学科能像它这样，应用、理论几乎同步发展，少有滞后性。但国家课程存在编写、出版经历的时间较长，教材正式使用时已经落后于技术的发展，发展型课程（包括拓展型、探究型、综合实践型、社团型课程）是国家和地方课程的拓展和延伸，充分反映新时期经济社会发展对人才培养的新要求，教学内容适应时代的发展需要，体现出信息科技课程与时俱进的特征。

在信息处理学习中"信息技术基础"基本以文本处理为对象，而中学生往往对图像色彩更敏感，对图形图像等更感兴趣，更能激发学生的创意，这方面的学习更有利于学生个性的发展和核心素养的提升。

"创意"一词来源于英文，就是创造性的想法。创意是对传统的叛逆；是打破常规的哲学；是一种智能拓展；是一种闪光的震撼；是破旧立新的创造与毁灭的循环；是跳出庐山之外的思路；是超越自我，超越常规的导引；是思维碰撞、智慧对接。

然而学生只熟练于一般的文字软件，对软件操作得很熟练，如果让他们做一些有参考效果图的练习，他们大都能依样画葫芦做出来，但一遇到开放性的题目，比如只给主题和素材或只规定某个主题，需要学生发挥自己的想象力和创意能力的时候，他们就觉得无从下手，所设计的作品画面大都杂乱无章，只是简单的素材图片的堆砌，忽视了构图、色彩、层次、逻辑等知识的应用，特别是没有自己的独特想法和创意，不能给人以美的享受，失去了设计的价值。另外数据、素材的采集、筛选、归类、重组也是学生学习的弱项；通过视觉、听觉软件的学习，如 Photoshop 图像处理、Flash 动画制作、音乐影视编辑与制作等软件，能更好地改善上述的缺憾，因为图像能更直接反映文件的隶属、易于鉴别文件内容性质等，也更容易培养学生的创新意识，激发学生的创意思维，最终提高学生的创意能力。

随着计算机网络的迅速发展，网站建设已成为企事业单位展示自我的重要途径。"动态网页制作"一般以数据库技术为基础，采用动态网页技术的网站可以实现实时交互功能；动态网页制作，通过对其研究，学生掌握在 HTML 中加入 Java Script 代码的方法，让学生从成功的体验中感受到 Java Script 特效的有趣之处，激发学生继续深入学习的欲望。有针对性地指引学生展开合作探究，对比、讨论找出方法完成知识迁移，为今后开展网站规划、设计和开发打下一个良好的基础。学生学习到的不仅仅是技术，还因为涉及到用户权限、隐私、言论、安全等诸多问题。要使学生意识到，在现实空间和虚拟空间中遵守公共规范，维护他人合法权益和公共信息安全，遵循基本的信息社会责任。也是核心素养的重要组成部分。

"Scratch 趣味程序设计"、"VB 程序设计基础"的学习，涉及更多的逻辑判断和计算思维；它们的可视化、模块化、零起点、编译快的特点，使编程变为可视的游乐项目，将抽象的代码变为具象的图形，极大地降低了编程的门槛，成为学生喜欢的学习编程的工具，并从学习中提升了计算思维能力。

信息技术既是一个独立的学科分支，又是所有学科发展的基础。信息技术课程的基础性表现在，它是信息技术在各个学科中应用乃至全部教育活动的基础，是学生在今后工作与生活中有效解决问题的基础，是学生在未来学习型社会中自我发展、持续发展的基础。信息技术课程的综合性表现在，其内容既包括信息技术的基础知识，信息技术的基本操作等技能性知识，也包括应用信息技术解决实际问题的方法，对信息技术过程、方法与结果评价的方法，信息技术在学习和生活中的应用，以及相关权利义务、伦理道德、法律法规等。人文性高中信息技术课程的人文性表现在，课程为实现人的全面发展而设置，既表现出基本的工具价值又表现出丰富的文化价值，即既有恰当而充实的技术内涵，又体现科学精神，强化人文精神。

信息技术课程既包括软件部分也应包括硬件部分，目前学生的学习内容几乎是学习软件理论的天下，硬件知识少而又少，轻硬件重软件是当前信息技术教学的一种弊端，不利于学生对信息技术系统的认识和把握，也不利于学生信息思维与动手能力的培养，硬件如何响应软件的指令，人机如何更好地交流，这是我们应该重视的问题。而"认识机器人"，是软件和机器硬件的结合，学生通过编程，利用传感器和执行器来控制机器人，制作出交换功能强大、智能化的硬件实体。能够让学生在掌握基础程序设计思想与方法的同时，了解计算机硬件的运行方式，轻松地制作出具有一定创新性的作品,感受到无形的软件技术与真实的硬件完美结合的奥妙,大大提高了编程及制作的乐趣,同时机器的运作需要多个部件共同协作,学生合作完成不同部件动作的编程,来产生协调一致的效果,成果是在合作共赢的基础上产生的,增强了学生之间合作协同的意识。课程图谱如下图所示。

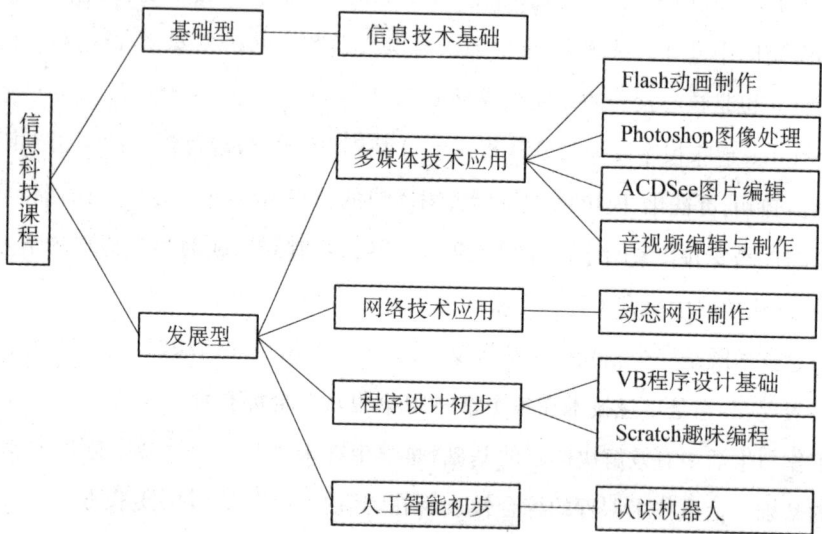

信息技术课程图谱

进才实验中学信息技术学科课程设置

学期 ＼ 分类	基础型	发展型			
	信息技术基础（模块）	多媒体技术应用	网络技术应用	程序设计初步	人工智能初步
六年级(上)	信息概述 计算机网络 信息收集与管理 信息加工之文档处理 信息加工之数据处理	Photoshop 图像处理 Flash 动画制作		Scratch 趣味程序设计	认识机器人

学期＼分类	基础型	发展型			
	信息技术基础（模块）	多媒体技术应用	网络技术应用	程序设计初步	人工智能初步
六年级（下）	信息的表示 计算机系统 信息加工之图片处理 信息表达之 PPT 制作 信息表达之网页制作	Photoshop 图像处理 Flash 动画制作		Scratch 趣味程序设计	认识机器人
七年级（上）		Photoshop 图像处理 音视频编辑与制作	动态网页制作	VB 程序设计基础	
七年级（下）		Photoshop 图像处理 音视频编辑与制作	动态网页制作	VB 程序设计基础	

（撰写：周巍　严国荣）

第三部分　信息技术学科课程纲要

　　信息技术是工具还是科学？当前信息技术课程在培养学生信息加工能力上迷失了方向，技术操作为主要内容的课程受到更多的质疑，课程存在的核心价值是什么？计算思维的提出，让有识之士看到了希望。计算机思维也成为信息技术核心素养中最重要的一环。学生信息素养的养成和课程的自身发展都有了明确的目标。计算思维的培养,能有效提高学生利用信息技术解决问题的能力层次,使更多的学生成为未来信息技术的创新者。计算机思维的培养,也成为我校信息课程校本化开发实施的目标。

1　PhotoShop 图像处理与合成课程纲要

适合年级:六年级

一、课程背景

数码相机和智能手机的普及,使用电子摄影作品传递交流信息成为生活中的常态。如何运用图片处理软件,修饰美化合成电子图片作品,成为学生潜在的需求。PhotoShop 作为目前图形图像领域最领先的处理软件,在平面设计、网页设计、三维设计、数码照片处理等诸多领域广泛应用,受到学生的欢迎。PhotoShop 所呈现的简捷和自由的操作环境,使我们在图像设计时游刃有余。当然,PhotoShop 作为一款大型图像处理与合成软件,想要用好它不是在朝夕之间,只有经过较长时间的学习和实际操作才能熟练运用,设计出更多更好的图像处理作品。本课程从一个图像处理初学者的角度出发,合理安排知识点,并结合大量实例进行学习。通过本课程学习,学生能掌握 PhotoShop 的基本知识和应用技能,完成日常图像处理和合成设计任务,拓展学生信息科技知识技能,提升学生信息素养。

课程理念:以实例制作为训练主线,培养信息技术实践能力。本课程以图像处理实例作品的制作为主线,结合 PS 软件应用功能的学习,丰富学生信息科技知识,拓宽学生信息科技视野,激发学生们信息科技创新精神,培养学生信息科技实践能力。

二、课程目标

通过本课程学习,理解图象色彩原理,掌握利用 PhotoShop 进行图象处理的基础知识和技能,掌握 PhotoShop 中各种工具和滤镜的使用。

1. 了解 Photoshop 的图象色彩原理、色彩模式的转换以及色调和色彩调整的技巧和操作。

2. 掌握 Photoshop 的命令、工具、基本功能和方法,图层、通道、路径等的概念和使用。

3. 掌握滤镜的功能和使用滤镜制作各种特效的技能。

4. 利用所学习的知识进行图象处理,独立设计主题 PhotoShop 图片作品。

三、课程内容

本课程从 PhotoShop 6 方面技术模块开展实例学习,具体如下:

模块 1:照片的基本处理技术

学习实例"修复倾斜的照片"、"清除照片多余部分"、"用钢笔工具更换背景"、"偏暗照片的调整"。

模块 2:照片色彩调整与校正技术

学习实例"让天空更湛蓝"、"修复色彩失真的照片"、"用渐变层调节照片颜色"、"给黑白照片上色"。

模块 3:文字艺术化设计技术

学习实例"火焰字"、"边框字"、"牵手字"、"透明阴影字"、"红色雕刻字"、"可爱的数字"。

模块 4:图片边框设计技术

学习实例"美丽的艺术边框"、"绿色水珠创意边框"、"聚焦效果边框"、"随意边框签名图"。

模块 5:滤镜效果应用技术

学习实例"制作木地板效果"、"制作牛仔布效果"、"制作水晶球效果"、"制作豹纹图案效果"、"制作老照片效果"、"制作雪景照效果"。

模块 6:艺术卡片合成设计技术

学习实例"设计教师节贺卡"、"设计新年贺卡"。

◈ 四、课程实施

本课程面向六年级学生，共计 26 学时，教学场地为计算机教室，使用自编教材，PhotoShop CS 软件。学习方式为：PhotoShop 原理的讲解；实例作品制作演示，学生自主学习演示实例、小组研讨 PhotoShop 工具的作用和方法、实例作品的体会反思、进阶提高。具体包括：

（一）任务驱动法

以探索问题来带动学习兴趣，把教学内容设计成一个或多个具体的任务，学生通过完成这些任务，掌握教学内容，达到教学目标。

（二）案例学习法

在 Photoshop 教学过程中，以具体作品实例作为分析对象，师生共同参与作品实例的分析、讨论。

（三）自主学习法

在教师的指导下学生自主学习实例演示。教师提供自学提纲，提供一定的阅读材料和思考问题的线索，学生围绕实例作品独立思考，探求领悟。

◈ 五、课程评价

课程成绩由"平时考评"——任务评价（50％）与过程评价（50％）综合打分。和"期末考评"——为出勤情况、提问检测、综合应用练习。

平时考评按照自评、互评、指导教师评价相结合的原则进行，其中，自评权重为20％，互评权重为 30％，指导教师评价权重为 50％。

学生评价等级分为优、良、合格与需努力四级。90 分及以上为优秀，75—89 分为良好，60—74 分为合格，60 分以下为需努力。

（设计：严国荣）

2 Flash 动画制作课程纲要

适合年级：六年级

一、课程背景

Flash 动画是当前非常流行的一种电脑动画，在网页制作、电影动画、MTV 产品宣传、网络游戏等方面有着非常广泛的应用，而中学生在日常学习娱乐中经常看到、听到、使用到 Flash 作品，学生还会津津有味地谈论动画剧情、游戏人物及攻略。因此学生对 Flash 有着浓厚的兴趣，为开设这门课程奠定了充分的条件。我们也想以 Flash 电脑动画制作为契机，开展兴趣教学，旨在丰富学生学习生活，积极进取、勇于创新；培养其发现问题、分析问题和解决问题的综合能力，并运用信息技术手段设计、创作电脑作品。通过动画制作的学习，使学生提高应用信息技术解决生活和学习中的复杂问题的能力，并通过信息的收集加工，体验信息及信息技术的创新利用，促进学生拓展自己的知识领域，从而提升学生的自身素养。

课程理念是：用技术辅助表达，用创新点亮生活。用 Flash 技术去制作动画，不管是音乐、故事、游戏、都传递出个人对生活的理解和感悟，呈现出思维中虚拟的现实。

二、课程目标

1. 理解动画帧原理，掌握补间形状、补间动画概念及其区别。知道动作代码的作用。通过学习，初步掌握形变动画、位移动画的基本制作，逐步领会特效动画的制作特点，能够运用几种常用的代码制作交互动画；尝试设计制作自己的主题动画。

2. 体会时序、空间位置，学会综合运用图像、音频、视频及人机交互，发展创新思维，善于将想象与技术手段结合，完成虚拟现实，激发学习与创作热情。

3. 通过正能量作品的潜移默化，促进对生命意义、安全意识的理解，养成自尊自爱、健康文明的生活态度。

◈ 三、课程内容

本课程分为 4 个模块,分别是:基础绘图、基础动画、特效动画、交互动画。

模块 1:基础绘图

包括工具使用;线、面作图之形状、线型、笔触、填色;其中实例包含《瓢虫》、《金鱼》、《苹果》等的制作。实践操作包含《昆虫》、《菊花》及《梅花》图形的制作。

模块 2:基础动画

两部分内容其一为"补间形状"(变形动画),介绍帧、关键帧等,分散图形与组合图形,图层的作用;实例包括图形的变形《生长的线》、《方、圆、多边形》、《变形球》,文字的变形。实践包括《方圆角的变化》、《字母的变化》;综合练习包括《烛光》、《金字塔》、《翻页》的制作。其二为"补间动画"(位移动画)。介绍元件与场景的概念,即元件为"舞台道具",只能在"后台"制作;实例包括《球的运动》、《打印字》;实践包括《跳跃篮球》、《风车》、《波浪字》、《转动字》、《移步幻影》、《旋转幻影》等。

模块 3:特效动画

两部分内容其一为"引导线动画";介绍引导层概念,多帧编辑;实例包括《飞机环绕》、《珍珠项链》制作;实践包括《螺旋飞行》、《迷宫》、《游动的鱼》、《环型字》、《地球绕日》。其二为"遮罩特效";介绍遮罩层;实例包括《七彩文字》、《闪烁文字》。实践包含《泰坦尼克》、《探照灯》、《深邃的蓝》、《波光粼粼》、《放大镜》。

模块 4:交互动画

两部分内容其一是"按钮制作",按钮动作的分解;实例包括《简单按钮》;《变换按钮》、《雷达波按钮》;实践包括《爱心锁》、《翩翩蝴蝶》、《鳄鱼之吻》。其二是"简单代码",介绍帧动作和按钮动作概念;实例包括《控制移动》、《下拉菜单》;实践包括《红绿灯》、《变化的小狗》。其三是"综合运用",介绍影片剪辑元件的应用;范例包括《旅游广告》、《地球公转》、《飘动文字》、《倒影效果》;《行走的人》、《转动缩放钱币》、《猫捉老鼠》。实践部分选择范例仿制;自选主题,自主设计作品。

四、课程实施

本课程共计 26 学时,教学场地为计算机教室。采用自编教材、Flash8 软件。主要实施方法如下:

1. 理论讲解

FLASH 是一门操作性很强的课程,我采用的教学方法是先实例后概念的方法,教学是一个 W(what)——H(how)——W(why)的过程,每次课让学生清楚地知道这节课我们主要学习什么,要求掌握什么,这就是第一个"W";随即展示运用这一知识点制作的 Flash 动画,这就是中间的"H",让学生直观感受到这一知识点所带来的效果;最后,讲一下原理知识,介绍 Flash 知识及为什么要这样做,使学生进而从感性认识上升到理性的分析,这就是最后一个"W"。也就是先不讲理论知识,而是通过一个个实例,调动起学生的学习积极性后,再一步步操作做给学生看,避免了单独讲理论的乏味。最后,学生自己试着做出特定的实例。

制作完成后,成功的学生因能够直观的欣赏到自己的作品,没做出来的学生急切地想知道自己哪一步出了差错,在探讨中整个班级的学习气氛高涨,学习动力加强。

2. 实例演示与模仿制作

在讲授每个知识点之前至少展示 1 个实例并进行制作讲解,通过实例使学生能够有效理解巩固概念,并且使学生在学习的过程中找到 Flash 内在的规律。

实例演示本着由浅入深的方式进行。包含——基础,是指教师讲授为主。选用操作简单、结构明了的案例,能够涵盖且突出该课需掌握的知识点。目的在于让学生尽快掌握知识点的操作;第二各阶段——提高,制作能覆盖前面几个知识点的典型案例,目的在于强制学生巩固学过的知识;第三个阶段——综合,设计一些综合性强,有一定难度和深度的案例,学生只有认真思考后才能完成,借此培养学生运用所学知识解决问题的能力。这样由浅入深的授课,能够使学生分阶段分层次进行学习。

课程实践中,以渐进方式学习,强调夯实基础和创新能力,多采用欣赏、模仿、自创的方式,使得学生能够制作、设计动画。

实施安排：每一讲以项目实例引入，通过尝试练习、巩固练习掌握基础，借助拓展练习创新提高。

（1）项目实例引入：包括完成的作品、核心概念、制作流程、操作要领；使学生在自主学习制作时，一目了然，方便自学。

（2）尝试练习与巩固练习：包括作品及温馨提示，在学习实例后自主练习，并有作业评价，包括知识点掌握、操作选择的得失评分。

（3）拓展练习：作品及友情提示，开展小组合作，头脑风暴，撞击火花，应用所学，完成作品，可以有不同途径或手段，发散思维，强调创新能力。

3. 作品展示、交流

分小组展示作品，小组选派代表，展示作品，说明创作意图，使用的方法技巧，哪些为本节课的新技术，哪些是已学内容，其他小组学生进行评议，指出可以改进的地方，尽量让学生畅所欲言，并进行打分；教师点评，总结本课重点。

五、课程评价

课程成绩由"平时考评"——任务评价（50％）与过程评价（50％）综合打分。和"期末考评"——为出勤情况、提问检测、综合应用练习。

平时考评按照自评、互评、指导教师评价相结合的原则进行，其中，自评权重为20％，互评权重为30％，指导教师评价权重为50％。

学生评价等级分为优、良、合格与需努力四级。80 分及以上为优秀，70—79 分为良好，60—69 分为合格，60 分以下为需努力。

（设计：周巍）

3　VB 程序设计基础课程纲要

适合年级：七年级

一、课程背景

在 VB 程序设计的过程中,学生要对问题进行严谨的分析,把问题抽象成相应的模型,提出合理的判断和推理,把解决问题的思路细化为算法流程,继而写出程序代码。编程者必须明晰概念条件、分析正确细微、推断合理可行,才能保证程序设计的正确。在这个过程中,学生的逻辑思维得到强化训练。而逻辑思维的过程与创新思维的过程密切相关,中学生学习 VB 程序设计能促进其逻辑思维的发展,从而为创新思维打下坚实的基础。创新思维往往是按照"发散→收敛→再发散→再收敛"的规律进行的。程序的健壮性、可靠性特征,会让学生在追求逻辑严谨时又不得不进行发散思维,学生必须在原有知识结构上尝试多种思路才能正确解题。爱因斯坦曾说过:思维的发散与组合,似乎就是创新的本质。中学生学习程序设计,可以促进其发散思维的发展,从而形成初级的创新思维。

VB 程序设计是从学习基本语句和基本数据结构开始的,对于初学者来说,每个程序都是从无到有的创新,每个问题都有一个"思维阈值",只有突破了这个"思维阈值",顿悟了,才能写出正确的程序。学生在进行程序设计时,几乎每个问题都会引发一次灵感思维,特别是在解决一些复杂问题时,学生经过长时间的苦思冥想终于顿悟的时候,那种内心的喜悦伴随着灵感思维的发展,将对学生创新思维品质的形成起到不可估量的作用。中学生是思维最活跃的一个群体,他们对未知领域有着天生的兴趣,对科学探究富有激情。通过学习程序设计,可以使学生学会自主学习、质疑反思、合作探究的方法,培养百折不挠的意志品质,从而促进其创新思维品质的形成。

VB 是可视化编程,相较其他语言学起来简单。是非常好的入门语言,上手比较容易,更好培养兴趣。VB 学习并不枯燥,上手后渐渐就会感兴趣。很多编程高手就是从 VB→Pascal→C→C++/JAVA 一路过来;这些语言都是相连的,一通全通。

课程理念是,思想风暴、丰富思想。问题求解首先需要解决的是问题的表示,进一步需要设计问题求解过程,包括约简、嵌入、转化、仿真、递归、并行、启发式推理、平衡与折中等,最后需要验证以确定计算过程的正确性与效率,典型方法有预防、保护、冗余、容错、纠错等,其中还需要多维度(时间、空间、简洁、社会、成本)考量计算的效率。程序的不断运行调试,要求思维的缜密、完整和极强的逻辑性。这样的思想交锋,发展了学生的计算思维能力。

⬡ 二、课程目标

本课程以认知规律为基础,以结构化的功能学习为主线,了解界面设计和面向对象、事件的驱动机制,以程序实例激发学习兴趣,熟悉程序设计的思想方法,设计思路,体验计算机程序分析解决问题的过程,提升逻辑思维能力和计算思维能力。为未来更深入的学习奠定基础。

1. 了解程序的基本知识,掌握对象属性、事件及方法,熟悉掌握基本命令和语法规则。分析算法,学会使用程序的三种基本结构进行编程,建立程序设计的基本思路,阅读理解简单的源程序和算法流程。能对简单程序分析功能,并进行调试、修改。

2. 提升信息意识、信息抽象、表示和属性评价的技能。理解数学的计算和计算机的计算的不同,即数学的"进位制"计算规则和计算机的"状态匹配"规则;比较算法与生活中解题的不同,形成编程解决问题的一般步骤;养成自主学习、合作互助的习惯,以及开拓进取、不断创新的精神。

⬡ 三、课程内容

本课程分为4大模块:基本知识、常量变量函数、常用控件、程序结构。

模块1:基本知识

熟悉程序界面,窗口工具使用;数据输入与显示;程序处理对象——控件,其属性、事件、方法的关系(记叙文中人物、外貌特征、发生的事情、手段等)。

模块2:常量变量函数

介绍常量、变量、表达式、语句、函数基本知识和应用。常量变量主要讲解数值(包括整型、浮点数)、字符等;表达式为:算术表达式、字符串表达式、关系表达式、逻辑表达式。运算符为"+、-、×、/、MOD、^、>、<、=、NOT、AND、OR";语句包括变量定义、赋值、条件、循环等;函数则包括数学函数、字符串函数、时间函数、数据类型转换函数。

模块3:常用控件

窗体、文本框、命令按钮、标签、单选多选按钮、滚动条、列表框、定时器、菜单;控件的属性,共同属性包括外观效果、背景颜色、边界类型、字型、高宽度、边界距离、对齐方式、背景样式等;控件的方法各有不同,如移动控件、移动焦点等;控件的事件,包括激活、单击、双击、拖放、获得焦点、按下键盘按键等。

模块4:程序结构

顺序结构;

分支结构

if-then-else-endif,多分支结构 selcet case-case-case else-end select;

循环结构

Do While condition-Loop,Do-Loop While condition,For-To-Next,For Each...Next;

问题的数学模型建立(对具体问题的抽象,控件、属性、事件、方法的建构)。解题方法与算法。

四、课程实施

本课程共计26课时,场地为计算机教室,自编教材,VB6.0软件,多媒体计算机。组织形式:从报名参加的学生中,挑选40人组成一个班级。按3—5人为一组分组。

(一) 展示范例

课前准备。接触"VB编程"课程的学生,因为是零起点,对这门课完全是陌生的。因此以实践体验内容为参考,制作简单易懂的教学范例。学生经常会看到电视上有滚动手机号码进行抽奖的活动,还有学生经常会玩一些连连看、开心农场、心理测试等小游戏,缘与此制作了一些类似的小游戏程序为教学范例。这样可以有助于提高学生的学习兴趣。

巧用生活实例做类比，把深奥的理论讲的通俗易懂，使学生易于理解。在演示中教师可多做些比喻，比如 VB 编程比较像写剧本，控件是演员，属性是外貌特征，事件是动作，方法是手段，编写代码是每个演员的戏份。编写时要想好故事的发展过程，谁出场，做什么，接下来发生什么，谁该接着谁，有着清晰明了的逻辑关系。然后通过具体实例演示并分析，学生比较容易掌握 VB 程序设计步骤。

（二）模仿编程

在"VB 编程"的运用分为两个阶段，第一阶段是学生动手模仿做，通过模仿掌握编程中一些具有共性的知识，如了解程序设计的基本思想和基本流程；理解一些基本概念。每节课教师依据知识点设计一个小程序，将所要学习的新知识隐含在本节课的任务中，并进行知识点的实例分析，理解解决的方法。然后让学生自己模仿编写，揣摩知识点，提高分析和操作水平。能够完成程序运行并不是终点，要让学生通过对任务进行分析、讨论，明确它大体上涉及哪些知识，并找出新知识，说出程序流程，使用了哪些控件，触发了什么事件？事件的类型？哪些控件做出响应？其属性值发生了什么变化？各个变量值又发生了什么变化？使学生头脑中对程序运行有清晰的概念和思路。这是一个知识强化的过程，增强对问题处理的理解，并形成解题方法定式。

（三）独立编写

第二阶段是学生"创新做"，有了模仿阶段的基础，学生在该阶段主要学习一些有差异性的知识。这里的"创新做"第一层含义是在模仿的实例中还有值得改进的地方如加强人机互动、增强容错性、循环结构变函数处理等，相对于实例难度提升一小步。第二层含义是在学习了相关知识和相关实例后，自己动手解决问题，需要分析问题、抽象信息、建立模型（控件、算法）、书写代码、调试运行，难度提高一大步。这里也需要教师积极指导，小组成员积极讨论，交流想法。为清晰思路，简化问题，教师拟出解题提纲。通常将解题分为三个步骤：1. 问题涉及哪些控件，一一列出。2. 建立模型，用文字说明解题步骤和思路的过程，这是最重要的一步，算法（伪代码）比代码容易入手，需要学生大胆合理设想，将文字整理成一行一个祈使句完成第二步。3. 对照每个祈使句写出相应代码，运行调试。同样大的问题可以通过切蛋糕形式，组织小课题加以解决，拓展思维空间,激发成就动机,发挥主观能动性。

在课堂组织上,采用了小组互助形式。小组互助式学习不仅有利于同学们解决问题,集体探讨便于汇集好的想法和思路,提升合作意识和协作精神提高综合素质。要进行小组互助式教学,首先要合理的组织学习小组,分组要采用"组内异质、组间同质"的原则确立,这样可以使每个小组之间保持均衡,而组内成员可以差异互补。在经过几次课程之后,依据观察调整小组成员。

五、课程评价

VB课程采用平时成绩、上机实践、期末考试有效结合,学生全程参与教学的考试模式。课程成绩 = 平时成绩(30分) + 上机实践(30分) + 期末考试(40分)。

1. 平时成绩。根据学生出勤情况以及在课堂上回答老师提出的问题给出成绩。教师根据教学的内容,合理设置问题,抓住每次课的教学重点,由学生主动作答,判断正误,记录分数,占 1/3 分数。同时,依据课堂表现给出评价分数。考勤成绩占 1/3 分数。

评分表

指标	评分			
	100	80	60	40
掌握知识程度				
积极参与程度				
互助合作程度				
探究思考程度				
总分				

2. 上机实践。VB课程需要上机进行实践操作,每次实验课,根据教学的内容,布置基本实验任务,此外,还要安排综合实验,由小组同学合作完成,锻炼学生的团队合

作精神。

3. 期末考试。针对全部教学内容的综合考试,采用课程考试系统,并将试卷分成不同的难度等级。学生可以根据自身情况自由选择。

（设计：周巍）

第十三章　科学学科课程图谱

　　初中科学课程,其核心价值是培养学生的科学素养,使学生获得基本科学知识,形成科学基本能力和具有科学基本价值去向。围绕科学教学核心素养在课程中的体现,我们从情景探究、实验操作、生活揭秘、科学人生四个方面出发,针对不同年级的科学教学,设计了不同的相关课程内容。通过优化课堂环节,提供释放学生潜能的机会和平台,帮助学生从整体上认识自然和科学,深化对科学的理解,促进科学素养的发展,为认识和适应未来不断变化的世界做好准备。

第一部分　科学学科核心素养

第二部分　科学学科课程图谱

第三部分　科学学科课程纲要

第一部分　科学学科核心素养

上海市初中科学学科育人价值研究课题组组长许萍老师指出：上海市初中科学课程的核心价值是培养学生的科学素养，具体表现为使学生获得基本科学知识，形成科学基本能力和具有科学基本价值取向这三个方面的内容[①]。

一、科学学科核心素养的内涵与构成

以发展学生核心素养为导向的教育理念已成为深化基础教育改革的新指向、新动力。核心素养要求教师把"学科教学"变为"学科教育"。课程标准从学科角度提出了细化的学科落实核心素养的途径。科学课程中综合的各学科（物理、化学、生物、地理）都共同承担起了培养核心素养中科学素养的任务，对部分核心素养中的科学素养成分侧重又有所不同，关照了学科育人的独特功能。

《义务教育科学课程标准（2011年版）》中明确指出，科学课程以提高每个学生的科学素养为总目标，涉及科学探究、科学知识与技能、科学态度情感与价值观、科学技术社会环境等多方面的能力要求。依据众多专家、学者的探讨，结合我校多年科学教学的工作实践，我们认为初中科学课程的核心素养应由以下几点组成：

1. 保持对自然现象的好奇心和求知欲，养成与自然界和谐相处的生活态度。

2. 了解或理解基本的科学知识，学会或掌握一定的基本方法和技能，能解释一些常见的自然现象，解决有关的实际问题。

3. 经历科学探究过程，增进对科学探究的理解，发展科学探究能力，初步养成科学探究的吸管，增强创新意识和时间能力。

4. 养成科学的思维习惯，逐步形成用科学的知识、方法和态度去看待和解决个人与社会问题的意识。

---

① 许萍：《科学探究　格物厚德》，《现代教学》2013年7、8期合刊。

5. 了解科学、技术、社会、环境之间的关系,深化对科学的认识,关心科技进展,关注有关的社会热点问题,初步形成可持续发展的观念。

6. 初步形成对自然界的整体认识和科学的世界观。

可见,科学学科的教学最终是为了提高每一位学生的科学素养,促进学生健康人格的形成。

二、科学核心素养在初中科学课程中的体现

初中科学课程核心素养的六点始终贯穿于初中科学教学内容中。根据我校一线科学教师教学实践,科学核心素养在初中科学课程中的具体体现如下:

对自然现象好奇心和求知欲的体现:观察生物(我校预备年级科学综合实践活动:观察蜗牛);了解生命的诞生与成长;青春期与生育;能的来源;生物体如何获取能量;空气中各组分及其用途;空气污染对健康的影响;宇宙起源;人体中水分和能量的平衡与调节;声音的产生与传播;认识脑的主要结构。

了解基本科学知识和技能的体现:测量质量、长度、体积、温度、力;加热液体;计量时间;测量气体压强;显微镜的使用;电流表、电压表、电能表的使用;制作简单的生物检索表;制作微型净化水装置;学会计算家里的电费;食物中主要成分的作用及其检验;凹透镜与凸透镜。

经历科学探究过程的体现:探究热胀冷缩原理及其应用;通过保温瓶大比拼了解不同物质的导热性差异;燃烧与灭火;动植物的呼吸;酸碱溶液在日常生活中的运用。

养成科学的思维习惯的体现:用粒子模型描述物质三态;失控的能的转化;酸碱溶液混合后的变化;作用力与反作用力;电流随电压的变化;电流的磁效应。

了解科学、技术、社会、环境之间的关系,关注社会热点的体现:吸烟对健康的影响;艾滋病的病因及传染途径;能的转化;上海的能源供应;水质污染的原因、危害与防治;酸雨的原因及防治;废弃材料带来的环境问题;土地荒漠化与防治;海洋污染与海洋灾害;环境保护对人类行为的要求。

初步形成对自然界的整体认识和科学的世界观的体现:物种的消失及生物间的相互依赖;自然界里的水循环;大气中二氧化碳和氧气的相对平衡;人口过度增长带来的影响;空间开发与人类;生态系统的相互关系。

三、科学学科的核心素养在初中科学学科课程实施中的主要途径

核心素养较素质教育更加注重自主发展、合作参与和实践创新。这里的"素养"所对应的主体是"人"或"学生",是相对于教育教学中的学科本位提出的,强调学生素养发展的综合性、整合性、跨学科性和跨领域性。因此,随着"核心素养"的提出,科学教学的理念、方法都必须做出相应的改变。在初中科学学科课程实施过程中,教师应注重以下几点:

1. 加强对易混淆概念的辨析,促进学生深度理解概念本质。初中生虽然已具备一定的思维能力和分析问题的能力,但在分析问题时往往浮于表面,缺乏深入、综合的思考,深入分析问题和理性分析问题的能力不足。初中科学中有许多易混淆的概念。对此,教师应立足概念的建立过程,引导学生分析它们的联系与区别,帮助学生有效辨析易混淆的概念。

2. 关注错误前概念对学习的影响,建构正确的科学概念。前概念是指没经过专门的教学,而在日常生活中通过辨别学习、积累经验而掌握的概念①。在学习新概念时,学生往往会带着一定的前概念,因而对问题有着不同的想法,从而对科学概念的学习产生干扰,阻碍学生对科学概念的建构。

因此,教师在教学中应充分了解学生的前概念,倾听学生的内心想法,并关注学生错误前概念对学习的影响,从而引导学生在新的学习中,扩展、更改或重新组合已有的前概念,纠正错误的前概念,进而建构正确的科学概念。

3. 探寻概念的核心本质,明确概念建构的意义。美国教育心理学家奥苏伯尔认为,获得概念有两种形式,一是概念形成,二是概念同化。初中科学中的许多概念都是以同化的方式来建立的,将新概念与学生认知结构中的旧概念进行类比,有利于学生找出二者的本质区别,进而探寻到概念的核心本质。在初中科学教学中,教师应让学生明白引入概念的目的,及概念的核心要素,引导学生追根究底,深刻领悟概念的核心本质,明确概念建构的意义。

4. 展示建构概念图的思维过程,构建概念间的联系。概念图的优势在于,能清晰表达多个相关概念间的联系与区别。教师应注重挖掘概念间的内在联系,将多个概念

---

① 胡永兵:《基于核心素养的初中科学核心概念教学探索》,《中学教学参考》2017 年第 07 期。

整合成一个相连相容的网络,帮助学生理清新旧知识的关系,构建完整的知识网络,使学生从整体上把握好知识。

5. 创设问题情境,开展实验探究,促进概念的有效建构。研究表明,在真实的问题情境中,学习者更有动力去获取知识,所学知识更容易提取,这些信息也更容易在后续课程中被加以应用。为此,教师在教学中应创设问题情境,引导学生开展实验探究,促进学生对概念进行有效建构。

核心素养下的科学教学应运用多种策略基于科学概念的核心问题展开研究,促进学生良好思维品质的形成,促进学生核心素养的提升,突出学生创新能力的培养。科学核心素养是科学的教与学过程应当特别关注的基本素养,科学核心素养不是指具体的知识与技能,也不是一般意义上的科学能力,是结合了科学素养、文化素养和道德素养,具有综合性、阶段性和持久性。

第二部分　科学学科课程图谱

一、科学课程结构

初中《科学》课程是一门综合性的基础课程。它开设在六、七年级。它处在小学《自然》课程之后、初中分科科学课程之前,承上启下,帮助学生从亲近自然走向亲近科学。科学素养求真,文化素养臻美,道德素养向善,它们相互依存,相互促进,成为统一的整体。初中阶段的科学课程从内容和知识点上来分主要包含以下五个方面:科学探究;生命科学;物质科学;地球和宇宙;科学、技术、社会、环境。

(一) 科学探究

设置两个主题:增进对科学探究的理解和提高探究的能力;科学探究所需要的基本技能。能力方面有一些基本要素,如:提出科学问题;进行猜想和假设;创制计划,设计实验;获取事实与证据;解释、检验与评价;表达与交流等。技能方面有:实验技能;合理合法地收集、处理和发布信息的技能。

学生学习方式的完善,要求教师在教学过程中,一方面注重创设民主的课堂教学环境,激发学生参与的积极性,倡导自主学习、合作学习与探究学习;另一方面在组织这些活动的过程中,要最大限度地利用教育资源,让学生通过自己的活动与实践来获得知识,有机会根据自己的理解发表看法与意见,从而使学生的创新精神与实践能力得到充分发挥。如"情景探究"中的"灭火",我校每年都会举行消防演习,学生对灭火的场景并不陌生,在课堂上,先让学生来说,学校里有哪些消防器材,它们为什么可以灭火。通过模拟灭火实验后,学生了解灭火原理,再观察教室走廊里的消防器材,分析在不同环境中应选择何种灭火器。

(二)生命科学

生命科学设置五个主题:生命系统的构成层次;生物体内物质和能量的转换;生命活动的调节;生命的延续和进化;人、健康与环境。

科学教师对教材内容在熟悉的基础上应展开深度分析,对于教材上的内容设计,可以有所取舍,做好对比和选择,以提高学习针对性。同时,备课更要备学生,要根据六、七年级学生的年龄特点和学习认知基础,选择适合学生的课内和拓展教学内容。如"观察蜗牛",是基于六年级科学"观察生物"这一内容展开的综合实践活动,考虑到六年级学生的文字能力还不是很强,六年级科学备课组在设计活动单时,设置了以下内容:①通过网络或书本了解蜗牛,写出它的一个特点(如:牙齿有两千多颗);②画一画/拍一拍你的蜗牛,并标出身体各部位名称;③设计实验方案证明蜗牛是否有视觉/听觉/嗅觉等;④蜗牛日记(表现形式不限,可以写/画/拍等)。这样的活动单,六年级学生人人都能参与,都能展示自己的才华,在观察蜗牛过程中,既学到了知识,又提高了综合能力。

初中科学课程以主题形式组织与生活、社会和自然界有关的科学内容,并搭建以科学实践活动为主题的学习平台,让学生在系列的科学实践活动中,逐渐高探究实践水平。同时,形成概念,建立模型,理解规律,学习价值判断,体验科学本质。为此,初中科学教师在实施教学时必须加强对教学内容的结构化与问题化组织。如"营养之路",课堂上发放活动纸,上有人体及部分脏器轮廓图,对于七年级学生而言,通过之前内容的学习,大多数同学能标出正确的脏器名称,再根据活动纸的要求,在人体图上标出"一颗苹果籽"的旅行路线图,教师结合营养与吸收之相关知识,帮助学生回顾、总结营养在人体哪个部位吸收,加深印象。

(三) 物质科学

物质科学设置四个主题:常见的物质;物质的结构;物质的运动与相互作用;能与能源。

(四) 地球和宇宙

地球和宇宙设置两个主题:地球在宇宙中的位置和人类生存的地球。

(五) 科学、技术、社会、环境

本部分设置四个主题:科学、技术、社会、环境的关系;科学技术史;技术设计;当代重大课题。

初中科学课程是要使学生获得一些通用的科学概念和重要的科学观念。科学观念包括自然界的运动变化是有规律的,自然规律是可认识的,人与自然需要和谐发展等。初中科学教材中有许多的活动内容,它们与文字、图像内容共同构成了教材的主要部分,发挥着重要的作用,体现出育人价值。如"人与自然"。这个主题比较广,可以从多角度展开,如水质污染的防治,海洋污染与海洋灾害,人口合理增长的必要性等。科学基本价值去向的育人价值在于培养学生热爱自然的情感,形成求真求实的态度,养成科学做事的习惯。

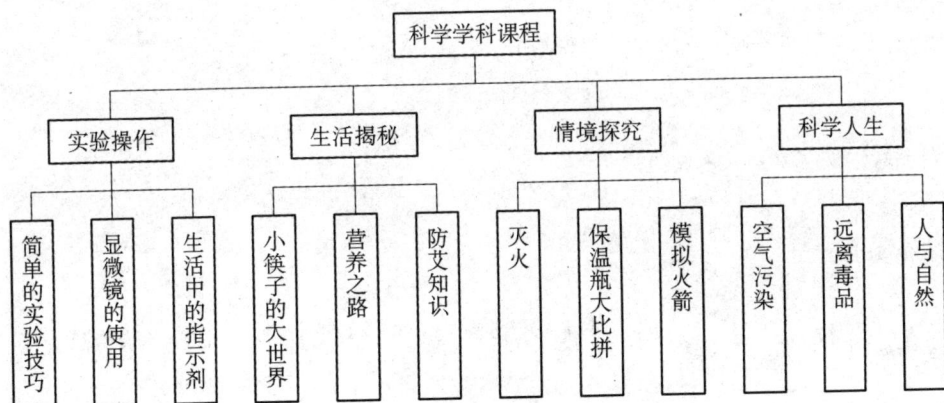

科学学科课程图谱

二、科学课程设置

在初中的学习中,共有两年即六、七年级设置科学课程。初中科学课程在小学自然课程的基础上,通过进一步学习必要的和基本的科学知识与技能,为学习其他学科的知识和后继学习打下基础。由于科学核心素养、核心能力的培养在学生不同的年龄段中的侧重点有所不同。因此,各年级科学学科课程安排如下:

对于六年级学生,注重学生主动参与学习,加强学生的思维训练。因此,在六年级安排"简单的实验技巧"、"显微镜的使用"、"保温瓶大比拼"等课程和"观察蜗牛"等综合实践活动。

对于七年级学生,更侧重培养学生的探究能力,注重介绍现代科技及其与社会的联系。如"生活中的指示剂"、"模拟火箭"等。

我们将以核心素养为纲,在明确课程价值定位的基础上,在现有课程的基础上不断完善学校课程的系统设计。除了基础类课程外,我校的科学课程设置如下表所示:

科学学科课程设置表

学期 \ 分类	实验操作	生活揭秘	情境探究	科学人生
六年级(上)	简单的实验技巧 显微镜的使用	观察蜗牛 防艾知识		
六年级(下)			灭火 保温瓶大比拼	空气污染
七年级(上)	生活中的指示剂	营养之路		远离毒品
七年级(下)		小筷子大世界	模拟火箭	人与自然

(撰写:黄伦　陶翔云)

第三部分　科学学科课程纲要

我校的科学课程建设,以培养学生科学素养为宗旨。通过学科教学和科学拓展、科学探究活动的开展,使学生保持对自然现象较强的好奇心和求知欲,养成与自然界和谐相处的生活态度,了解或理解基本的科学知识,学会或掌握一定的基本技能,并能用它们解释常见的自然现象,解决一些实际问题,初步形成对自然界的整体认识和科学的世界观,增进对科学探究的理解,初步养成科学探究的习惯,培养创新意识和实践能力,并能关注科学、技术与社会相互影响。

1　食堂废油自制肥皂课程纲要

适用年级:七、八年级

一、课程背景

地沟油,泛指在生活中存在的各类劣质油,如回收的食用油、反复使用的炸油等。学校中每天也会产生大量的剩菜剩饭及要倒掉的回锅油等废弃油,是地沟油的重要源泉之一。假设学校产生的废弃油没有被回收利用制成地沟油,一般也是随意排到下水道中,废弃油可在排水管中累积脏污,一方面在无形中折损排水道的寿命,一方面也对河川造成极大的污染。那么学校中废弃油的处理,最好的解决办法就是进行循环利用,变废为宝。本课程基于此来开展。

本课程的理念:实验实践,变废为宝。课程以实验式的探究为主线,在实验中发现问题,经过思考、讨论、实验等一系列过程后解决问题,不断改进。学生经历失败、自己摸索探究方法后用废油制成肥皂,能形成成就感,提高对探究过程的兴趣。探究过程可以有效地培养学生的探究意识、探究能力和小组合作能力,使学生知道保护环境的重要性,认识到爱护环境从身边做起的可行性。

⬡ 二、课程目标

1. 通过观看视频、查找资料等,初步了解肥皂制作原理,确定实验方案。

2. 通过实验,能够以小组为单位利用食堂回收油制作简易肥皂,并不断改进实验方案。

3. 通过自制肥皂与购买肥皂的 pH、溶解度、去污能力等特性对比,确定自制肥皂的安全性,知道鉴定肥皂好坏的方法。

4. 通过肥皂的 DIY 及展示活动,懂得爱护环境,知道保护环境从自己做起的重要性。

⬡ 三、课程内容

本课程设计的思路是:通过教师的讲解、小组资料的搜索,初步了解废弃油的危害和肥皂的制作原理。学生以小组为单位确定实验方案后,收集废弃油、展开探究实验,并不断改进实验方案。最后通过肥皂的检测、肥皂的 DIY 及展示活动,懂得爱护环境的重要性。共分 4 个模块:

模块 1:收集资料,初步确定实验方案

通过教师的讲解、小组资料的搜索,初步了解废弃油的危害和肥皂的制作基本原理。学生以小组为单位初步确定实验方案,包括所需的仪器和原料、皂化值的确定、实施的步骤、注意事项等。

模块 2:自制肥皂探究实验开展及改进

以小组为单位收集学校废油,准备实验仪器和其他原料,并按照实验步骤开展实验。在开展过程中,因皂化值的不同、操作过程的差异,每组肥皂制作结果有很大差异,因此小组间可相互探讨,对实验方案进行进一步改进和完善。

模块 3：自制肥皂与购买肥皂的对比分析

自制肥皂到底合不合格需要进行进一步的验证。可测得其 pH、溶解度、去污能力等特性，和国家肥皂安全标准进行对比，确定自制肥皂的安全性。进一步与购买肥皂的各项特性进行对比，知道鉴定肥皂好坏的方法。

模块 4：肥皂的 DIY 及展示活动

在最优方案的基础上，对自制肥皂进行 DIY，可加入少量食用色素、香精、运用模具改变形状等，并进行展示活动，宣传爱护环境的必要性，知道保护环境从自己做起的重要性。

四、课程实施

本课程适用于七、八年级，总共 8 课时，每周 1 课时，每课时 40 分钟，每半学年为一个教学周期。一般面向一个班级整体实施，以每组(4—5 人)为单位开展。

(一) 具体实施方法如下：

1. 观看视频

视频包括肥皂的工业生产过程、食用培根制肥皂、手工 DIY 肥皂等。肥皂制作原理较为复杂，通过观看视频的方法可将其过程简单化，学生容易掌握。

2. 研讨交流

结合视频所学知识，在课下利用网络、图书等完成资料的查找，进一步了解肥皂的制作过程，并结合学校食堂废油的情况，以小组为单位进行讨论交流，确定实验方案。

3. 实验实践

以小组为单位开展探究活动，包括探究食堂废油自制肥皂实验的开展、改进、自制肥皂的检测、肥皂的 DIY 等。

4. 展示宣传

在食堂门口分发做好的肥皂、制作电子小报等开展展示宣传活动，宣传爱护环境、保护环境的重要性，呼吁人们保护环境从自己做起。

（二）教学安排：

根据课程目标实施需要，各课时内容可以适当调整。具体安排如下：

第一课时：观看视频，初步了解肥皂制作原理。

第二课时：小组自由组合及命名；讨论实验方案。

第三课时：以小组为单位利用食堂回收油制作简易肥皂。

第四课时：脱模、探讨实验改进方案。

第五课时：实验改进探究。

第六课时：自制肥皂与购买肥皂特性对比。

第七课时：肥皂 DIY。

第八课时：展示宣传，总结汇报。

五、课程评价

对学生的评价主要运用小组和个人相结合的评价方式。个人考评包括学生自评、互评、教师评价；因为课程中多为实验教学，小组评价以实验过程中小组实验完成情况作为评价标准。个人评价占 60%，小组评价占 40%，两者相加最后形成综合评价。

学生评价等级分为优、良、合格与不合格四级。90 分及以上为优秀，75—89 分为良好，60—74 分为合格，60 分以下为不合格。

（设计：王娅）

2 小筷子的大世界课程纲要

适用年级：七、八年级

一、课程背景

八年级物理第四单元简单机械中首先学习了杠杆，其中说到了筷子。著名物理学校李振道博士称赞：筷子如此之小，却精妙绝伦地应用了物理上的杠杆原理。杠杆模型在生活中比较普遍，学生在小学科学中已经有过了解，把这一课程放在七年级的第二学期，想以此做个科学到物理分支的连续性过渡。

本课程的理念是：多维调查，研究创新。"身体细长，兄弟成双，只会吃菜，不会喝汤"。筷子在中国诞生，已有3 000多岁，在人类的文明历史上，筷子可是一项了不起的科学发明。筷子使用对身心的作用、筷子的使用方法、不同的用途、筷子的设计和材料、不同国家的筷子设计和礼仪文化，等等，从一个物理知识到一双筷子，能衍射出很多的文化、科学，学生可以有多种研究角度，且适合低年级学生开展课题研究。

我校学生从预备开始已经有了探究课经验，在研究方法研究手段上有一定的认识。而且筷子作为杠杆的一种其原理也不是很难理解，学生可以表述清楚。所以确定了此课题。

二、课程目标

1. 通过对筷子材料和用途的调查，经历对比、研究，提高创新能力，设计时兼顾筷子的实用和环保功能，提升环保意识。

2. 通过学习，初步了解筷子的工作原理、用途，以及不同国家的筷子礼仪等，对筷子及相关领域有较完整的认识。

3. 通过对筷子历史发展的理解，体会到中华筷子文化中的丰富内涵，增强对中国文化的自信，增强继续和传承中华文明的决心。

三、课程内容

本课程设计的思路是让学生通过探究再次从细小处感悟到中国文明和文化，体会到中华筷子文化中的丰富内涵，在对礼仪文化的探讨中，增强继续传承的决心和信心。在历代的运用以及使用筷子的禁忌，来探索筷子在我国风俗礼仪文化中所体现的意义和价值；最后通过对于一次性筷子的使用调查，了解到我国一次性筷子的使用率，以及它带来的危害性和资源浪费的情况。通过这个课题不仅增加对历史文化内涵的认识，同时辩证性地利用筷子。该课程共分 4 个模块：

模块 1：纵横对比，挖掘文化历史。主要内容是：纵向调查筷子的发展历史，横向对比不同国家的筷子文化，深度挖掘筷子的人文历史内涵。

模块 2：基于科学，认识杠杆模型。主要内容是：再由筷子的杠杆模型出发，调查生活中不同的筷子握法。

模块 3：调查辩论，提升环保意识。主要内容是：结合环保问题，辩证地看待一次性筷子带来的污染、浪费问题。

模块 4：创新研究，设计新型产品。主要内容是：最后结合新科技和新用途，设计一双有特殊用途的新概念筷子。

◈ 四、课程实施

本课程适用于七、八年级，总计 6 课时。可以对一个班级整体实施，也可把七年级部分对科学有兴趣的学生合成一个班进行。一般以 4—5 人为一组，分成若干组。根据同学意愿，自由组合成固定小组。教室准备：多媒体设备。具体实施方法如下：

（一）展示法

展示内容包括文字及图片资料、实物，播放视频等演示，定期定时地交流展示，交流每个小组的研究进程，互通资料内容，相互学习。

（二）研讨法

引导学生自然辩证地看待现实中的某些现象，进行头脑风暴。通过这样显性化的研究和讨论，学生会严谨地找出依据，有逻辑地解释现象。

（三）调查法

通过查阅资料了解生活中筷子的种类、用途，同时对比不同国家的筷子外形和礼仪文化，进一步理解其背后不同的民族特点。

（四）实践法

根据通过已学知识设计附带新型功能的筷子，画出设计模型，交流设计思路，并说明其特有的用途。

　　具体实施步骤如下：1.由教师提前准备好每节课的活动主题（详见下面课程实施阶段的二级子目中）；2.学生在由小组为单位按照要求合作完成上述主题；3.每一次小组展示自己的实践活动阶段内容（以 PPT 展示、图片展示为主）；4.针对每次学生展示的内容，进行自省或互助。

　　教学安排分四个阶段，每一阶段包含若干二级子目录。根据课程目标实施需要，各子目所用课时可以适当调整。具体安排如下：

　　第一阶段（1周）　小组产生（解析课题，组队和分工、小组命名）

　　首先自愿和推荐的形式下产生候选人，然后进行用筷子夹乒乓球的游戏竞争，再通过演讲的方式自我宣传。游戏形式可以让学生初始课题，同时班级热身有破冰作用。演讲为树立组长的威信使其更有号召力。由组长自由组队，为小组取名，组员分工。教师引出研究主题，分享与筷子有关的一些趣事。

　　第二阶段（1周）　课题产生（自主学习，提出相关方面，确定课题）

　　小组合作讨论，提出有关筷子的各个方面，老师收集所有关注点，罗列在黑板上，每个小组在总体衡量，选择一至两个研究点作为本组的小课题。每个组员各自承担任务，小组讨论研究方法和途径。

　　第三阶段（2周）　研究汇报（资料汇总，制作多媒体课件，小组交流）

　　学生在探究过程中，就选择的筷子历史、文化、礼仪、品种等为中心展开研究，用得较多的有网络搜索、书籍和文本资料查询，以探究小组为单位进行资料汇总、整理，分工合作完成子课题交流用多媒体制作，推荐本组发言人，确定展示方式：可以是文本、动画、小品等。

　　第四阶段（1周）　创新研究（科学归因，环保辩论，创新设计新型功能筷子）

　　介绍筷子的物理模型——杠杆及其五要素，体会杠杆的工作原理。分组对抗，辩论一次性筷子对生活和环境的利弊。在此基础上具体就某一用途或某一使用对象进行筷子设计，用图形或实物来表述筷子产品的具体设计理念。小组成员头脑风暴，集思广益，汇总大家的设计想法并实施。

　　第五阶段（2周）　评价总结（自评互评，拉票选举，评选最佳表现组）

每一小组派成员交流一次探究报告一次产品介绍,同学之间可以针对汇报中的问题或实际体会当场提问,小组做相应答复。学生完成自评,组员之间互评和小组间的互评,探究小组自我推荐和拉票,全班选举最佳表现组。

五、课程评价

对学生的评价分别从"参与态度、合作程度、创新程度、表达分享、方法提升"五个方面进行综合测评。选用积分制评价对个人的表现进行评价,从自我评定、小组评定、教师评定综合考量。自评权重为 20%,互评权重为 30%,指导教师评价权重为 50%。

学生评价等级分为优、良、合格与待合格四级。80 分及以上为优秀,70—79 分为良好,60—69 分为合格,60 分以下为待合格。

（编写：陶莉）

第十四章　劳技学科课程图谱

劳动技术的学习是跨学科的学习,并且是一门侧重技术的综合课程。它强调数学、物理、化学、生物、地理、艺术等学科基本知识的综合运用,虽然在目前的初中阶段,可能涉及的内容还不够多、不够深,但它注重各学科知识的联系和综合运用,也是对新知识与能力的综合学习,在很大程度上开阔了学生的视野,并能使学生以此获取新的技术能力。在劳技课程中,学习知识、掌握技能,兼而有之。只有增强技术意识、提高技术素养,才能适应社会和技术发展的需要。

第一部分　劳技学科核心素养
第二部分　劳技学科课程图谱
第三部分　劳技学科课程纲要

第一部分　劳技学科核心素养

活动是劳动技术教学的主要方式,项目是组织劳动技术教育活动的重要载体。一般来说,一个具体技术项目蕴藏着丰富的教育价值。学生通过系列性的学习过程,能够获得相应的材料与工具,技术设计、制作与评价等方面的能力发展。劳技学科不单单培养学生的动手能力,还要求学生"会设计",这与学生的审美观、探究能力息息相关。学生的核心素养——"全面发展的人",也包含"劳"。对于劳技教师而言,要根据初中生的生理和心理特点,充分利用现有的教材、工具,积极开发更有效的教学内容和方法,结合多种价值观和情感潜移默化地去丰富学生的精神世界。

一、劳技学科核心素养的内核

核心素养是后天形成,它不是一蹴而就的。在劳技教学中,不仅需要教师结合教材、教学、评价等各种教育教学要素,还要通过多样而有效的教学途径和方法,从而潜移默化地影响学生的学识修养和人格修养。

劳技学科核心素养可以归纳为:关注学生终身发展、开创学生的创作潜能、培养学生的综合实践能力并促进学生的个性发展。在独立学习或合作学习的过程中,学生能掌握基本工具的使用方法;能根据自己的设计,制作有技术含量的作品;既能独立思考,又能与其他同学友好合作,在不断的实践活动中形成正确的劳动价值观、具备初步的技术意识和创新意识。

如今,知识核心时代已逐渐走向核心素养时代。学校的任务绝不再是单纯灌输知识,而是给学生的发展提供核心素养的培养。

在劳技教学过程中,教师要引导学生联系生活实际,把所学知识与技能广泛应用于生活。要克服脱离学生的现实生活、采用单一的学校教育途径实施劳动技术教育的倾向；课程内容的安排要富有开放性和可选择性；在活动方式、活动过程的设计与组织上体现不同的特点。

　　另外，在劳技学科中培养学生的核心素养，教师必须首先具备相关的素养，应从教学者转化为有素养的教学者。素养要在老师的教育里自觉生长，学生的心田里才能播下素养的种子。在教学中，劳技教师要结合自身与学校实际情况，学其精髓，把握内涵，深刻领会，提高课堂效益；要更多地让学生自己通过实践来获得知识，能进行独立学习和合作学习，学生在学习中才能找到乐趣，找到自我；体会学习是一种快乐，"学着乐，乐着学"，使我们的课堂真正成为活动的课堂、自由的课堂、和谐的课堂、激情的课堂，真正成为有生命力的课堂，最终达到培养学生核心素养的目的。

二、劳技学科核心素养与劳技课程建设

　　《上海市中小学劳动技术课程标准》[①]明确指出：劳动技术课程具有实践性、综合性、创造性。实践性是劳动技术课程区别于其他知识类课程的最大特点，要求每个学生通过技术实践获得直接经验，提高运用能力；综合性也是劳技学科的一大特点，它融合了科学、技术、人文于一体，涉及设计、材料、工艺、能源、环境等技术领域。需要运用数、理、化、生、美等多门学科的知识，通过技术活动，实现知识内化，提升综合应用能力；劳技学科也是一门创造性的课程，给学生提供较多自主探究、创新应用、发明创造等空间，有利于唤醒、激发、提升学生的创新潜能，促进学生的自主发展。与劳技学科核心素养（关注学生终身发展、开创学生的创作潜能、培养学生的综合实践能力并促进学生的个性发展）比较，两者基本是相符的，而核心素养源于课程标准又高于课程标准。

　　课程标准更注重学生技术能力和技术素养的培养，劳技学科核心素养更关注学生的学习过程，在独立学习或合作学习中，学生不仅能掌握基本工具的使用、设计、制作，还能独立思考，或和其他同学合作互助，并在实践活动中形成正确的劳动价值观、世界

---

① 上海市教育委员会：《上海市中小学劳动技术课程标准》，上海教育出版社 2004 年版第 25 页。

观、人生观。这更有利于学生的个性化发展和终身发展。

三、劳技学科核心素养与劳技课堂教学

（一）兴趣是前提

通过兴趣引导、激发学生主动学习积极性是培育核心素养的重要条件之一。"兴趣是最好的老师"，在教学开始，教师就需要精心创设一些良好的学习情境，点燃学生的好奇心，借助情境把技术学习与学生兴趣建立联系。在劳技学科中，常用的方法有：展示、游戏、比赛、实验、联系实际，等等。

（二）跨学科学习

劳技学科包含的内容不仅只是教材上的内容。教材教给学生的只是制作的流程、方法。它可以衍生出成千上百的内容和知识点，它可能涉及其他很多的专业知识，美术、几何、材料学等都是经常会涉及的。比如《金属片剪贴》，首先要画出来，除了画效果图，还要画分解图，画完了得根据图纸剪金属片。金属片采用的是废弃易拉罐。通过实践操作，同学们会发现，易拉罐的材料不都是一样的。原因是什么？这就要求学生自己去查找答案。所以，从一定意义上来说，劳技学科的学习也是一种跨学科的学习。跨学科的学习更能开阔和提升学生的眼界，融会贯通各方面的知识，积淀最具有应用价值的知识。

（三）强化实践性、操作性

多开展实践性的活动，强化学生直接学习，增强隐性知识。劳技本身就是一门实践性比较强的学科。在操作过程中，采用正确有效的方法，就能得到最好的学习效果，快速掌握技术要求。这也是一种直接学习的过程。在过程中，除了学习技术知识，还包含着其他能力和知识的培养。比如，在分组制作笔筒时，同学们通过小组合作学习，快速提升了合作学习能力，也巩固了立体几何在实际应用中的知识和要点。

（四）开展研究性学习

研究性学习是指学生在教师指导下，从学习生活和社会生活中选择和确定研究专题，主动地获取知识、应用知识、解决问题的活动。研究性学习不同于综合课程。虽然

在很多情况下,它涉及的知识是综合的。但是,它不是几门学科综合而成的课程,也不等同于活动课程。虽然它是学生开展自主活动,但它不是一般的活动,而是以科学研究为主的课题研究活动。它也不等同于问题课程,虽然也以问题为载体,但不是接受性学习,而是以研究性学习为主要方式的课程。研究性学习是最高程度的课程融合,打破学科界限,围绕课题或项目,综合应用有关知识来分析解决问题。在研究性学习的过程中,学生的素养得到全方位提升。

(五) 综合实践活动

综合实践活动是在教师指导下,学生自主进行的综合性学习活动,是基于学生的经验,密切联系学生自身生活和社会实际,体现对知识的综合应用的实践性课程。实践活动中,在教师的指导下,以问题为中心,有目的地运用知识,在实际情境中认识与体验客观世界,并体验多样化操作性学习过程,在做中学,分析解决实际问题。在实践过程中,学生的求知欲、创新能力、解决问题能力等,都能得到巩固并发展。

(六) 多元化评价,让每位学生的个性得到发展

素养的主体是"人"或"学生",主要是指教育过程中形成的知识、能力、态度等方面的综合表现,它指向过程,关注学生在其培养过程中的体悟,而非结果导向。有此可见,单一的注重结果的评价已经不适合了,劳技学科新课标指出,要关注学生技术知识与技能学习、操作结果和技术学习过程中的评价,从评价内容、手段、行为主体等方面进行多元化评价和发展性评价。

第二部分 劳技学科课程图谱

劳技学科是一门侧重技术的课程,在劳技课程中,学生学习知识、掌握技能、增强技术意识、提高技术素养,以适应社会和技术发展的需要。随着教育改革的深入推进,

核心素养被提到了教改的基础地位,劳技学科也应该积极关注核心素养培养,促进课程教学理念和教学实践的深入变革,在培养学生"创新实践"等核心素养的基础上实现提升学生探究能力的目的。

一、劳技学科课程结构

根据《上海市中小学劳动技术课程标准》,结合我校的办学理念,本着一切从实际出发,理论联系实际的教学态度,让学生在初中阶段获得劳技的相关基本知识,学会基本技能,掌握技术活动中的操作规范,培养学生的创新意识、善于合作的团队意识和审美能力。提高学生的基本劳动技术素养,培养具有技术知识、实践能力、环保意识、创新思维和审美能力的新时代学生。

(一)综合实践课程

劳动技术是一门融科学、技术、人文、艺术等于一体的综合性课程,它涉及众多领域,还融合了社会、经济、环境等内容,需要学生运用数、理、化、生、美等多门学科知识,通过技术活动,实现知识内化,提升综合运用能力。如:金属片贴画、木工小杯垫等。

(二)课外拓展课程

劳技课程的教学内容包罗万象,不能局限于课本,应从课本出发进行拓展。在拓展课程中,要求每个学习者都要通过技术实践获得直接经验,提高运用能力。这一课程内容源于教材,结合生活实际,通过观察、分析、交流、评价等多种学习方式并举,激发学生自主学习的兴趣,基于"做中学"和"学中做"的理念,凸显拓展活动的特征。既应用了知识,又在应用中巩固和发展知识。因而,能进一步释放学生的潜能,提升他们的智力。如:布艺手帕DIY、纸艺花卉制作等。

(三)探究应用课程

放手让学生大胆尝试,注重科学的方法引导,充分发挥学生的才能,有利于唤醒、开掘、提升学生的创新潜能,促进学生的自主发展,它也是劳技学科核心素养的重要组成部分。如:废旧纸盒的妙用、串珠,等等。

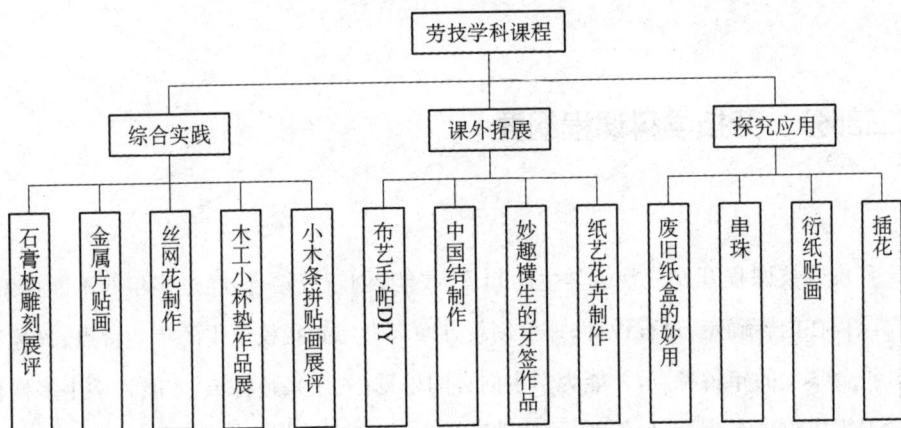

劳技学科课程图谱

二、劳技学科课程设置

劳技教学中,在进行一般劳技知识的传授和基本技能培养的同时,也要注重对学生创造能力的开发和培养。劳动教育和创造发明教育有机地结合起来,既提高了劳技课的教学质量,又有利于创造型人才的培养。

除了基础类课程外,我校的劳技课程设置如下表所示:

劳技学科课程设置表

课程 年级	综合实践	课外拓展	探究应用
六年级(上)	石膏板雕刻展评 丝网花制作	布艺手帕DIY	废旧纸盒的妙用
六年级(下)	金属片贴画 丝网花制作	中国结制作	串珠
七年级(上)	木工小杯垫作品展	妙趣横生的牙签作品	衍纸贴画
七年级(下)	小木条拼贴画展评	纸艺花卉制作	插花

(撰写:黄黎黎 严向阳)

第三部分　劳技学科课程纲要

　　我校劳技课程开发注重于学生的知识、技能、创新三结合,经过多年的不断探索,每门课程在内容确定、过程设计、评价创新方面都考虑到我校学生的年龄特点、兴趣特长。符合学生的年龄特点,才能为学生们喜闻乐见;关注兴趣特长,才能为学生多样化的学习需求提供平台;评价创新,才能鼓励学生扬己所长,树立自信,有所创新。

1　插花课程纲要

适用年级：七年级

一、课程背景

　　插花艺术,常简称为插花,即指将剪切下来的植物的枝、叶、花、果作为素材,经过一定的技术(修剪、整枝、弯曲等)和艺术(构思、造型、设色等)加工,重新配置成一件精制完美、富有诗情画意,能再现大自然美和生活美的花卉艺术品。

　　插花,是一种艺术,也是一种技术。随着时代的发展,人类文明程度的提高,人们在物质生活得到满足的基础上,将更多的热情投入在提高生活质量上,而能美化生活空间、展现自然特色、表达情感的插花艺术就迎合了这种要求。劳技课程,是一门学习技术的课程,同时,也和艺术息息相关。插花,就这样走进了我校的劳技课堂。

　　本课程的理念是：开发潜能,陶冶情操。通过插花课程的学习及活动,激发学生探究欲望和学习兴趣,不断提高自己的文化修养、艺术水平、技术能力,并获得更多的创作灵感。

二、课程目标

1. 了解插花的基础知识和常见的插花方式,并能独立完成一件插花作品。
2. 培养观察、动手、设计、创新的能力。
3. 学会通过各种渠道查阅资料,能收集并分析各类信息,加强整理资料的能力。
4. 在学习和实践中,培养良好的求知态度和坚韧不拔的学习精神。

三、课程内容

本课程围绕插花艺术展开,既要学习插花的理论知识,也要学会几种常见的插花方式。插花是一门立体造型艺术,也是一件看起来简单,做起来并不容易的事。同样的花材,因为对花材的处理和对花材表情的把握不一样,作品就会完全不同。学生除了在课堂上学习相关内容,还要学会观察生活,注意身边的植物,多渠道地收集相关信息。

本课程主要分为以下4个模块。

模块1:基础知识的学习。如:常见花材的形态、寓意;花器的种类;插花的历史及分类;常见的插花类型;处理花材的技巧,等等。

模块2:设计插花作品。包括作品的名称、外形、寓意、用途,所需的花器、花材,等等。在教师指导下,进行反复修改。

模块3:收集信息、材料,学习相关技能。学生针对自己的设计,在课外进行信息和材料的收集,或者到花店去取经和实地演练。

模块4:实践与比赛。以班级为单位进行现场插花,每班选出2名同学作为年级比赛的选手。

四、课程实施

本课程共计4课时。需要使用投影、多媒体课件,音像资料等,采用课内外学习相结合的方法。实施分为启发讲授、演示观察、课外学习、现场实践和评比展出等五个阶段。

（一）启发讲授

这里以激发学生兴趣为主，用一些插花作品的照片、视频等，再加上教师的启发和讲解，使得学生产生学习和实践的兴趣。

（二）演示观察

教师通过多媒体课件、录像、投影、教师现场演示等手段，传授插花的基础知识。学生要仔细观察，认真学习。

（三）课外学习

在课外注意观察，看看枝条是如何生长的？花朵是如何开放的？只有了解在大自然中它们的状态，才能插出有生命力的作品。特别是要针对自己的设计，多收集信息，多实践，以此完善自己的设计。

（四）现场实践

在学生整个的动手实践过程中，教师应该不停巡视及指导，发现问题及时更正，必要时需在全班进行说明。

（五）评比展出

每班评选出 2 名同学，进行现场插花比赛。从美观、寓意、创意等方面进行甄选，评比出若干作品，进行全校展出和评比。

五、课程评价

从趣味性出发，我们每年举办现场插花比赛，从作品中挑选比较优秀的作品进行展出和评奖，不仅激励学生，也能展现出劳技课堂与时俱进的魅力。

评价采用师生投票形式，分为初赛和预赛。评委从作品的整体构图造型、色彩搭配、技巧做工、主题表达等方面进行综合评价（评分标准见表1）。

初赛以班级为单位，每班评选出 2 名同学参加决赛，评委为本班全体同学及个别任课教师，投票时，区分学生票和教师票，学生 1 票计 1 票，教师 1 票计 3 票。决赛以年级为单位,评委为指定教师。决赛时,作品隐去姓名,用编号表示。参考表2汇总并评奖、表彰。

艺术插花比赛评分表

项目	标准	分值	得分
整体构图造型	造型(10)	30	
	平衡(10)		
	艺术风格(10)		
色彩搭配	整体协调(5)	20	
	视觉感染力(5)		
	烘托主题(5)		
	色彩平衡(5)		
技巧做工	稳定性(5)	20	
	遮盖与整洁(5)		
	花材处理(5)		
	现场清理(5)		
主题表达	作品名称(10)	30	
	艺术风格(10)		
	创作主题(10)		
合计			

插花比赛投票汇总表

作品编号	学生票数	教师票数	总计	作者及班级(投票时隐去)

(设计:黄黎黎)

2 指尖上的工艺——丝网花制作课程纲要

适用年级：六年级

一、课程背景

一根铁丝、一条丝袜，经过巧妙构思，可以演变出一个绚丽多彩的花花世界。丝网花课程的开设，让孩子们在探索活动中，除了能保持好奇心之外，培养孩子的动手习惯和动手能力具有十分重要的意义。同时，这门课的开设正是为了激发青少年动手能力、鼓励青少年发明创新、促进青少年素质全面提高。

六、七年级的孩子在紧张的学习之外，需要一些活动来放松心情，而丝网花制作活动给他们提供一个很好的活动平台。学生制作丝网花，因为手工制作既可以动手，又可以动脑，同时，制作的成品又具有很强的实用性，能给孩子带来成就感。

本课程的课程理念：奇思妙想创意无限，心灵手巧扮靓生活。

本课程不仅可以使孩子们体会到制作的乐趣，还有助于充分发挥他们丰富的想象，拓展他们的审美视野，增强他们的艺术创造力，还能陶冶性情。

二、课程目标

1. 初步了解一些丝网花制作的知识，认识丝网花成品在生活中的应用，基本掌握一定的手工劳动技能和技巧，了解常用材料的性能，提升欣赏手工作品的能力。

2. 在社团活动中，通过观察、学习教师讲授的制作方法，学会基本的手法；逐步能利用材料和掌握的方法制作完成相关的作品。

3. 逐步在动手创作中，培养创新意识，进一步开发和发挥创造性思维和创作能力，提高动手能力和观察力，提高自身的审美能力。逐步学会欣赏优秀的手工制作作品，从中体会到手工制作与生活的密切联系，热爱生活，陶冶情操。在兴趣中学习，在学习中快乐。

三、课程内容

本课程围绕丝网花的起源、作用,材料、工具,造花方法等活动展开,主要分成 3 个模块。

模块 1:了解丝网花的起源和作用

通过实物结合多媒体展示,了解丝网花的构成,知道丝网花具有色彩艳丽、造型丰富、可塑性强、参与性强等特点。了解丝网花具有观赏性和装饰性等作用。

模块 2:熟悉制作工具和材料

丝网花制作课程所需材料有:丝袜、铁丝、套筒、棉线、剪刀、镊子、花器、花泥等。了解各材料和工具的使用方法和用途。

模块 3:掌握造花方法

掌握绕圈:单圈绕法、多圈绕法、多节绕圈法、波浪绕圈法、初步定型;掌握丝网制作:单圈丝网、多节丝网、多圈丝网;掌握造型:花瓣、花托和叶子的拉伸、弯曲等的整理和定型。运用绕圈、制网、造型等基本技法,完成若干花卉。

四、课程实施

本课程旨在激发学习兴趣,鼓励学生一起参与实践创作,为学生提供多样化、综合性的活动内容,适应学生的各种兴趣及需要。课程实施具体如下:

课时安排:共 8 课时

教学工具和手段:自带材料,动手实践

适用对象:对手工制作感兴趣,且动手能力较强的学生

实施安排

1. 欣赏丝网花作品,了解起源、生活中的作用、制作材料和工具。

2. 讲解制作方法,演示制作过程,提示制作重点和难点。

3. 教师个性化指导，注重学生个体化差异，充分发挥生生互助的作用。

4. 通过丝网花制作课程的学习，递交 2 件作品，进行作品展示、交流、评优。

本课程具体实施方法如下：

1. 启发讲授：通过实物和照片的展示，让学生对丝袜花的起源和作用有初步认识，激发学生设计和制作丝网花的兴趣。

2. 观看视频：通过视频播放，让学生初步了解丝网花制作的过程以及相关材料和工具的用途。

3. 演示观察：教师通过多媒体课件、录像、投影、教师示范、学生示范等手段，清楚明确的告知学生正确绕圈、制作丝网、造型的方法。学生通过观察，对丝网花制作的注意事项有一个基本的了解，为后面的动手实践打好基础。

4. 实践体验：掌握基本技法的基础上，制作花瓣、叶片、组瓣成花，调整花型，完成若干朵丝网花，形成一束。

5. 指导更正：在学生整个的动手实践过程中，教师应该不停巡视及指导，发现问题及时更正，必要时需在全班进行说明。

6. 评比展出：对所有作品从质量、美观、创意等方面进行甄选，评比出若干优秀作品。

五、课程评价

1. 对学生的评价分别从"课前准备、参与态度、技能掌握、成果展示"四个方面进行综合测评。考评分"平时考核"和"期末综合评定"两步：平时考核内容为出勤情况、材料整齐、课堂纪律、课后卫生、课堂制作；期末综合评定内容为完成作品的数量和质量。

2. 考评按照自评、互评、指导教师评价相结合原则进行，最后形成综合评定等级。其中自评权重为 20％，互评权重为 30％，指导教师评价权重为 50％。

3. 学生评价等级分为优秀、良好、合格、需努力四级。80 分及以上为优秀，70—79 分为良好，60—69 分为合格，60 分以下为需努力。

学习评价表

评价指标		分值	自评 20%	互评 30%	教师评价 50%	综合评价
过程表现 50%	出勤情况	10				
	材料准备情况	10				
	课堂参与情况	10				
	课堂纪律	10				
	课后卫生	10				
成果评价 50%	递交作品情况	20				
	作品美观大方	20				
	作品创意新颖	10				
综合评价						
评定等级						

（设计：李轶雯）

后记

　　本书在修改四稿之后，终于定稿了。这一刻，最想表达的是感谢。

　　这是学校课程变革研究成果的第二本。与第一本《以学习为中心的课程实施》几乎同时，第二本书的编写就已经启动。本书从策划到出版，历时近二年。我校 14 个学科 60 多位（近半数）一线教师参与了本书资料的整理和文本的撰写。参与本书编写的有浦东新区学科带头人、区骨干教师、教研组长、校级骨干教师、备课组长，还有一大批学校青年教师。我作为自始至终参与编撰的人员之一，亲历了成书过程的每个环节，和老师们边学习、边撰写、边修改，一次次精益求精。

　　学校卓越发展的每一次突破，都是每一位教师自我发展新突破的嬗变；作为一所名校的教师，不仅要能做好规定动作，还要不断挑战自我，很好地完成高难度动作，与"教"俱进。

　　学校的工作是繁忙的。每天，备课、上课、作业批改，拓展课、探究课、社团课、主题教育活动，学生会、家长会、班主任会、质量分析会等，每位教师个个身兼数职，8 小时内的工作内容早已安排得密不透风。要从大家工作时间里，找一个时间，让大家都能坐下来交流一下书稿进展情况、研讨文稿修改的问题，这样的时间，几乎没有。因而，本书的撰写及修改的指导会、推进会，几乎全部是安排在下班后的时间，老师们忙碌了一天之后，送走学生，再走进会议室，开启这项新的工作。绝大多数教师领受了任务后，也只能放在双休日、节假日完成这项工作。其中的甘苦，自不必多说。教师们秉持追求卓越的精神，迎难而上，每一稿的修改都认真按时完成。近两年，在学校课程变革成果形成过程中，教师们不断接受专家的培训、指导，不断总结课程的成果，不断完善课程的设计，对课程规划和实施有了认识上的提升，得到了实践上的指导，教师们在课程建设中的辛勤付出，不仅成就了学生，成就了学校，也成就了一个专业的自己。

　　其间，上海市教育科学研究院杨四耕老师多次亲自到校指导撰写和修改。从书的整体架构设计、内容要求、行文格式到目录样式、资料来源等细节，杨老师都给予了悉心指导。每一位走过全过程、坚持到最后的老师都有这样的体会，参与本书的编写，频繁地得到课程专家的贴身指导，这也是对自己教育科研方面一次以实践为主的、严谨正规的培训，收获是多重的。

在成书之际，我们由衷感谢浦东新区课程专家高建中老师对书稿逐篇修改，并给予很多教师一对一的悉心指导！

部编教材使用在即，如何实施好新教材，落实好学生核心素养的培养，又将成为新一轮学校课程校本化的新课题，全校师生将奋楫前行！

张文慧

2018 年 8 月 9 日

学校课程深度变革丛书

课堂教学转型丛书

品质课程丛书

课堂教学新样态

特色学校聚集丛书

华东师范大学出版社
天猫旗舰店

华东师范大学出版社
官方微信

门市邮购电话:021 - 6286 9887 6173 0308

淘宝商城旗舰店:http://hdsdcbs.tmall.com

微信:华东师范大学出版社(ecnupress)

电子书目下载地址:www.ecnupress.com.cn